Zu diesem Buch

1878 trat Mark Twain mit einer kleinen Reisegruppe eine Europatour durch Deutschland, die Schweiz und Oberitalien an. Sein amüsanter Reisebericht führt von Hamburg über Frankfurt, Heidelberg und den Schwarzwald bis zum Alpenrand und eröffnet uns ungeahnte Einsichten über unser Land: Vom Heidelberger Studentenleben über eine »Katzenmusik« namens »Lohengrin« in der Mannheimer Oper bis hin zur »schrecklichen deutschen Sprache«, mit der sich der Autor immer wieder abplagen muß, reichen Twains Betrachtungen. Stets durchzogen von einer feinen Ironie, sind sie auch heute noch ausgesprochen vergnüglich zu lesen. Hans Traxler hat die skurrilsten und schönsten Szenen aus Twains Deutschlandreise ausgewählt und sie in seinem unverwechselbaren Stil illustriert.

Mark Twain, geboren 1835 in Florida, arbeitete als Reisejournalist und Lotse auf dem Mississippi und machte große Reisen, darunter nach Hawaii, Europa und Palästina. Berühmt wurde er vor allem durch seine Jugendbücher »Tom Sawyers Abenteuer« und »Huckleberry Finns Abenteuer«. Er starb 1910 in Redding / Connecticut.
Hans Traxler, geboren 1929 im nordböhmischen Herrlich, lebt als Grafiker, Journalist und Schriftsteller in Frankfurt am Main. Er ist Mitbegründer der Zeitschriften Pardon und Titanic und Mitglied der Neuen Frankfurter Schule. 2006 wurde er mit dem renommierten Satirepreis Göttinger Elch ausgezeichnet.

Inhalt

Kapitel 1: *Zu Fuß durch Europa*
Hamburg – Frankfurt am Main – Wie die Stadt zu ihrem
Namen kam – Eine Lehre in Wirtschaftspolitik – Rheinsagen –
»Der Schelm von Bergen«
11

Kapitel 2: *Heidelberg*
Ankunft der Kaiserin – Das Schloßhotel – Lage Heidelbergs –
Der Neckar – Das Heidelberger Schloß – Begegnung mit einem
Raben – Tiersprache – Jim Baker
18

Kapitel 3: *Bakers Blauhäher-Garn*
Hähersprache – Die Blockhütte – Der Versuch, ein Astloch
zu füllen – Freunde werden zur Hilfe gerufen – Großes
Rätselraten – Eine Entdeckung – Ein toller Witz
30

Kapitel 4: *Studentenleben*
Die fünf Korps – Der Bierkönig – In der Vorlesung –
Eine gewaltige Zuhörerschar – Im Schloßpark – Junge
Damen und Hunde
35

Kapitel 5: *Auf dem Paukboden*
Die Duellanten – Schutz gegen Verletzungen – Das erste Duell – Ein Unentschieden – Das zweite Duell – Hieb und Schnitt – Der Mediziner
42

Kapitel 6: *Das dritte Duell*
Ein Übelkeit erregender Anblick – Mittagessen zwischen den Kämpfen – Verstümmelte Gesichter und Köpfe – Großer Mut der Duellanten – Allgemeine Beurteilung dieser Duelle in der Öffentlichkeit
49

Kapitel 7: *Korpsgesetze und -gebräuche*
Ehrenhafte Wunden – Narbengesichter überall – Bismarck als Duellant – Eine Statistik – Säbeltraining – Farbe der Korps – Korpsetikette
54

Kapitel 8: *Das große französische Duell*
Zusammenstoß in der französischen Nationalversammlung – M. Gambettas Ruhe – Ich melde mich freiwillig als Sekundant – Herausforderung, Annahme der Herausforderung – Das Duell und sein Ergebnis
62

Kapitel 9: *In der Oper*
Das Orchester – Ein seltsames Stück – Die Deutschen lieben die Oper – Mehr Begräbnisse vonnöten – Eine Privatunterhaltung – Was ich davon mitbekommen habe – Unangenehm auffallend
75

Kapitel 10: *Vier Stunden Wagner*
Gefühlsbetonte Deutsche – Ein kluger Brauch – Wer zu spät kommt, wird zurechtgewiesen – Störungen sind nicht erlaubt, Unterbrechungen auch nicht – Eine königliche Audienz – Großmut des Königs
82

Kapitel 11: *Malunterricht*
Mein großes Bild des Heidelberger Schlosses – Für einen Turner gehalten – Eine Wanderung wird beschlossen – Aufbruch nach Heilbronn – Wimpfen – Auf einem Bauernkarren nach Heilbronn – Ein berühmtes Zimmer
91

Kapitel 12: *Das Rathaus*
Ein alter Raubritter – Seine berühmten Taten – Der viereckige Turm – Eine wunderliche alte Kirche – Die Sage – Ein vorbildlicher Kellner – Eine alte Stadt – Die abgewetzten Steine
98

Kapitel 13: *Früh zu Bett*
Einsam – Zu aufgeregt zum Schlafen – Durch eine Maus gestört – Das alte Heilmittel – Ergebnis – Hoffnungslos wach – Eine Rundreise im Dunkeln – Ein Ende mit Scherben
105

Kapitel 14: *Ehrenvoller Abschied*
Flöße auf dem Neckar – Ein plötzlicher Gedanke – Nach Heidelberg auf einem Floß – Köstliches Reisen – Blick auf die Ufer – Vergleich mit Bahnfahrt
113

Kapitel 15: *Den Fluß hinunter*
Die Pflichten einer deutschen Frau – Ein Bad unterwegs –
Mädchen in den Weidenbäumen – Mittagessen an Bord –
Sage: »Die Geisterhöhle« – Der Kreuzfahrer
119

Kapitel 16: *Eine alte Rheinsage*
128

Kapitel 17: *Die Sage von der gläsernen Ruine*
Das unbesiegte Ungeheuer – Ein Sieg für den Feuerlöscher –
Der Ritter erhält seinen Lohn – Gefahr für das Floß –
Ein Leck! – Wohlbehalten an Land – Plagen einer Nacht
138

Kapitel 18: *Frühstück in einem Garten*
Der alte Rabe – Schloß Hirschhorn – Hochdeutsch – Was ich
über die Studenten herausfand – Ein guter deutscher Brauch –
Harris übt ihn
151

Kapitel 19: *In Neckarsteinach*
Schloß Dilsberg – Die Stadtmauer – Ein wunderlicher alter Ort
– Der alte Brunnen – Die Sage von Schloß Dilsberg – Ich werde
Lotse – Katastrophe für das Floß
161

Kapitel 20: *Tonwaren*
Meine Antiquitätensammlung – Ein Tränenkrug,
Henri II.-Teller, Altblaukatze – Eine Antike – Nach
Baden-Baden – Begegnung mit einem alten Bekannten –
Der zukünftige Pferdedoktor
175

Kapitel 21: *Baden-Baden*
Energiegeladene Mädchen – Ein Bettlertrick – Die Badefrau –
Unverschämte Ladeninhaber – Ein alter Friedhof – Ein frommes
altes Hutzelweib – Seltsame Tischgefährten
184

Kapitel 22: *Der Schwarzwald*
Ein Großbauer und seine Familie – Neuer Gradmesser für
Reichtum – Naturkunde – Die Ameise, ein einziger Betrug –
Ein deutsches Gericht
197

Kapitel 23: *Aufbruch zu einer Tageswanderung*
Wandern und Geschichtenerzählen – Nicodemus Dodge – Stellungssuche – Jimmy Finns Skelett – Unverhoffte Berühmtheit
210

Kapitel 24: *Sonntag in Europa*
Ein Ruhetag – Ein Zwischenfall in der Kirche – Parkkonzert –
Ein Reiseleiter wird eingestellt
219

Die schreckliche deutsche Sprache
229

Deutsche Zeitungen
251

Zeittafel
261

Editorische Notiz
267

Kapitel 1

Zu Fuß durch Europa

Eines Tages fiel mir ein, daß der Welt schon seit Jahren nicht mehr der Anblick eines Mannes geboten worden war, der Verwegenheit genug besaß, zu Fuß eine Reise durch Europa zu unternehmen. Gründliches Nachdenken überzeugte mich, daß ich geeignet war, der Welt zu diesem Anblick zu verhelfen. Also entschloß ich mich dazu. Das war im März 1878.

Ich suchte nach dem rechten Mann, der mir als Reisebegleiter dienen würde, und stellte schließlich einen Mr. Harris ein.

Es war noch dazu meine Absicht, mich während meines Aufenthaltes in Europa mit den schönen Künsten zu befassen. Mr. Harris dachte da ganz wie ich. Er war ein ebenso begeisterter Kunstjünger wie ich und nicht weniger als ich darauf aus, malen zu lernen. Ich wünschte außerdem, die deutsche Sprache zu erlernen; Harris wünschte es gleichfalls.

Gegen Mitte April liefen wir auf der *Holsatia* (Kapitän Brandt) aus und hatten eine wahrhaft vergnügliche Überfahrt.

Nach kurzer Rast in Hamburg trafen wir wegen des milden Frühlingswetters Vorbereitungen für eine lange Fußreise nach Süden, änderten jedoch (aus privaten Gründen) im letzten Augenblick unser Programm und nahmen den Schnellzug.

Wir machten kurz in Frankfurt halt und fanden diese Stadt interessant. Gerne hätte ich die Stelle aufgesucht, an der Gutenberg geboren wurde, aber es ging nicht, da nicht überliefert ist, wo das Haus stand. Also verbrachten wir statt dessen eine Stunde im Goethehaus. Die Stadt läßt es zu, daß dieses Haus Privatleuten gehört, anstatt sich mit der Ehre zu schmücken und auszuzeichnen, es zu besitzen und zu beschirmen.

Frankfurt ist eine von den sechzehn Städten, die sich des Vorzugs erfreuen, der Ort zu sein, an dem sich der folgende Zwischenfall ereignete. Karl der Große gelangte, als er die Sachsen verfolgte (wie *er* sagte), oder als er von den Sachsen verfolgt wurde (wie *sie* sagten), im Morgengrauen bei Nebel an das Ufer des Flusses. Der Feind war entweder vor ihm oder hinter ihm, aber auf alle Fälle wollte Karl hinüber, und zwar sehr. Er hätte alles um einen Fremdenführer gegeben, aber es war keiner zu beschaffen. Schließlich sah er, wie sich eine Hirschkuh mit ihrem Jungen dem Wasser näherte. Er beobachtete sie, denn er sagte sich, daß sie gewiß eine Furt suche, und da irrte er sich nicht. Sie watete durch den Fluß, und das Heer watete hinterher. So wurde ein großer fränkischer Sieg erfochten oder eine große fränkische Niederlage vermieden; und zur Erinnerung an diese Episode befahl Karl der Große, daß an genau der Stelle eine Stadt gebaut werde, die er Frankfurt nannte – die Furt der Franken. Keine von den anderen Städten, in deren Nähe dieses Ereignis stattfand, wurde danach benannt – ein stichhaltiger Beweis, daß Frankfurt der erste Ort war, an dem es sich zutrug.

In Frankfurt wurde mir eine Lehre in Volkswirtschaft erteilt. Ich brachte von zu Hause eine Kiste mit eintausend sehr billigen Zigarren mit. Zu Versuchszwecken ging ich in einen kleinen Laden in einer wunderlichen alten Seitenstraße, erwarb vier buntbeklebte Schachteln Wachshölzer und drei Zigarren und legte eine Silbermünze im Werte von 48 Cents hin. Der Mann gab mir 43 Cents heraus.

In Frankfurt trägt jedermann reinliche Kleidung, und diese ungewöhnliche Beobachtung machten wir wohl auch in Hamburg und in den Dörfern am Wege. Selbst in den engsten und ärmsten und ältesten Vierteln Frankfurts schienen ordentliche und saubere Kleider die Regel. Die kleinen Kinder beiderlei Geschlechts waren fast immer so adrett, daß man sie auf den Schoß nehmen konnte, und die Uniformen der Soldaten schließlich

Auf alle Fälle wollte Karl hinüber, und zwar sehr.

waren Neuheit und schmucke Pracht in letzter Vollendung. Kein Schmutz, kein Körnchen Staub war auf ihnen zu entdecken. Die Straßenbahnschaffner und -fahrer trugen hübsche Uniformen, die wie frisch aus der Putzschachtel aussahen, und ihr Benehmen war nicht weniger fein als ihre Kleidung.

In einem der Läden stieß ich durch einen glücklichen Zufall auf ein Buch, das mich fast mehr bezauberte, als ich zu sagen vermag. Sein Titel lautet »Rheinsagen von Basel bis Rotterdam von F. J. Kiefer; übersetzt von L. W. Garnham, B. A.«

Alle Reisenden *erwähnen* die Rheinsagen auf diese gelassene Art, die besagen soll, der Erwähner sei sein Leben lang mit ihnen vertraut gewesen und sie könnten dem Leser doch wohl kaum unbekannt sein –, aber kein Reisender *erzählt* sie jemals. Dieses kleine Buch fütterte mich also an einer sehr hungrigen Stelle; und ich meinerseits beabsichtige, meinen Lesern ein paar Happen aus derselben Speisekammer vorzusetzen. In dem Kapitel, das den »Frankfurter Sagen« gewidmet ist, finde ich folgendes:

Der Schelm von Bergen

Zu Frankfurt auf dem Römer gab es beim Krönungsfest einen großen Maskenball, und in dem hell erleuchteten Saal lud die klingende Musik zum Tanz, und gar herrlich erschienen die reichen Gewänder und die Geschmeide der Damen und die festlich gekleideten Fürsten und Ritter. Alles schien Frohsinn und Freude und schalkhafte Narretei, nur einer unter den vielen Gästen bot einen düsteren Anblick; aber gerade die schwarze Rüstung, in der er umherging, erregte allgemeines Aufsehen, und sowohl seine hohe Gestalt als auch der edle Anstand seiner Gebärden zogen insbesondere die Aufmerksamkeit der Damen auf sich. Wer der Ritter war? Niemand konnte es erraten, denn sein Visier war wohlverschlossen, und nichts machte ihn kenntlich. Stolz und doch bescheiden näherte er sich der Kaiserin, ließ sich vor ihr auf ein Knie herunter und bat um die Gunst eines Tanzes mit der Königin des Festes. Und sie erlaubte ihm, um was er sie bat. Mit leichten, anmutigen Schritten tanzte er durch den langen Saal mit der Kaiserin, die noch nie einen behenderen und trefflicheren Tänzer gefunden zu haben glaubte. Aber auch durch die Liebenswürdigkeit seines Benehmens und seine schicklichen Reden wußte er die Herrscherin zu gewinnen, und sie gewährte ihm gnädig einen zweiten Tanz, um den er bat, und auch ein dritter und ein vierter und noch weitere wurden ihm nicht verwehrt. Wie da alle zu dem glücklichen Tänzer hinschauten, wie ihn da viele um die hohe Gunst beneideten, wie da die Neugierde wuchs, wer der maskierte Ritter sein mochte!

Auch der Kaiser wurde immer neugieriger, und mit großer Spannung erwartete man die Stunde, da nach Maskengesetz alle maskierten Gäste sich zu erkennen geben würden. Der Augenblick kam heran, aber obwohl alle anderen ihre Masken abnahmen, weigerte sich der geheimnisvolle Ritter, sein Gesicht sehen zu lassen, bis schließlich die Kaiserin, von Neugierde gedrängt und ärgerlich über die hartnäckige Weigerung, ihm befahl, sein Visier zu öffnen. Er öffnete es, und keiner der hohen Herren und Damen kannte ihn. Aber aus der Zuschauermenge traten zwei Männer heran, die den schwarzen Tänzer erkannten, und Grauen und Entsetzen griffen im Saal um sich, als sie verkündeten, wer der angebliche Ritter war. Es war der Scharfrichter von Bergen. Flammend vor Zorn befahl der Kaiser, daß man den Schurken ergreife und dem Tod überantworte, der es gewagt hatte, mit der Kaiserin zu tanzen und so seine Gemahlin erniedrigt und die Krone beleidigt habe. Der Tadelnswerte warf sich dem Kaiser zu Füßen und sprach: »Ich habe wahrlich gegen alle edlen Gäste gesündigt, die hier versammelt sind, aber am schwersten gegen Euch, mein Herrscher, und meine Kaiserin. Die Kaiserin wurde beleidigt durch meinen Hochmut, der einem Treuebruch gleichkommt, aber keine Strafe, nicht einmal Blut, vermag die Schande zu tilgen, die ihr durch mich erlitten habt. Darum erlaubt mir, o, Kaiser, ein Mittel vorzuschlagen, das die Schmach auslöscht, als sei sie nicht geschehen. Zieht Euer Schwert und schlagt mich zum Ritter, und ich werde einem jeden meinen Handschuh hinwerfen, der es wagt, unehrerbietig von meinem Herrscher zu reden.«

Dieser kühne Vorschlag überraschte den Kaiser, jedoch erschien er ihm als der weiseste. »Ihr seid ein Schelm«, erwiderte er nach einem Augenblick des Nachdenkens, »aber Euer Rat ist gut und zeigt Bedachtsamkeit, wie Eure Missetat Wagemut verrät.« Und damit vollführte er den Ritterschlag. »Also erhebe ich Euch in den Adelsstand; Ihr, die Ihr um Gnade für Eure Missetat bittet, kniet nun vor mir und steht als Ritter auf; wie ein Schelm habt Ihr gehandelt, und so sollt Ihr hinfort der Schelm von Bergen heißen.« Und frohen Mutes erhob sich der schwarze Ritter; ein dreimaliges Hoch wurde zu Ehren des Kaisers ausgebracht, und laute Freudenrufe bezeugten die Zustimmung der Gäste, als die Kaiserin nun noch einmal mit dem Schelm von Bergen tanzte.

Mit leichten, anmutigen Schritten tanzte er mit der Kaiserin durch den Langen Saal.

Kapitel 2

Heidelberg

Wir stiegen in einem Hotel in der Nähe des Bahnhofs ab. Am nächsten Morgen, als wir in meinem Zimmer auf das Frühstück warteten, wurden wir mächtig von Dingen gefesselt, die sich gegenüber vor einem anderen Hotel taten. Zuerst erschien in der Tür die Persönlichkeit, die Portier genannt wird (eine Art Erster Steuermann im Hotel), angetan mit einer blitzsauberen Tuchuniform mit funkelnden Messingknöpfen und Goldlitze um Mütze und Ärmelaufschläge; und weiße Handschuhe trug er auch. Er warf einen dienstlichen Blick auf die Lage und begann dann, Befehle zu erteilen. Zwei Mägde kamen mit Eimern und Besen und Bürsten heraus und scheuerten das Trottoir gründlich sauber; unterdessen schrubbten zwei andere die vier Marmorstufen, die zum Eingang hinaufführten. Dahinter sahen wir mehrere Hausdiener den Teppich auf der großen Treppe hochheben. Dieser Teppich wurde fortgetragen und das letzte Körnchen Staub aus ihm herausgeklopft und -gebürstet; dann wurde er zurückgebracht und wieder hingelegt. Die Messingleisten an den Stufen ließen eine erschöpfende Politur über sich ergehen, bevor man sie in ihre Halter zurückschob. Nun brachte ein Trupp Bediensteter Töpfe und Kübel mit blühenden Pflanzen und gruppierte sie zu einem wunderschönen Dschungel um den Eingang und das untere Treppenende. Andere schmückten sämtliche Balkone in den verschiedenen Stockwerken mit Blumen und Bannern, noch andere stiegen aufs Dach und hißten eine große Fahne an der Stange dort oben. Nun kamen einige weitere Zimmermädchen und überarbeiteten das Trottoir, und hinterher wischten sie die Marmorstufen mit feuchten Tüchern und staubten sie zum Schluß mit Federquasten ab. Nun wurde ein breiter schwarzer Teppich herausgeschleppt und die Marmorstufen hinunter und quer über das Trottoir zum Bordstein hin ausgerollt. Der Portier warf einen Blick daran entlang und stellte fest, daß er nicht vollkommen gerade lag; er befahl, daß man ihn geradeziehe; die Bediensteten gaben sich Mühe – gaben sich mehrfach Mühe, um es genau zu sagen –, aber der Portier war nicht zufrieden. Er ließ ihn schließlich aufnehmen, und dann legte er ihn selber hin, und da lag er richtig.

An diesem Punkt der Handlung wurde ein schmaler hellroter Teppich entrollt und von der obersten Marmorstufe bis an den Bordstein als Mittelstreifen auf den schwarzen Teppich gelegt. Dieser rote Pfad bereitete dem Portier noch mehr Verdruß als der schwarze. Aber er schob ihn geduldig hin und her und vor und zurück, bis er vollkommen richtig und in der Mitte des schwarzen Teppichs lag. In New York hätten diese Darbietungen eine gewaltige Schar neugieriger und brennend interessierter Zuschauer angelockt; hier jedoch fesselten sie lediglich ein Publikum von einem halben Dutzend kleiner Jungen, das quer über den Gehsteig aufgereiht stand. Ein paar Jungen trugen einen Schultornister auf dem Rücken, andere hatten die Arme voller Bündel und Pakete; alle folgten der Vorstellung selbstvergessen und hingebungsvoll. Hin und wieder hüpfte einer von ihnen unehrerbietig über den Teppich und bezog auf der anderen Seite Stellung. Den Portier ärgerte das jedesmal sichtlich.

Nun folgte eine Wartepause. Der Besitzer stellte sich in einfacher Kleidung und barhäuptig auf die unterste Marmorstufe in eine Höhe mit dem Portier, der am anderen Ende derselben Stufe stand. Sechs oder acht Kellner, behandschuht, barhäuptig und in ihrem weißesten Linnen, ihrer weißesten Krawatte und ihrem besten Frack, gruppierten sich um diese beiden Häuptlinge, ließen jedoch den Teppichweg frei. Niemand sprach oder rührte sich jetzt noch; alles wartete nur.

Alsbald hörte man das schrille Pfeifen eines einfahrenden Zuges, und augenblicklich liefen Leute auf der Straße zusammen. Zwei oder drei offene Kutschen trafen ein und setzten ein paar Ehrendamen und Hofbeamte vor dem Hotel ab. Kurz darauf brachte eine andere offene Kutsche den Großherzog von Baden, einen stattlichen Mann in Uniform mit dem hübschen messingbeschlagenen Pickelhelm der Armee auf dem Kopf. Als letzte kamen die Kaiserin von Deutschland und die Großherzogin von Baden in einer geschlossenen Kutsche. Diese beiden gingen zwischen den sich tief verneigenden Bediensteten hindurch und verschwanden im Hotel, uns nur einen Blick auf ihren Hinterkopf gewährend, und die Vorstellung war zu Ende.

Es scheint nicht weniger schwierig zu sein, einen Souverän anzulanden, als ein Schiff vom Stapel zu lassen.

Aber nun zu Heidelberg. Die Tage wurden allmählich ziemlich warm, ja, sogar sehr warm. Darum verließen wir das Tal und bezogen Quartier im Schloßhotel auf dem Berg oberhalb des Schlosses.

Heidelberg liegt am Ausgang einer engen Schlucht – einer Schlucht in Form eines Hirtenstabes: schaut man in ihr talaufwärts, sieht man, daß sie etwa zwei Kilometer weit fast gerade verläuft, dann einen scharfen Knick nach rechts macht und verschwindet. Diese Schlucht – über deren Boden sich der schnelle Neckar ergießt – wird eingeschlossen von (oder wurde eingehauen zwischen) zwei langen, steilen Bergrücken, die dreihundert Meter hoch und bis an den Kamm dicht bewaldet sind, mit Ausnahme eines Stückes, das gerodet wurde und nun beackert wird. Diese Bergrücken sind am Ausgang der Schlucht abgehackt und bilden zwei steile, in die Augen fallende Vorgebirge, zwischen denen Heidelberg behaglich ruht; zu ihren Füßen erstreckt sich die blasse Weite des Rheintals, und in diese Weite wandert der Neckar in leuchtenden Schleifen davon, bis er schließlich dem Auge verlorengeht.

Man sagt sich, daß Heidelberg bei Tag die äußerste Möglichkeit des Schönen darstellt.

Wenn man sich nun umdreht und noch einmal die Schlucht hinaufschaut, sieht man zur Rechten das Schloßhotel hoch oben auf einer Steilklippe über dem Neckar – einer Steilklippe, die so üppig mit Blattwerk gepolstert und verhüllt ist, daß nichts von dem Felsen darunter hervorschaut. Das Gebäude sieht sehr luftig aus dort oben. Es scheint auf ein Sims in halber Höhe des bewaldeten Berghanges gesetzt worden zu sein; und da es einsam und für sich allein steht und sehr weiß ist, zeichnet es sich kräftig gegen den himmelanstrebenden Laubwall in seinem Rücken ab.

Dieses Hotel bot eine Besonderheit, die eine entschiedene Neuheit darstellte und die sich jedes Haus in beherrschender Lage mit Nutzen zu eigen machen könnte. Diese Besonderheit ließe sich als eine Folge verglaster Salons beschreiben, *die sich außen ans Haus klammerten*, vor jedem Schlafzimmer und jeder Stube. Sie sehen aus wie lange, schmale, hohe, am Haus aufgehängte Vogelkäfige. Mein Zimmer war ein Eckzimmer und hatte daher zwei von diesen Dingern, eins nach Norden und eins nach Westen.

Aus dem Nordkäfig blickt man die Neckarschlucht hinauf; aus dem westlichen blickt man die Schlucht hinunter. Letzterer gewährt die weiteste Aussicht und dazu noch eine der lieblichsten, die man sich vorstellen kann. Aus einem Gewoge lebhaft grünen Laubwerks erhebt sich einen Flintenschuß entfernt die gewaltige Ruine des Heidelberger Schlosses mit leeren Fensterbögen, efeugepanzerten Zinnen, zerbröckelten Türmen – der Lear der unbelebten Natur: verlassen, der Krone verlustig, von Stürmen gepeitscht, aber immer noch königlich und schön. Es ist ein herrlicher Anblick, wenn abends das Sonnenlicht auf den Hang am Fuß des Schlosses trifft und an ihm hochschießt und es wie in leuchtende Gischt taucht, während das anstoßende Gehölz in tiefem Schatten liegt.

Hinter dem Schloß schwillt ein großer, kuppelförmiger, waldbestandener Berg und dahinter ein stolzerer, erhabenerer. Das

Schloß blickt auf die dichtgedrängte braungedachte Stadt hinunter; und von der Stadt aus überspannen zwei malerische alte Brücken den Fluß. Nun weitet sich der Blick; durch das Tor der Schildwache stehenden Vorgebirge schaut man auf die weite Rheinebene hinaus, die sich sanft und vielfarbig ausbreitet, allmählich und traumhaft verschwindet und schließlich unmerklich im fernen Horizont zerschmilzt.

Ich habe mich noch nie einer Aussicht erfreut, die solch einen heiteren und befriedigenden Zauber gewährte wie diese.

An unserem ersten Abend gingen wir früh zu Bett und schlafen; aber ich wachte nach zwei oder drei Stunden auf und lag eine behagliche Weile da und horchte auf das beruhigende Plätschern des Regens gegen die Balkonfenster. Ich hielt es für Regen, aber es stellte sich heraus, daß es nur das Rauschen des ruhlosen Neckars war, der tief unten in der Schlucht über seine Dämme dahinschoß. Ich stand auf und ging in den Westbalkon, und hier bot sich mir ein zauberhafter Anblick. Unter der schwarzen Masse des Schlosses lag tief am Fluß entlang die Stadt, das verschlungene Spinnengewebe der Straßen von funkelnden Lichtern wie mit Edelsteinen besetzt; Lichterreihen hingen auf den Brücken; diese warfen Lanzen aus Licht auf das Wasser im schwarzen Schatten der Bögen; und weit hinten am äußersten Rand dieses Märchenspiels blinkte und glühte eine dichtgehäufte Vielzahl von Gasflammen, die sich über viele Morgen Land zu erstrecken schien; es sah aus, als seien alle Diamanten der Welt dort ausgestreut worden. Ich wußte bis dahin nicht, daß ein Kilometer einer sechsgleisigen Eisenbahnstrecke solch ein Schmuck sein konnte.

Man sagt sich wohl, daß Heidelberg bei Tag – mit seiner Umgebung – die äußerste Möglichkeit des Schönen darstelle; aber wenn man Heidelberg bei Nacht sieht, eine herabgefallene Milchstraße mit dem glitzernden Sternbild Eisenbahn an ihrem Rand, braucht man Zeit, um das Urteil zu überdenken.

Niemals wird man müde, in den Wäldern herumzustöbern, die all diese stattlichen Neckarberge bis zum Gipfel bekleiden. Die großen Tiefen eines grenzenlosen Waldes wirken in jedem Land ihren berückenden und ergreifenden Zauber; aber die deutschen Sagen und Märchen verliehen jenen Wäldern noch einen Zauber dazu. Sie bevölkerten die ganze Gegend mit Gnomen, Zwergen und allerlei anderen nicht geheuren Geschöpfen. Zu der Zeit, von der ich hier schreibe, hatte ich so viel von dieser Literatur gelesen, daß ich manchmal nicht sicher war, ob ich nicht anfing, an Gnome und Feen als an wirkliche Wesen zu glauben.

Eines Nachmittags verirrte ich mich etwa eineinhalb Kilometer vom Hotel entfernt im Wald, und alsbald verfiel ich in allerhand versonnene Gedankengänge über Tiere, die sprechen können, und Kobolde und verhexte Leute, und was es da sonst noch an reizendem Märchenzeug gibt; und nachdem ich so meine Einbildungskraft tüchtig angefacht hatte, bildete ich mir schließlich ein, ich sähe kleine Schatten hier und dort durch die säulengesäumten Chorgänge des Waldes flitzen. Der Ort war ganz besonders dazu geeignet. Es war ein Tannenwald mit solch einem dicken und weichen Teppich aus braunen Nadeln, daß die Schritte nicht lauter darauf klangen, als wenn man auf Wolle trat; die Stämme der Bäume waren so rund und gerade und glatt wie Säulen und standen dicht beieinander; sie waren ohne Äste bis etwa fünfundzwanzig Fuß über dem Boden und von da an aufwärts so eng mit Zweigen besetzt, daß kein einziger Sonnenstrahl durchdrang. Die Welt draußen lag im hellen Sonnenschein, aber dort herrschte dichte, milde Dämmerung und dazu eine solch tiefe Stille, daß ich meine eigenen Atemzüge zu hören schien.

Zehn Minuten hatte ich dort gestanden und nachgedacht und mir dies und das vorgestellt und mein Gemüt mit dem Ort in Einklang gebracht und mich selber in die rechte Stimmung für das Übernatürliche, da stieß plötzlich über mir ein Rabe einen

Ich bin nicht der Mann,
der sich mit einem Raben zankt.

heiseren Schrei aus. Ich schrak zusammen; und dann wurde ich ärgerlich, weil ich zusammengeschreckt war. Ich schaute nach oben – da saß das Geschöpf auf einem Ast genau über mir und blickte auf mich hinunter. Ich fühlte mich gedemütigt, ich war gekränkt; ich empfand, wie man empfindet, wenn man feststellt, daß ein fremder Mensch einen in einem Augenblick, da man sich allein glaubt, insgeheim beobachtet und sich allerlei dabei gedacht hat. Ich beäugte den Raben, und der Rabe beäugte mich. Mehrere Sekunden lang sprach keiner. Dann stolzierte der Vogel ein Stückchen den Ast entlang zu einer Stelle, von der aus er mich besser sehen konnte, lüpfte die Schwingen, streckte den Kopf ein gut Teil tiefer als die Schultern zu mir hinunter und krächzte abermals – ein Krächzen mit deutlich beleidigendem Ausdruck. Hätte er Englisch gesprochen, hätte er um nichts deutlicher sagen können, was er auf Rabe sagte: »Na, was machen Sie denn hier?« Ich war so beschämt, als habe mich wer mit Verantwortungsbewußtsein bei einer Gemeinheit ertappt und streng getadelt. Ich erwiderte jedoch nichts; ich bin nicht der Mann, der sich mit einem Raben zankt. Mein Widersacher wartete eine Weile, die Schultern immer noch angehoben, den Kopf zwischen ihnen abwärts gereckt, das scharfe blanke Auge auf mich gerichtet. Dann stieß er zwei oder drei weitere Beleidigungen hervor, von denen ich nicht mehr begriff, als daß sie zu einem gewissen Teil aus Ausdrücken bestanden, die in der Kirche nicht benutzt werden.

Ich erwiderte immer noch nichts. Da hob der Widersacher den Kopf und rief. Ein Krächzen antwortete ihm aus geringer Entfernung im Wald – ganz offenbar ein erkundigendes Krächzen. Der Widersacher gab begeistert Aufklärung, und der andere Rabe ließ alles stehen und liegen und kam. Die beiden hockten nun nebeneinander auf dem Ast und unterhielten sich so freimütig und beleidigend über mich, wie sich zwei große Naturforscher vermutlich über eine neue Käferart unterhalten. Die Sache wurde immer peinlicher. Sie riefen noch einen Freund herbei. Da wurde es mir zuviel. Ich sah ein, daß sie gegen mich im Vorteil waren, und beschloß, mich aus der Klemme zu ziehen, indem ich aus ihr herausspazierte. Mehr als sie sich an meiner Niederlage ergötzten, hätten sich irgendwelche niedriggesinnte Weiße auch nicht daran ergötzen können. Sie reckten die Hälse und lachten mich aus (denn ein Rabe *kann* lachen, genau wie ein Mensch), sie schrien beleidigende Bemerkungen hinter mir her, bis sie mich nicht mehr sehen konnten. Sie waren nur Raben – ich wußte es –; was sie von mir dachten, war absolut ohne Bedeutung; und dennoch: wenn ein Rabe einem »Mensch, was für ein Hut!«, »He, zieh' die Weste 'runter!« und dergleichen Dinge mehr nachruft, das verletzt und demütigt einen, und mit scharfsinnigem Vernünfteln und hübschen Gründen und Gegengründen ist da nichts auszurichten.

Tiere reden selbstverständlich miteinander, daran ist überhaupt nicht zu zweifeln. Aber es gibt wohl nur sehr wenige Menschen, die sie verstehen können. Ich bin nur einem einzigen begegnet. Daß er es konnte, wußte ich jedoch sofort, denn er hat es mir selbst erzählt. Er war ein Bergmann in mittleren Jahren und mit einfältigem Herzen, der viele Jahre in den Wäldern und Bergen in einem einsamen Winkel Kaliforniens gelebt und die Gewohnheiten seiner einzigen Nachbarn, der wilden Tiere und Vögel erforscht hatte, bis er schließlich davon überzeugt war, daß er jede Bemerkung, die sie fallenließen, genau übersetzen konnte. Jim Baker hieß er. Laut Jim Baker besitzen manche Tiere nur eine begrenzte Bildung und benutzen daher nur sehr einfache Wörter und kaum jemals einen Vergleich oder eine andere schmückende Figur, während andere Tiere über einen großen Wortschatz, eine gewandte Sprachbeherrschung und eine allzeit bereite, flüssige Vortragskunst verfügen; folglich reden diese letzteren eine Menge; sie reden gerne; sie sind sich ihrer Begabung bewußt, und es macht ihnen Spaß, damit anzugeben. Baker sagte, er sei nach langer, sorgfältiger Beobachtung zu dem Schluß gekommen, daß die Blauhäher die besten Sprecher seien, die er unter Vögeln und Tieren angetroffen habe.

»Ein Blauhäher, mit dem hat es mehr auf sich als mit irgendeinem anderen Lebewesen. Er hat mehr Stimmungen und mehr voneinander verschiedene Gefühle als jede andere Kreatur; und das sag' ich Ihnen: alles, was ein Blauhäher fühlt, kann er in Worte fassen. Und seine Sprache ist nicht etwa nur eine ganz gewöhnliche Umgangssprache, sondern ausgepichtes Buchgerede, das nur so daherschnattert – und mit Metaphern ist es gespickt, richtiggehend gespickt! Und was die Redegewandtheit angeht – Mann, der Blauhäher, dem die Worte fehlen, der ist noch nicht geboren, niemand hat noch nie einen gesehen. Die Worte kochen nur so aus ihm 'raus! Und noch 'was: ich habe eine Menge beobachtet; kein Vogel, keine Kuh oder sonstwas steht mit die Grammatik auf so guten Fuß wie der Blauhäher. Jetzt sagen Sie vielleicht, eine Katze, die ist nicht schlecht in Grammatik. Richtig, ist sie nicht. Aber soll die Katze sich nur mal aufregen; soll sie sich nur 'mal mit 'ner anderen Katze auf'm Schuppen ins Fell geraten, des Nachts, und Sie hören Grammatik, davon kriegen Sie die Maulsperre. Unwissende Leute glauben, der *Lärm*, den balgende Katzen machen, *der* ist so aufreizend, aber da sind sie im Irrtum; es ist ihre üble Grammatik. Jawohl, und ich habe noch nie einen Blauhäher gehört, der sich falsch ausgedrückt hat, außer ganz selten; und wenn es sie mal passiert, schämen sie sich so sehr wie ein Mensch; sie halten auf der Stelle den Schnabel und gehen.

Man mag einen Blauhäher ja einen Vogel nennen. Nun, das ist er, in gewissem Maße – weil er Federn hat und vielleicht zu keiner Kirche gehört; aber sonst ist er ganz genauso ein Mensch, wie man nur sein kann. Und ich sag' Ihnen auch, wieso. Die Begabung und die Instinkte und Gefühle und Interessen von einem Blauhäher umfassen alles. Ein Blauhäher hat nicht mehr Grundsätze als ein Kongreßmann. Ein Blauhäher lügt, ein Blauhäher stiehlt, ein Blauhäher betrügt, ein Blauhäher hintergeht; und in vier von fünf Malen bricht der Blauhäher sein feierlichstes Versprechen. Die Heiligkeit von einer Verpflichtung, was das ist, das kann man einem Blauhäher einfach nicht eintrichtern. Und über alldem noch was: ein Blauhäher nimmt es im Fluchen mit jedem Herrn in den Minen auf. Nun werden Sie sagen, eine Katze kann fluchen. Nun, kann sie; aber geben Sie einem Blauhäher ein Thema, das seine schlummernden Kräfte sozusagen wachruft, und wo bleibt dann Ihre Katze? *Mir* können Sie nix erzählen – ich versteh' zuviel davon. Und da ist noch was; in der kleinen Spezialität des Schimpfens – ich meine nichts weiter als gutes, tüchtiges, durch und durch handfestes Schimpfen –, da streckt ein Blauhäher alles nieder; kein Mensch, kein Gott ist ihm gewachsen. Jawohl, mein Herr, ein Blauhäher ist alles, was ein Mensch ist. Ein Blauhäher kann sich schämen, ein Blauhäher kann überlegen und planen und diskutieren, ein Blauhäher ist vernarrt in Klatsch und Geläster, ein Blauhäher hat Sinn für Humor, ein Blauhäher weiß ebensogut wie Sie, wann er ein Esel ist – vielleicht besser. Wenn ein Blauhäher nicht ein Mensch ist, dann soll er mal lieber seinen Laden dichtmachen, das kann ich nur sagen. So. Und jetzt erzähl' ich Ihnen eine vollkommen wahre Tatsache über ein paar Blauhäher.«

Kapitel 3

Bakers Blauhäher-Garn

Als ich gerade anfing, die Hähersprache richtig zu verstehen, da hat sich hier eine kleine Begebenheit ereignet. Vor sieben Jahren zog der letzte Mann weg, der hier in der Gegend wohnte, von mir mal abgesehen. Da steht sein Haus – die ganze Zeit leer gewesen; ein Blockhaus mit einem Bohlendach – nur *ein* großer Raum, weiter nichts; keine Decke – nichts zwischen Dachsparren und Fußboden. Nun, an einem Sonntagmorgen sitze ich so hier draußen vor meiner Hütte, mit meiner Katze, und ich lasse mich von der Sonne bescheinen und betrachte die blauen Berge und höre den Blättern zu, die so einsam in den Bäumen rascheln, und denke an das Zuhause weit drüben in den Staaten, von wo ich schon seit dreizehn Jahren nichts mehr gehört habe, da landet auf einmal ein Blauhäher mit einer Eichel im Schnabel auf diesem Haus und sagt: ›Hei! Da habe ich was gefunden!‹ Beim Sprechen fiel ihm die Eichel natürlich aus dem Schnabel und rollte vom Dach, aber er kümmerte sich nicht drum; er war voll und ganz mit dem beschäftigt, was er da gefunden hatte: ein Astloch im Dach. Er legte den Kopf schief, kniff ein Auge zu und ging mit dem anderen dicht an das Loch ran, wie 'ne Beutelratte, die in einen Krug linst; dann blickte er auf mit seinen blanken Augen, schlug ein-, zweimal mit den Flügeln – was, wie man wissen muß, freudige Zufriedenheit bedeutet – und sagte: ›Es sieht wie ein Loch aus, es liegt wie ein Loch – ich will verdammt sein, wenn ich nicht glaube, es ist ein Loch!‹

Dann kippte er den Kopf abermals und warf einen zweiten Blick hinein; diesmal schaut er in heller Freude auf, schlägt nicht nur mit den Flügeln, sondern auch mit dem Schwanz, und sagt: ›Oh nein, da fehlt nix, da ist alles dran, ganz bestimmt! Hab' ich ein Glück! Mensch, ein durch und durch elegantes Loch!‹ Also flog er 'runter und holte die Eichel und flog wieder 'rauf und warf sie hinein und legte gerade den Kopf zurück mit dem himmlischsten Lächeln im Gesicht, da erstarrte er urplötzlich in Horchstellung, und dieses Lächeln rutschte ganz langsam aus seinen Zügen wie der kalte Atem vom Rasiermesser, und der wunderlichste Ausdruck der Überraschung nahm seinen Platz ein. Dann sagte er: ›Nanu, ich hab' sie nicht fallen hören!‹ Er kippte das Auge wieder zu dem Loch hinunter und warf einen langen Blick hinein; erhob sich und schüttelte den Kopf; trat auf die andere Seite des Loches und warf auch von da aus einen Blick hinein; schüttelte abermals den Kopf. Er sann einen Augenblick lang nach, dann faßte er die Sache gründlich an – stapste wieder und wieder um das Loch herum und spähte von jedem Kompaßstrich hinein. Keinen Zweck. Darauf nahm er oben auf dem First Denkhaltung ein und kratzte sich eine Weile mit dem rechten Fuß den Kopf, und schließlich sagte er: ›Na, das ist zuviel für mich, das ist sicher! Muß ein mächtig langes Loch sein; wie dem auch sei – ich hab' keine Zeit nich, hier herumzutrödeln; ich muß mich an die Arbeit machen; wird schon in Ordnung sein – lassen wir's mal drauf ankommen.‹

Also fliegt er los und holt noch eine Eichel und wirft sie hinein und versucht, flink genug mit dem Auge an das Loch heranzukommen, um zu sehen, was aus der Eichel wird, aber er kommt zu spät. Er hält das Auge eine volle Minute ans Loch, und dann richtet er sich auf und seufzt und sagt: ›Verfluchte Tat, ich versteh' das nicht; ich versteh' das einfach nicht! Aber ich versuch's noch mal!‹ Er holte also noch eine Eichel und gab sich die allergrößte Mühe zu sehen, was aus ihr wurde, aber er schaffte es einfach nicht. Er sagt: ›Hm! So ein Loch ist mir doch noch nie begegnet! Ich bin der Meinung, es ist eine absolut neue Sorte Loch.‹ Nun packte ihn allmählich die Wut. Eine Weile beherrschte er sich noch, spazierte auf dem Dachfirst hin und her und schüttelte den Kopf und knurrte vor sich hin; alsbald jedoch gingen seine Gefühle mit ihm durch, und er tobte los und fluchte, bis er schwarz im Gesicht war. Ich hab' noch nie einen Vogel gesehen, der sich wegen einer Kleinigkeit so angestellt hat. Als er damit fertig war, geht er zum Loch zurück und linst abermals eine halbe Minute hinein; dann sagt er: ›Na schön, du bist ein langes Loch und ein tiefes Loch und alles in allem ein verflixt einzigartiges Loch – aber ich hab' angefangen, dich voll zu machen, und ich will v– – –t sein, wenn ich dich nicht bis oben hin voll mache, und wenn ich hundert Jahre dazu brauche!‹

Und damit flog er los. Solange Sie leben, haben Sie nie einen Vogel so arbeiten sehen. Er legte sich ins Zeug wie ein Neger, und wie er da ungefähr zweieinhalb Stunden lang Eicheln in dieses Loch packte – Mensch, was Aufregenderes und Erstaunlicheres hab' ich selten gesehen. Er machte kein einziges Mal Pause, um noch mal nachzusehen – packte sie nur immer rein und flog sofort wieder los nach der nächsten. Na, schließlich kriegte er kaum noch die Flügel hoch, so erledigt war er. Noch einmal kommt er kraftlos 'runter, schwitzend wie ein Eiswasserkrug, läßt seine Eichel fallen und sagt: ›Na, jetzt hab' ich dich aber wohl!‹ Und er bückt sich, um einen Blick ins Loch zu werfen. Ich sage Ihnen, als der Kopf wieder hochkam, da war er blaß vor Wut. Er sagt: ›Ich hab' soviel Eicheln da hineingeschaufelt, davon kann ich die Familie dreißig Jahre ernähren, aber wenn ich auch nur die Spur von einer einzigen Eichel sehe, will ich in zwei Minuten mit dem Bauch voll Sägemehl im Museum landen!‹

Er hatte nur gerade noch genug Kraft, zum First hinaufzukrabbeln und sich mit dem Rücken an den Schornstein zu lehnen, und dann sammelte er seine Eindrücke und fing an, seine Ansicht bekanntzugeben. Ich begriff sofort: Was ich in den Minen für lästerliches Gerede gehalten hatte, waren nichts weiter als die Anfangsgründe, sozusagen.

Ein anderer Blauhäher kam vorbei und hörte ihm bei seiner Andachtsübung zu und macht halt und fragt: ›Was ist los?‹ Der Geschädigte erzählt ihm alles und sagt: ›Jawohl, und da drüben ist das Loch, und wenn du mir nicht glaubst, geh' hin und guck es dir selber an!‹ Also geht dieser Bursche hin und guckt nach und kommt zurück und sagt: ›Wie viele, sagst du, hast du da reingesteckt?‹ – ›Kein bißchen weniger als zwei Tonnen‹, sagt der Geschädigte. Der andere Blauhäher geht hin und sieht sich das Loch noch mal an. Ist nicht zu kapieren, denkt er; also stößt er einen Schrei aus, und drei weitere Häher kommen. Alle betrachten eingehend das Loch; sie lassen sich von dem Geschädigten das Ganze noch einmal erzählen, dann unterhalten sie sich darüber, und mehr hornochsige Ansichten, als die da nun auftischten, hätte eine durchschnittliche Menschenansammlung auch nicht zusammengekriegt.

Sie riefen noch mehr Blauhäher zu Hilfe; dann immer noch mehr, so daß die ganze Gegend bald wie blau angelaufen aussah. Fünftausend müssen wohl im ganzen dagewesen sein – und so ein Schwadronieren und Disputieren und Fluchen und Lästern haben Sie noch nicht gehört. Jeder einzelne Häher hielt ein Auge an das Loch und verkündete eine noch dummköpfigere Ansicht über das Rätsel als sein Vorgänger. Und sie untersuchten auch das ganze Haus. Die Tür stand halb offen, und schließlich ging ein alter Häher hin und ließ sich auf ihr nieder und äugte da rein. Und damit war das Rätsel natürlich hin. Da – über den ganzen Fußboden verstreut – lagen die Eicheln. Er schlug mit den Flügeln und erhob gellend die Stimme. ›Kommt her!‹ ruft er. ›Alle herkommen! Gehenkt will ich sein, wenn der Narr nicht versucht hat, ein Haus mit Eicheln zu füllen!‹ Wie eine blaue Wolke kamen alle heruntergeschossen. Einer nach dem anderen landete auf der Tür und warf einen raschen Blick hinein, und einer nach dem anderen begriff mit einem Schlag den ganzen Irrsinn der Verdingung, auf die dieser erste Blauhäher sich da eingelassen hatte und einer nach dem anderen erstickte fast vor Lachen und kippte hintüber von der Tür, und der nächste Häher nahm seinen Platz ein und tat genau dasselbe.

Jawohl, mein Herr, und sie saßen eine geschlagene Stunde oben auf dem Haus und auf den Bäumen und lachten schallend über die Geschichte, wie Menschen. Hat keinen Zweck, mir weiszumachen, ein Blauhäher hätte keinen Sinn für Humor, denn ich weiß Bescheid. Und erinnern kann er sich auch. Die Häher hier, die haben Häher von überall aus den Vereinigten Staaten mitgebracht, damit sie in das Loch guckten, drei Sommer lang. Auch andere Vögel. Und alle kriegten die Pointe mit, nur eine Eule nicht, die aus Neuschottland gekommen war, um sich das Yosemite-Tal anzusehen, und auf dem Rückweg dies hier mitnahm. Sie sieht nicht, was da komisch daran sein soll, sagt sie. Nun war sie allerdings auch vom Yosemite-Tal ziemlich enttäuscht.«

Kapitel 4

Studentenleben

Das Sommersemester war in vollem Gang; folglich war die häufigste Figur in und um Heidelberg der Student. Die meisten Studenten waren natürlich Deutsche, aber die Vertreter fremder Länder waren recht zahlreich. Sie kamen aus jedem Winkel der Erde, denn das Studium ist billig in Heidelberg und das Leben ebenfalls. Der *Anglo-American-Club*, dem britische und amerikanische Studenten angehören, hatte fünfundzwanzig Mitglieder, und das Reservoir war noch längst nicht erschöpft.

Neun Zehntel der Heidelberger Studenten trugen keine Abzeichen oder Uniformen, das übrige Zehntel trug Mützen von verschiedener Farbe und gehörte geselligen Vereinigungen an, die Korps heißen. Es gab fünf Korps, von denen jedes seine eigene Farbe hatte; man sah weiße Mützen, blaue Mützen, rote, gelbe und grüne. Das berühmte Duellfechten ist auf die Korpsstudenten beschränkt. Die »Kneipe« scheint ebenfalls ihre Spezialität zu sein. Kneipen werden von Zeit zu Zeit abgehalten, um einen großen Anlaß zu feiern, wie zum Beispiel die Wahl eines Bierkönigs. Es ist dies eine recht unkomplizierte Festlichkeit; die fünf Korps versammeln sich des Abends, und auf ein Zeichen hin fangen alle an, sich aus Halbliterkrügen so schnell wie möglich mit Bier vollzugießen. Jeder zählt für sich – gewöhnlich indem er für jeden Krug, den er leert, ein Zündholz hinlegt. Die Wahl ist bald entschieden. Wenn die Kandidaten nichts mehr hinunterkriegen, wird gezählt, und wer die meisten halben Liter getrunken hat, wird zum König ausgerufen. Man hat mir erzählt, daß der letzte Bierkönig, der von den Korps – oder, wenn man so will, von seinen eigenen Fähigkeiten – gewählt wurde, seinen Bierkrug fünfundsiebzigmal geleert habe. Kein Magen könnte natürlich diese ganze Menge auf einmal aufnehmen – aber es gibt Mittel und Wege, häufig ein Vakuum zu schaffen, die jedem, der viel auf See war, einleuchten werden.

Man sieht zu jeder Tageszeit so viele Studenten, daß man sich schließlich zu fragen beginnt, ob sie wohl überhaupt irgendeine feste Arbeitszeit haben. Einige haben sie, andere nicht. Jeder kann selber wählen, ob er arbeiten oder sich vergnügen will, denn das Leben an den deutschen Universitäten ist ein sehr freies Leben; es scheint keine Beschränkungen zu kennen. Der Student wohnt nicht in den Universitätsgebäuden, sondern mietet sich seine eigene Unterkunft, wo immer er will, und er nimmt seine Mahlzeiten ein, wann und wo es ihm gefällt. Er geht zu Bett, wann es ihm paßt, und steht nur auf, wenn er mag. Er wird nicht für eine bestimmte Zeitspanne auf der Universität eingeschrieben; daher wechselt er nicht selten. Er braucht keine Prüfung beim Eintritt in die Universität zu bestehen. Er bezahlt lediglich eine geringe Gebühr von etwa fünf oder zehn Dollar, erhält eine Karte, die ihm Anspruch auf die Vorrechte der Universität verleiht, und damit Schluß. Er kann sich nun an die Arbeit machen – oder ans Vergnügen, ganz wie es ihm mehr behagt. Beschließt er zu arbeiten, findet er eine lange Liste von Vorlesungen vor, aus der er wählen kann. Er entscheidet sich für die Fächer, die er studieren will, und schreibt sich für diese Studien ein; aber er braucht deshalb nicht auch hinzugehen.

Die Folge dieses Systems ist, daß Vorlesungen über Spezialgebiete entlegener Art häufig vor einer sehr mageren Zuhörerschaft, jene über praktischere und alltäglichere Bildungsgegenstände hingegen vor einer sehr großen gehalten werden. Ich habe von einem Fall gehört, in dem die Zuhörerschaft eines Professors Tag für Tag aus nur drei Studenten bestand – und immer aus denselben drei. Aber eines Tages blieben zwei von ihnen der Vorlesung fern. Der Professor begann wie gewöhnlich:

Alle standen auf
und nahmen die Mütze ab.

»Meine Herren« – dann korrigierte er sich todernst und sagte »Mein Herr« – und setzte seine Abhandlung fort.

Es wird behauptet, die überwiegende Mehrheit der Heidelberger Studenten arbeite hart und nutze die gebotenen Möglichkeiten aufs allerbeste; sie habe keine überschüssigen Mittel für Ausschweifungen und keine Zeit für Lustbarkeiten. Eine Vorlesung folgt der anderen auf den Fersen, und den Studenten bleibt nur eine geringe Spanne, um sich aus einem Hörsaal in den anderen zu begeben; aber die fleißigen schaffen es im Trab. Die Professoren helfen ihnen beim Zeitsparen, indem sie pünktlich beim Stundenschlag hinter ihrem kleinen Kathederkasten erscheinen und ihn ebenso pünktlich wieder verlassen, wenn die Stunde um ist. Ich ging an einem Tag, unmittelbar bevor die Uhr schlug, in einen leeren Hörsaal. In dem Raum standen schlichte, ungestrichene Kiefernpulte und Bänke für ungefähr zweihundert Personen.

Etwa eine Minute, bevor die Uhr schlug, schwärmten einhundertfünfzig Studenten herein, stürzten an ihre Plätze, schlugen unverzüglich ihre Kolleghefte auf und tauchten ihre Federn in die Tinte. Als die Uhr zu schlagen begann, betrat ein beleibter Professor den Hörsaal, wurde mit allgemeinem Beifallsklatschen empfangen, ging flink den Mittelgang hinunter, sagte »Meine Herren« und begann zu reden, als er die Stufen zum Katheder hinaufstieg; und als er dann in seinem Kasten eintraf und das Gesicht seinen Hörern zuwandte, hatte seine Vorlesung gute Fahrt, und alle Federn waren in Bewegung. Er benutzte keine Notizen, er sprach mit erstaunlicher Geschwindigkeit und Energie eine volle Stunde – dann machten die Studenten ihn auf allerlei wohlverstandene Weisen darauf aufmerksam, daß seine Zeit um war; er griff, immer noch redend, nach seinem Hut, stieg flink vom Katheder und brachte das letzte Wort seiner Abhandlung heraus, als er ebenen Boden betrat; alles erhob sich ehrerbietig, er flitzte den Mittelgang hinauf und verschwand. Sofort begann der Sturm auf irgendeinen anderen Hörsaal, und eine Minute später war ich wieder mit den leeren Bänken allein.

Nein, müßiggehende Studenten sind ganz bestimmt nicht die Regel. Von den achthundert in der Stadt kannte ich nur etwa fünfzig dem Gesicht nach; aber diese fünfzig sah ich überall und jeden Tag. Sie spazierten auf den Straßen umher und in den bewaldeten Bergen, sie fuhren in Kutschen, sie ruderten auf dem Fluß, sie schlürften des Nachmittags Bier und Kaffee im Schloßgarten. Ein gut Teil trug die bunten Mützen der Korps. Sie waren elegant und nach der Mode gekleidet, ihre Umgangsformen waren absolut erstklassig, und sie führten ein ungezwungenes, sorgloses, behagliches Leben. Wenn ein Dutzend von ihnen zusammensaß, und ein Herr oder eine Dame kamen vorbei, die einer von ihnen kannte und grüßte, standen alle auf und nahmen die Mütze ab. Die Angehörigen eines Korps empfingen einen Korpsbruder ebenfalls stets auf diese Weise, aber Angehörigen eines anderen Korps schenkten sie keine Beachtung; sie schienen sie nicht zu sehen. Das war nicht Unhöflichkeit; es gehörte lediglich zu der kunstvollen und strengen Korps-Etikette.

Zwischen den deutschen Studenten und ihren Professoren scheint kein frostiger Abstand zu herrschen, sondern vielmehr ein recht umgängliches Verhältnis, ganz das Gegenteil von Kühle und Reserviertheit. Wenn der Professor des Abends ein Wirtshaus betritt, in dem Studenten versammelt sind, erheben sich diese von ihren Plätzen und nehmen die Mütze ab und laden den alten Herrn ein, sich zu ihnen zu setzen und mitzuhalten. Er nimmt die Einladung an, und die muntere Unterhaltung und das Bier fließen eine Stunde lang oder zwei, und über ein Weilchen entbietet der Professor, gehörig angefüllt und heiter, den Studenten eine gute Nacht, während die Studenten sich mit entblößtem Haupt stehend von ihrem Platz aus verbeugen; und nun, da die ganze gewaltige Fracht der Gelehrsamkeit in seinem Laderaum schwimmt, macht er sich glücklich und zufrieden auf den Heimweg. Niemand nimmt Anstoß, niemand ist empört; es hat nichts zu sagen.

Korps-Etikette muß es anscheinend auch gewesen sein, einen Hund oder dergleichen zu halten. Ich denke da an den Korps-Hund, der Allgemeinbesitz der Verbindung ist wie der Korps-Küchenmeister oder der Dienstknecht; dann aber gibt es noch andere Hunde, die einzelnen Studenten gehören.

An einem Sommernachmittag sah ich sechs Studenten ernst und würdevoll in einer Reihe hintereinander in den Schloßgarten einziehen, jeder mit einem bunten chinesischen Sonnenschirm in der Hand und einem gewaltigen Hund an der Leine. Es war ein sehr eindrucksvoller Anblick. Manchmal hielten sich ebensoviele Hunde wie Studenten um den Pavillon herum auf; und zwar Hunde sämtlicher Rassen und aller Grade von Schönheit und Häßlichkeit. Diese Hunde führten ein recht langweiliges Leben, denn sie wurden an den Bänken festgebunden und hatten ein paar Stunden lang keine Abwechslung außer der, die sie sich selber verschafften, indem sie nach den Mücken schnappten oder zu schlafen versuchten und es nicht fertigbrachten. Allerdings bekamen sie hin und wieder ein Stück Zucker – den hatten sie gern.

Es erschien mir recht und passend, daß Studenten Hunden nachhingen, aber jeder andere hatte ebenfalls einen – alte und junge Männer, alte Frauen und honette junge Damen. Wenn es einen Anblick gibt, der unangenehmer ist als viele andere, dann ist es der einer elegant gekleideten jungen Dame mit einem Hund im Schlepp. Es soll angeblich Zeichen und Symbol vereitelter Liebe sein. Ich möchte meinen, daß man eine andere Möglichkeit der öffentlichen Bekanntmachung finden könnte, die ebenso auffallend und doch nicht so mißlich für Anstand und Schicklichkeit ist.

Es wäre ein Irrtum anzunehmen, daß der faulenzende, vergnügungssüchtige Student einen leeren Kopf spazierenführt.

Ganz im Gegenteil. Er hat neun Jahre auf dem Gymnasium zugebracht, und zwar unter einem System, das ihm keine Freiheit ließ, sondern ihn mit allem Nachdruck zwang, wie ein Sklave zu arbeiten. Folglich hat er das Gymnasium mit einer Bildung verlassen, die so breit und vollständig ist, daß die Universität nichts weiter tun kann, als einige der tieferschürfenden Spezialbereiche zu vervollkommnen. Es wird behauptet, daß ein Schüler bei Verlassen des Gymnasiums nicht nur eine umfassende Bildung besitze, sondern auch wisse, was er weiß – die Bildung ist nicht mit Unsicherheiten vernebelt, sie ist ihm unauslöschlich eingebrannt. Zum Beispiel liest und schreibt er nicht nur Griechisch, sondern spricht es auch; mit dem Lateinischen ist es dasselbe. Die Jugend anderer Länder hält sich dem Gymnasium fern; seine Regeln sind zu unerbittlich. Sie geht zur Universität, um ihrer Allgemeinbildung ein Mansardendach aufzusetzen; der deutsche Student hingegen hat sein Mansardendach bereits, also zieht er auf die Universität, um ein Türmchen in Gestalt irgendeiner Spezialität hinzuzufügen, zum Beispiel einen bestimmten Zweig der Rechtswissenschaft, Medizin oder Philologie – wie etwa internationales Recht oder Augenheilkunde oder ein Studium der alten gotischen Dialekte. Demgemäß besucht dieser Deutsche nur die Vorlesungen, die das von ihm gewählte Fach betreffen, und den Rest des Tages trinkt er sein Bier, schleppt seinen Hund herum und läßt es sich gut sein. Er war so lange in strenger Zucht, daß die großzügige Freiheit des Universitätslebens genau das ist, was er braucht, gern hat und durch und durch zu schätzen weiß; und da sie nicht ewig währen kann, nutzt er sie aufs beste, solange sie andauert, und legt sich einen ordentlichen Überschuß für den Tag zurück, da er unausweichlich abermals die Ketten anlegen und sich in die Sklaverei eines Amtes oder Berufslebens begeben muß.

Kapitel 5

Auf dem Paukboden

An einem Tag erhielt mein Reisebegleiter im Interesse der Wissenschaft die Erlaubnis, mich auf den Paukboden der Studenten zu führen. Wir überquerten den Fluß und fuhren ein paar hundert Meter am Ufer entlang, bogen dann nach links in eine schmale Gasse ein, folgten ihr etwa hundert Meter und kamen vor einem zweistöckigen Wirtshaus an; das Äußere war uns vertraut, denn es war vom Hotel aus zu sehen. Wir gingen nach oben und gelangten in einen großen weißgetünchten Saal, der etwa fünfzehn Meter lang und zehn Meter breit und sechs oder auch sieben Meter hoch war. Der Saal hatte gutes Licht. Einen Teppich gab es nicht. An einem Ende und an den beiden Langseiten waren Tische aufgereiht, und daran saßen etwa fünfzig bis fünfundsiebzig Studenten.

Einige von ihnen tranken Wein, andere spielten Karten, andere Schach, noch andere plauderten miteinander, und viele rauchten Zigaretten, während sie auf die kommenden Duelle warteten. Fast alle trugen bunte Mützen. Ich sah weiße Mützen, grüne Mützen, blaue Mützen, rote Mützen und leuchtend gelbe; alle Korps waren also mit starker Streitmacht vertreten. In den Fensternischen am freien Ende des Raumes standen sechs oder acht lange schmalklingige Säbel mit großem Handschutz, und draußen war ein Mann dabei, weitere auf einem Schleifstein zu schärfen. Er verstand sein Handwerk; wenn ein Säbel seine Hände verließ, konnte man sich damit rasieren.

Es war zu beobachten, daß die jungen Herren nicht mit Studenten sprachen, deren Mütze sich in der Farbe von ihrer eigenen unterschied, ja, sie nicht einmal durch eine Verbeugung begrüßten. Das war keine Feindseligkeit, sondern nur bewaffnete Neutralität. Man war der Ansicht, daß jemand im Duell härter und mit ernsterem Interesse schlug, wenn er zu seinem Gegner nie ein kameradschaftliches Verhältnis unterhalten hatte. Kameradschaft zwischen den Korps war daher nicht erlaubt. Von Zeit zu Zeit pflegen die Vorsitzenden der fünf Korps kühlen offiziellen Umgang miteinander, aber damit ist es auch getan. Wenn zum Beispiel der regelmäßige Duelltag eines Korps näher rückt, bittet der Vorsitzende um die Meldung von Freiwilligen, die sich schlagen werden; drei oder mehr melden sich – aber weniger als drei dürfen es nicht sein; der Vorsitzende legt ihre Namen den anderen Vorsitzenden mit dem Ansinnen vor, für diese Herausforderer Gegner aus dem eigenen Korps zu stellen. Dem wird unverzüglich nachgekommen. Es traf sich, daß das Ereignis, dem ich beiwohnte, der Kampftag des Rotmützenkorps war. Sie waren die Herausforderer, und bestimmte Mützen anderer Farben hatten sich freiwillig erboten, gegen sie anzutreten. Die Studenten fechten während siebeneinhalb bis acht Monaten im Jahr zweimal wöchentlich Duelle in dem Saal aus, den ich beschrieben habe. Der Brauch besteht in Deutschland seit zweihundertfünfzig Jahren.

Aber zurück zu meinem Bericht. Ein Student mit weißer Mütze nahm uns in Empfang und stellte uns sechs oder acht Freunden vor, die ebenfalls weiße Mützen trugen, und während wir noch da standen und uns unterhielten, wurden zwei seltsam aussehende Gestalten aus dem Raum nebenan hereingeführt: zwei voll zum Duell gerüstete Studenten. Sie waren barhäuptig; ihre Augen wurden von einer eisernen Brille geschützt, die einen Zoll oder noch mehr vorstand und deren Lederriemen die Ohren platt an den Kopf banden; ihr Hals war dick mit Binden umwickelt, die ein Säbel nicht zerschneiden konnte; vom Kinn bis an die Enkel waren die beiden gründlich gegen Verletzungen gepolstert; ihre Arme waren Lage über Lage dick bandagiert, so daß sie wie massive schwarze Klötze aussahen. Diese sonderbaren Erscheinungen waren vor einer Viertelstunde ansehnliche Jünglinge in eleganter Kleidung gewesen, nun jedoch glichen sie Wesen, denen man nur in Alpträumen begegnet. Mit steif abstehenden Armen kamen sie daher; sie hielten sich nicht selber aufrecht; andere Studenten gingen neben ihnen her und gewährten ihnen die nötige Stütze.

Alles eilte nun zum freien Ende des Saales, und wir schlossen uns an und bekamen gute Plätze. Die Kombattanten wurden mit dem Gesicht zueinander aufgestellt, jeder mit mehreren Angehörigen seines Korps zur Assistenz um sich herum; zwei Sekundanten faßten gut gepolstert und mit einem Säbel in der Hand nahebei Posten; ein Student, der keinem der gegeneinander antretenden Korps angehörte, begab sich an eine günstige Stelle, von der aus er den Kampf als Schiedsrichter beobachten konnte; ein weiterer Student stand mit einer Taschenuhr und einem Notizbuch bereit, um die Zeit und die Zahl und Art der Wunden festzuhalten; ein grauhaariger Arzt war zugegen mit seinem Zupflinnen, seinen Binden und seinen Instrumenten. Nach einer kurzen Pause grüßten die Duellanten den Schiedsrichter ehrerbietig, dann traten die verschiedenen Helfer einer nach dem anderen vor, nahmen mit Anstand ihre Mütze ab und grüßten ihn ebenfalls und gingen wieder an ihren Platz zurück. Alles war nun bereit; Studenten drängten sich dicht aneinander am Rand des freien Platzes, und andere standen auf Stühlen und Tischen hinter ihnen. Aller Augen waren dem Mittelpunkt des Interesses zugewandt.

Die Kombattanten beobachteten einander mit wachsamen Augen; es herrschten vollkommene Stille und atemlose Anteilnahme. Ich glaubte, daß ich nun allerlei kluge, bedachtsame Arbeit zu sehen bekommen würde. Nichts dergleichen. Als durch Zuruf das Zeichen zum Anfangen gegeben wurde, sprangen die

Nun glichen sie Wesen,
denen man nur in Alpträumen begegnet.

beiden Erscheinungen vor und ließen mit solch rasender Geschwindigkeit Schläge aufeinander niederregnen, daß ich nicht unterscheiden konnte, ob ich die Säbel sah oder nur ihr Blitzen in der Luft. Der prasselnde Lärm dieser Hiebe, wenn sie auf Stahl oder Bandagen trafen, hatte etwas wundervoll Aufrüttelndes, und es wurde mit solch fürchterlicher Wucht geschlagen, daß ich nicht begriff, wieso der gegnerische Säbel von dem Anprall nicht niedergehauen wurde. Nach einer kleinen Weile sah ich inmitten des Säbelblitzens ein Büschel Haare durch die Luft segeln, so als habe es lose auf dem Kopf des Opfers gelegen und sei von einem plötzlichen Zugwind fortgepustet worden.

Die Sekundanten riefen »Halt!« und schlugen gleichzeitig die Säbel der Kombattanten mit ihren eigenen hoch. Die Duellanten setzten sich; einer der offiziellen Helfer trat vor, untersuchte den verletzten Kopf und betupfte die Stelle ein paarmal mit einem Schwamm; der Arzt kam und strich das Haar zurück – und legte eine hochrot klaffende Wunde von etwa zwei bis drei Zoll bloß und machte sich daran, ein ovales Stück Leder und ein Büschel Zupflinnen darüber zu binden; der Rechnungsführer trat heran und vermerkte einen Punkt für die Gegenseite in seinem Buch.

Dann bezogen die Duellanten abermals Stellung; ein kleines Blutrinnsal lief dem Verletzten an der Seite des Kopfes herunter und von dort über die Schulter und am Körper abwärts bis auf den Fußboden, aber es schien ihn nicht zu bekümmern. Der Zuruf erklang, und die beiden fuhren ebenso heftig aufeinander los wie zuvor; abermals regneten und prasselten und blitzten die Hiebe; alle paar Augenblicke entdeckte einer der flinkäugigen Sekundanten, daß ein Säbel verbogen war – dann riefen sie »Halt!«, schlugen die miteinander kämpfenden Waffen hoch, und einer der Helfer bog die verbogene Klinge wieder gerade.

Weiter ging der wundervolle Tumult – auf einmal sprang ein heller Funke von einer der Klingen, und diese Klinge, die in mehrere Stücke zerbrochen war, schickte eins ihrer Bruchstücke in hohem Flug an die Decke. Ein neuer Säbel wurde angereicht und der Kampf fortgesetzt. Die körperliche Anstrengung war natürlich ungeheuer; und nach einer Weile ließen die Kämpfer beträchtliche Erschöpfungen erkennen. Sie durften sich in kurzen Abständen immer wieder einen Augenblick ausruhen; weitere Rastpausen verschafften sie sich durch gegenseitiges Verwunden, denn dann konnten sie sich setzen, während der Arzt Scharpie und Verband anlegte. Es ist Vorschrift, daß der Kampf fünfzehn Minuten andauern muß, falls die Männer durchstehen; und da die Pausen nicht mitzählen, zog sich dieses Duell meiner Schätzung nach über zwanzig bis dreißig Minuten hin. Schließlich wurde entschieden, daß die beiden Männer zu ermattet waren, um sich noch weiter zu schlagen. Sie wurden weggeführt, von Kopf bis Fuß hochrot durchtränkt. Es war dies ein guter Kampf, aber er zählte nicht, teils weil er nicht die vorgeschriebenen fünfzehn Minuten (tatsächlichen Schlagens) gedauert hatte, teils weil keiner der beiden Männer durch seine Wunden kampfunfähig geworden war.

Es war ein unentschiedener Kampf, und das Korps-Gesetz fordert, daß unentschiedene Kämpfe aufs neue ausgefochten werden, sobald die Widersacher von ihren Wunden genesen sind.

Während des Duells hatte ich mich hin und wieder ein wenig mit einem jungen Herrn vom Weißmützen-Korps unterhalten, und er hatte erwähnt, daß er sich als nächster schlagen werde, und hatte mir auch seinen Herausforderer gezeigt, einen jungen Herrn, der an der Wand gegenüber lehnte, eine Zigarette rauchte und in aller Ruhe dem im Gang befindlichen Duell zusah.

Meine Bekanntschaft mit einem der Beteiligten an dem kommenden Zweikampf hatte zur Folge, daß ich ihm mit einer Art persönlicher Anteilnahme entgegensah; ich wünschte natürlich, er werde gewinnen, und es war alles andere als angenehm zu erfahren, daß er wahrscheinlich nicht gewinnen werde, denn er war zwar ein hervorragender Fechter, aber der Herausforderer galt als ihm überlegen.

Alsbald begann das Duell, und zwar mit demselben Ungestüm, das auch das vorhergehende ausgezeichnet hatte. Ich stand nahebei, konnte jedoch nicht unterscheiden, welche Hiebe zählten und welche nicht – sie fielen und verschwanden wie Lichtblitze so schnell. Anscheinend zählten sie alle. Die Säbel bogen sich immerzu über die Köpfe der Gegner hinweg und schienen von der Stirn bis zum Wirbel aufzutreffen; aber dem war nicht so – eine schützende Klinge fuhr, für mich unsichtbar, jedesmal dazwischen. Nach zwölf Sekunden hatte jeder der Männer zwölf- bis fünfzehnmal zugehauen und zwölf bis fünfzehn Schläge abgewehrt, und nichts war passiert; dann wurde ein Säbel außer Gefecht gesetzt, und es folgte eine kurze Ruhepause, während der ein neuer herbeigebracht wurde. Gleich zu Beginn der nächsten Runde erhielt der Student vom weißen Korps eine böse Wunde an der Seite des Kopfes und brachte seinem Gegner eine ebensolche bei. In der dritten Runde empfing dieser eine weitere schwere Kopfwunde, und jenem wurde die Unterlippe gespalten. Danach gelang dem Studenten vom weißen Korps eine ganze Reihe schwerer Wunden, ihn selber jedoch erwischte es nicht mehr ernstlich. Nach insgesamt fünf Minuten brach der Arzt das Duell ab; der Herausforderer hatte solch erhebliche Verletzungen erlitten, daß weitere Wunden gefährlich werden konnten. Diese Verletzungen boten einen gräßlichen Anblick, blieben jedoch besser unbeschrieben. Wider Erwarten war mein Bekannter also der Sieger.

Kapitel 6

Das dritte Duell

Das dritte Duell war kurz und blutig. Der Arzt brach es ab, als er sah, daß der eine von den beiden Männern mit den schweren Wunden, die er empfangen hatte, nicht ohne Gefahr für sein Leben würde weiterkämpfen können.

Das vierte Duell war ein fürchterliches Treffen; aber nach fünf oder sechs Minuten griff der Arzt abermals ein: noch ein Mann war so ernstlich verletzt, daß weiterer Schaden ihm gefährlich werden würde. Ich sah dieser Begegnung zu, wie ich den anderen zugesehen hatte – mit hingerissener Anteilnahme und starker Erregung und einem Erschauern bei jedem Hieb, der eine Wange oder eine Stirn schlitzte, und einem mir selber bewußten Erbleichen, wenn hin und wieder einem der Duellanten eine Wunde von noch erschreckenderer Art beigebracht wurde. Meine Augen ruhten auf dem Verlierer dieses Duells, als er seine letzte Wunde, die bezwingende, empfing – der Hieb traf ihn im Gesicht und entführte ihm – gleichviel, die Einzelheiten bleiben besser unerwähnt. Ich blickte nur kurz hin und wandte mich dann rasch ab, aber ich hätte überhaupt nicht hingeschaut, hätte ich gewußt, was kam. Nein, das stimmt wohl nicht ganz; man glaubt, man würde nicht hinschauen, falls man wüßte, was kommt, aber die Anteilnahme und die Erregung sind so mächtig, daß sie alle anderen Empfindungen ohne weiteres unterdrücken; und so erliegt man dann angesichts der ingrimmigen Heiterkeit des aufeinanderprallenden Stahls doch der Versuchung und schaut hin. Manchmal fallen Zuschauer bei diesen Duellen in Ohnmacht – und das scheint mir gar nicht so unvernünftig.

Beide Teilnehmer an diesem vierten Duell waren böse verwundet – so böse, daß der Arzt sie fast eine volle Stunde in Arbeit hatte – eine Tatsache, die zu allerhand Vermutungen Anlaß gibt Aber diese Wartezeit wurde von den versammelten Studenten nicht müßig vertan. Die Mittagsstunde war eben verstrichen; daher ließen sie vom Wirt unten im Haus heiße Beefsteaks, Hühnchen und dergleichen heraufschicken und tafelten behaglich rundum an den Tischen und plauderten, disputierten und lachten dabei. Die Tür zum Arztzimmer stand derweil offen, aber das Schneiden, Nähen, Spleißen und Verbinden, das dort vor aller Augen vor sich ging, schien niemandem den Appetit zu verderben. Ich ging hinein und sah dem Arzt eine Weile bei seinen Bemühungen zu, fand aber keine rechte Freude daran; beim Austeilen der Wunden zugegen zu sein war sehr viel weniger unangenehm als zuzuschauen, wie sie geflickt wurden; die Aufregung und der Tumult und die Musik des Stahls fehlten hier – der grausige Anblick zerrte an den Nerven, ohne daß der angenehme Schauer des Duells für einen Ausgleich sorgte.

Endlich war der Arzt fertig, und die Männer, die den letzten Kampf des Tages ausfechten sollten, traten an. Zahlreiche Mittagessen waren noch nicht verzehrt, aber das machte nichts, sie konnten nach dem Kampf kalt gegessen werden; also drängte alles nach vorne zum Zuschauen. Dies war kein Duell zum Vergnügen, sondern eine »Satisfaktions«-Angelegenheit. Die beiden Studenten hatten sich gezankt und waren nun hier, um die Sache zu begleichen. Sie gehörten keinem der Korps an, aber die fünf Korps stellten ihnen aus Gefälligkeit Waffen und Rüstung zur Verfügung und erlaubten ihnen, sich in dem Saal zu schlagen. Die beiden jungen Männer waren offensichtlich mit dem Duellier-Zeremoniell nicht vertraut, wenn sie sich auch durchaus auf den Umgang mit dem Säbel verstanden. Als man sie zum Kampf aufstellte, glaubten sie, es sei Zeit, anzufangen – und sie fingen an, und zwar mit der ungestümsten Energie und ohne darauf zu warten, daß jemand das

Kommando gab. Dies belustigte die Zuschauer ungeheuer; ja, es schmolz sogar ihren gekünstelten würdigen Ernst und brachte sie unversehens zum Lachen. Selbstverständlich schlugen die Sekundanten die Säbel hoch und begannen das Duell von neuem. Auf den Zuruf hin rauschte die Flut der Schläge los, aber schon bald griff der Arzt abermals ein – aus dem einzigen Grund, der ihm einzugreifen gestattet –, und die Schlacht des Tages war geschlagen. Es war zwei Uhr nachmittags, und ich hatte seit halb zehn Uhr morgens zugeschaut. Das Schlachtfeld war nun tatsächlich rot; aber etwas Sägemehl brachte das bald wieder in Ordnung. Ein Duell war ausgefochten worden, bevor ich mich eingefunden hatte. In ihm empfing einer der Männer zahlreiche Wunden, während der andere ohne eine einzige Schramme davonkam.

Ich hatte zugeschaut, wie zehn jungen Männern Kopf und Gesicht in jeder Richtung von scharfen zweischneidigen Säbeln zerhauen worden waren, und doch hatte ich keines der Opfer auch nur ein einziges Mal zusammenzucken sehen oder ein Stöhnen gehört oder auch nur ein flüchtiges Verziehen des Gesichtes bemerkt, das den scharfen Schmerz eingestanden hätte, den die Wunden den Kämpfenden verursachten. Das war fürwahr bemerkenswerte Seelenstärke. Solches Erdulden erwartet man bei Wilden und Preisboxern, denn sie sind dazu geboren und abgerichtet worden; aber es in solcher Vollkommenheit bei diesen wohlerzogenen und liebenswürdigen jungen Burschen vorzufinden, war überraschend. Und nicht nur in der Erregung des Säbelfechtens bewiesen sie diese Seelenstärke; sie bewiesen sie nicht minder im Zimmer des Arztes, in dem eine wenig begeisternde Stille herrschte und keine Zuschauer anwesend waren. Unter den Handgriffen des Arztes ächzte niemand, und niemand verzog das Gesicht. Und in den Kämpfen war zu beobachten, daß diese Jungen, wenn sie von heftig blutenden Wunden bedeckt waren, mit demselben ungeheuren Feuer wie zu Beginn einhackten und zuschlugen.

Die allgemeine Öffentlichkeit betrachtet das Universitätsduell als eine recht farcenhafte Angelegenheit. Gewiß, aber wenn man bedenkt, daß das Universitätsduell von Knaben ausgefochten wird, daß die Säbel richtige Säbel sind und daß Kopf und Gesicht freiliegen, so erscheint es mir doch als eine Farce mit einer recht ernsthaften Seite. Die Leute lachen hauptsächlich darüber, weil sie glauben, der Student sei in solch einen Panzer eingepackt, daß er nicht verwundet werden könne. Aber dem ist nicht so; seine Augen und Ohren sind zwar geschützt, aber das übrige Gesicht und der Kopf bleiben bloß. Er kann nicht nur schwer verwundet werden, sein Leben steht sogar in Gefahr; und manchmal wäre es um ihn geschehen, griffe nicht der Arzt rechtzeitig ein. Es ist nicht beabsichtigt, daß Gefahr für sein Leben besteht. Tödliche Unfälle sind jedoch möglich. Zum Beispiel kann der Säbel des Studenten abbrechen und die Spitze hinter dem Ohr seines Gegners hochfliegen und eine Schlagader zerschneiden, die nicht erreichbar ist, solange der Säbel heil bleibt. Dies ist von Zeit zu Zeit vorgekommen, und der Tod trat dann auf der Stelle ein. Früher waren die Achselhöhlen des Studenten nicht geschützt – und zu der Zeit benutzte man spitze Säbel, während sie nun stumpf sind; daher wurde zuweilen eine Arterie in der Achselhöhle zertrennt, was den Tod zur Folge hatte. Außerdem war zur Zeit der spitzen Säbel gelegentlich einer der Zuschauer das Opfer – das abgebrochene Ende eines Säbels flog drei, vier Meter weit und grub sich ihm in Hals oder Herz, und der Tod ereilte ihn unverzüglich. Die Studentenduelle in Deutschland führen heutzutage zu etwa zwei oder drei Todesfällen im Jahr, aber diese haben ihre Ursache lediglich in der Sorglosigkeit der Verletzten; sie essen oder trinken unbedachtsam oder strengen sich übermäßig an; eine Entzündung setzt ein und macht solche Fortschritte, daß ihr kein Einhalt mehr geboten werden kann. O ja, das Universitätsduell bringt in der Tat genügend Blut und Schmerzen und Gefahr mit sich, daß es Anspruch auf ein beträchtliches Maß Hochachtung erheben darf.

Alle Bräuche, alle Vorschriften, alle Umstände, die mit dem Studentenduell zu tun haben, sind wunderlich und unbefangen. Das ernste, abgezirkelte und artige Zeremoniell verleiht ihm den Reiz des Altmodischen.

Seine Würde und die bei ihm geübten ritterlichen Tugenden deuten auf das Turnier hin und nicht auf den Boxsport. Seine Regeln sind in all ihrer Eigentümlichkeit streng. So darf der Duellant zum Beispiel von der Linie, auf die er gestellt wird, vorrücken, sich jedoch niemals von ihr zurückziehen. Tritt er hinter die Linie oder beugt er sich auch nur zurück, gilt es als ausgemacht, daß er einem Hieb auszuweichen sucht oder sich einen Vorteil verschaffen will; also wird er in Unehren aus seinem Korps ausgestoßen. Man möchte meinen, es sei nur allzu natürlich, daß ein Duellant unbewußt vor einem auf ihn einhauenden Säbel zurückweicht – gegen seinen Willen und seine Absicht; aber solche Unbewußtheit ist nicht erlaubt. Ich wiederhole: Verzieht der Empfänger einer Wunde bei dem plötzlichen Schmerz auch nur das Gesicht, sinkt er um einige Grade in der Achtung seiner Korpsbrüder. Sie schämen sich seiner und nennen ihn einen Hasenfuß.

Kapitel 7

Korpsgesetze und -gebräuche

Außer den Korpsgesetzen gibt es noch verschiedene Korpsgebräuche, die die Kraft von Gesetzen haben.

Angenommen zum Beispiel den Fall, dem Vorsitzenden eines Korps fiele auf, daß einer aus der Mitgliedschaft, obwohl kein zum Duell nicht zugelassener Neuling mehr, sich bisher nicht freiwillig zum Schlagen gemeldet hat. Eines Tages wird der Vorsitzende, anstatt um Freiwillige zu bitten, diesen Studenten dazu bestimmen, daß er sich im Säbelduell mit einem Studenten eines anderen Korps mißt. Es steht ihm frei, abzulehnen – das sagt jeder – es besteht kein Zwang. Stimmt – aber ich habe von keinem Studenten gehört, der tatsächlich abgelehnt hatte. Jeder würde selbstverständlich eher aus dem Korps austreten als ablehnen; abzulehnen und dennoch im Korps zu verbleiben würde einen unangenehm von den anderen abstechen lassen, wußte man doch, als man beitrat, daß die Hauptaufgabe eines Mitglieds das Schlagen sein würde. Nein, es gibt kein Gesetz gegen das Ablehnen – nur das Gesetz der Gewohnheit, das eingestandenermaßen überall mächtiger ist als das geschriebene Gesetz.

Die zehn jungen Leute, bei deren Duellen ich Zeuge gewesen war, gingen nicht nach Haus, nachdem sie verbunden worden waren (wie ich angenommen hatte), sondern kamen, sobald der Arzt sie entließ, einer nach dem anderen zurück und mischten sich unter die im Duellsaal Versammelten. Der Weißmützenstudent, der den zweiten Kampf gewonnen hatte, sah bei den letzten drei zu und unterhielt sich in den Pausen mit uns. Er konnte nicht sehr gut reden, da der Säbel seines Gegners ihm die Unterlippe gespalten hatte, und der Mediziner hatte sie dann noch zusammengenäht und verschwenderisch mit weißem Pflaster überklebt; und das Essen fiel ihm auch nicht gerade leicht; dennoch gelang es ihm, sich eine langsame, beschwerliche Mahlzeit einzuverleiben, während das letzte Duell vorbereitet wurde. Der Mann, der von allen am schwersten verwundet war, spielte Schach, während er darauf wartete, dieser letzten Begegnung zuzuschauen. Ein gut Teil seines Gesichtes war mit Verbänden und Pflasterstreifen bedeckt, und der ganze übrige Kopf war davon verhüllt. Es wird behauptet, daß sich die Studenten in diesem Aufputz gerne auf der Straße und an anderen öffentlichen Orten zeigten und daß diese Vorliebe sie oft draußen weilen lasse, wenn Regen oder Sonne eine bedenkliche Gefahr für sie bedeuten. Frischverbundene Studenten sind ein sehr alltäglicher Anblick in den öffentlichen Parks von Heidelberg. Es wird ferner behauptet, daß der Student sich über Wunden im Gesicht freue, weil die zurückbleibenden Narben dort so gut zu sehen seien; und es wird außerdem behauptet, daß diese Gesichtswunden so hoch eingeschätzt würden, daß man von Fällen gehört habe, wo der junge Mann die Wunde von Zeit zu Zeit wieder aufriß und Rotwein hineingoß, damit sie schlecht heile und eine möglichst scheußliche Narbe hinterlasse.

Es scheint dies nicht sehr vernünftig, aber es wird nichtsdestoweniger rundum versichert und bestätigt. Eins weiß ich sicher: An Narben fehlt es in Deutschland unter den jungen Leuten nicht; und sehr häßlich sind sie auch. Sie überziehen das Gesicht kreuz und quer in zornroten Striemen und sind dauerhaft und unauslöschlich. Manche von diesen Narben bieten einen sehr sonderbaren und fürchterlichen Anblick; und die Wirkung ist außerordentlich, wenn mehrere von ihnen die zahmeren, die einen Stadtplan im Gesicht eines Mannes bilden, unterstreichen; sie weisen auf das »niedergebrannte Viertel« hin. Uns war oft aufgefallen, daß viele Studenten ein buntes Seidenband diagonal über der Brust trugen. Dies bedeutet, wie sich herausstellte, daß der Träger drei Duelle ausgefochten hat, in denen eine Entscheidung erzielt wurde – Duelle, in denen er siegte oder besiegt wurde –, denn unentschiedene Treffen zählen nicht. Nachdem ein Student sein Band erhalten hat, ist er »frei«; er kann mit dem Schlagen aufhören, ohne daß es ihm einen Tadel eintrüge – außer jemand beleidigte ihn; sein Vorsitzender kann ihn nicht zum Duell benennen; falls er selber sich zu duellieren wünscht, kann er sich freiwillig melden, oder aber auch sich ausruhen, falls er das vorzieht. Die Statistik zeigt jedoch, daß er es *nicht* vorzieht, sich zur Ruhe zu setzen. Sie zeigt, daß dem Duell eine einzigartige Faszination anhaftet, denn diese Männer, weit davon entfernt, sich auf dem Vorrecht, das ihnen ihr Band gewährt, wie auf einem Faulbett auszustrecken, melden sich immerzu freiwillig. Ein Korpsstudent erzählte mir, daß Fürst Bismarck während seiner Universitätszeit in einem einzigen Sommersemester zweiunddreißig dieser Duelle ausgefochten habe. Also schlug er sich noch neunundzwanzigmal, nachdem sein Band ihm bereits das Recht verliehen hatte, sich vom Kampf zurückzuziehen.

Diese statistischen Angaben dürften in Verschiedenem interessant sein. Zwei Tage in jeder Woche sind dem Duellieren gewidmet. Es ist strenge Vorschrift, daß an jedem dieser Tage drei Duelle stattfinden müssen; meistens sind es mehr, aber weniger dürfen es nicht sein. Sechs wurden an dem Tage ausgefochten, an dem ich zugegen war; manchmal kommt es sogar zu sieben oder acht. Man wies mich darauf hin, daß acht Duelle pro Woche – vier an jedem der beiden Tage – ein zu niedriger Durchschnitt für eine Berechnung sei, aber ich will von der Zahl ausgehen, da ich eine Untertreibung einer Übertreibung vorziehe. Dies erfordert etwa vierhundertachtzig für fünfhundert Duellanten im Jahr – denn im Sommer dauert das Semester etwa dreieinhalb Monate und im Winter etwa vier Monate und manchmal länger. Von den siebenhundertfünfzig Studenten, die sich zu der Zeit, über die

Frischverbundene Studenten sind ein alltäglicher Anblick.

ich berichte, auf der Universität befanden, gehörten nur achtzig den fünf Korps an, und nur in diesen Korps schlägt man sich; hin und wieder borgen andere Studenten Waffen und Paukboden der fünf Korps, um einen Handel zu bereinigen, aber das geschieht nicht an jedem Duelltag.* Folglich stellen achtzig Jünglinge das Material für einige zweihundertfünfzig Duelle im Jahr. Bei diesem Schnitt entfallen auf jeden der achtzig sechs. Diese gewaltige Arbeit könnte nicht vollbracht werden, wenn die Bandträger sich auf ihr Privileg versteiften und aufhörten, sich freiwillig zum Schlagen zu melden.

Wo soviel gekämpft wird, lassen die Studenten es sich selbstverständlich angelegen sein, beständig mit der Klinge in der Übung zu bleiben. An den Tischen im Schloßpark sieht man sie oft, wie sie ihre Peitsche oder ihren Spazierstock dazu benutzen, um ein neues Säbelkunststück vorzuführen, von dem sie gehört haben; und auch an dem Tag, dessen Geschichte ich hier schreibe, waren die Säbel zwischen den Duellen durchaus nicht immer müßig; von Zeit zu Zeit hörten wir eine Folge dieser scharfen Zischgeräusche, die ein Säbel macht, wenn er die Luft zerschneidet, und daraus entnahmen wir, daß einer der Studenten übte. Diese unablässige Hinwendung zur Fechtkunst bringt notwendigerweise dann und wann einen Experten hervor. Er wird berühmt auf seiner eigenen Universität, sein Ruhm dringt zu anderen Universitäten. Er wird nach Göttingen eingeladen, um dort mit einem Göttinger Experten zu kämpfen; gewinnt er, wird er von weiteren Universitäten eingeladen, oder diese Universitäten schicken ihm ihre Experten. Amerikaner oder Engländer treten häufig einem der fünf Korps bei. Vor ein paar Jahren war der führende Heidelberger Säbelkundige ein massiger Ken-

---

* Sie müssen die Waffen borgen, weil sie sie sonstwo oder auf andere Weise nicht beschaffen könnten. Wenn ich recht verstanden habe, gestatten die Behörden in ganz Deutschland den fünf Korps, Säbel zu besitzen, gestatten ihnen aber nicht, sie zu benutzen. Das Gesetz ist streng, nur die Durchführung ist lax.

tuckianer; er wurde von den verschiedenen Universitäten eingeladen und hinterließ eine Spur von Siegen quer durch ganz Deutschland; schließlich jedoch bezwang ihn ein kleiner Student in Straßburg. Früher einmal gab es einen Studenten in Heidelberg, der einen Trick beherrschte, den er irgendwo einmal gelernt hatte und der darin bestand, daß er von unten hochschnitt, statt von oben einzuhauen. Solange der Trick ihm treu blieb, gewann er hintereinander sechzehn Duelle an seiner eigenen Universität; aber dann hatten Beobachter herausgefunden, worin der Zauber bestand und wie er zu brechen war, und vorbei war es mit seiner Meisterschaft.

Die Regel, die geselligen Umgang zwischen Angehörigen verschiedener Korps verbietet, ist streng. Auf dem Paukboden, in den Parks, auf der Straße und überall sonst, wo Studenten sich aufhalten, sieht man stets die Mützen derselben Farbe zusammen. Wenn alle Tische in einem Gartenrestaurant außer einem besetzt wären, und an diesem einen gäbe es zwei Rotmützenstudenten und zehn freie Stühle, würden die Gelbmützen, die Blaumützen, die Weißmützen und die Grünmützen, die nach Plätzen suchten, an dem Tisch vorbeigehen, als sähen sie ihn nicht und seien sich nicht einmal bewußt, daß dieser Tisch überhaupt existierte. Der Student, durch dessen Gefälligkeit es uns ermöglicht worden war, den Paukboden zu besuchen, trug eine weiße Mütze – die Mütze des Preußenkorps. Er machte uns mit vielen Weißmützen bekannt, aber mit niemandem von einer anderen Farbe. Die Korps-Etikette erstreckte sich sogar auf uns, die wir Fremde waren, und verlangte, daß wir uns nur zu dem weißen Korps setzten oder stellten und nur mit dem weißen Korps sprachen, solange wir seine Gäste waren, und uns von den andersfarbigen Mützen fernhielten. Einmal wollte ich mir ein paar von den Säbeln näher ansehen, aber ein amerikanischer Student sagte: »Das wäre nicht ganz höflich; diese da in den Fensternischen haben allesamt rote oder blaue Griffe; man wird bald welche mit weißem Heft hereinbringen, und die können Sie gern in die Hand nehmen.« Als im ersten Duell ein Säbel zersprang, wollte ich ein Stück davon haben; aber der Griff war von der falschen Farbe, und man hielt es daher für das beste und höflichste, daß ich einen passenderen Zeitpunkt abwarte. Das Bruchstück wurde mir gebracht, nachdem alles den Duellsaal verlassen hatte, und ich werde nun, um die Breite der Waffe zu zeigen, eine »lebensgroße« Zeichnung davon anfertigen, indem ich mit meiner Feder eine Linie rundherumziehe. Die Länge dieser Säbel beträgt etwa neunzig Zentimeter, und sie sind recht schwer. Die Neigung zu Bravorufen während oder am Ende der Duelle war natürlich stark, aber die Korps-Etikette verbot irgendwelche Kundgebungen dieser Art. Ein Treffen oder ein Sieg konnte noch so glänzend sein – kein Zeichen und kein Laut verrieten, daß irgend jemand davon bewegt war. Zurückhaltung und würdiger Ernst bestimmten in jedem Augenblick das Bild.

Als die Duelle beendet waren und wir uns zum Gehen anschickten, nahmen die Herren vom Preußenkorps, denen wir vorgestellt worden waren, ihre Mütze auf die höfliche deutsche Art ab und schüttelten uns dazu die Hand; ihre Brüder vom gleichen Orden nahmen die Mütze ab und verbeugten sich, ohne uns jedoch die Hand zu geben; die Herren von den anderen Korps behandelten uns genauso, wie sie Weißmützen behandelt hätten – sie traten zur Seite, scheinbar unbewußt, und ließen uns einen unbehinderten Durchgang, schienen uns aber nicht zu sehen, ja überhaupt nicht zu merken, daß wir da waren. Wären wir in der nächsten Woche als die Gäste eines anderen Korps hierhergekommen, hätten die Weißmützen die Etikette ihres Ordens befolgt und ohne beleidigende Absicht ihrerseits unsere Anwesenheit übersehen.

(Wie seltsam sich doch Komödie und Tragödie in diesem Leben vermischen! Noch war keine volle Stunde verstrichen, seitdem ich vom Zuschauen bei diesen mutwilligen Scheinduellen nach Hause zurückgekehrt war, da erforderten die Umstände, daß ich augenblicklich aufbrach, um mich bei einem echten nützlich zu machen – bei einem Duell ohne verweichlichte Einschränkungen im Hinblick auf das Ergebnis: einem Kampf bis auf den Tod. Das nächste Kapitel wird daher dem Leser zeigen, daß Duelle, die von Knaben zum Spaß ausgefochten werden, und Duelle zwischen Männern, die es ernst meinen, zwei sehr verschiedene Dinge sind.)

Kapitel 8

Das große französische Duell

Das moderne französische Duell mag von gewissen Leuten, die sich besonders schlau dünken, noch so lächerlich gemacht werden, es ist in Wirklichkeit eine der gefährlichsten Einrichtungen unserer Zeit. Da es stets im Freien ausgefochten wird, holen sich die Kombattanten fast mit Sicherheit einen Schnupfen. Monsieur Paul de Cassagnac, der unermüdlichste aller französischen Duellanten, hat so oft auf diese Weise gelitten, daß sein Gebrechen nun chronisch ist; und der beste Arzt von Paris hat die Ansicht geäußert, wenn er sich noch weitere fünfzehn oder zwanzig Jahre duelliere, werde er noch einmal sein Leben in Gefahr bringen, es sei denn, er mache es sich zur Gewohnheit, in einem behaglichen Zimmer zu kämpfen, wo Feuchtigkeit und Zugluft nicht eindringen können. Dies sollte das Gerede jener Leute mäßigen, die hartnäckig behaupten, das französische Duell sei wegen der Bewegung an der frischen Luft, die es mit sich bringt, die allergesundeste Erholung. Und es sollte ebenfalls dieses törichte Geschwätz in seine Schranken weisen, das da behauptet, französische Duellanten und den Sozialisten verhaßte Monarchen seien die einzigen Menschen, die unsterblich sind.

Aber es wird Zeit, daß ich zu meinem Thema komme. Sobald ich von dem jüngsten hitzigen Zusammenstoß zwischen Monsieur Gambetta und Monsieur Fourtou in der französischen Nationalversammlung hörte, wußte ich, daß Verdruß folgen mußte. Ich wußte es, da meine lange Freundschaft mit Monsieur Gambetta mir das verwegene und unversöhnliche Wesen dieses Mannes enthüllt hatte. Mochte sein körperliches Ausmaß gewaltig sein – sein Rachedurst würde, dessen war ich gewiß, seine Person bis an den äußersten Rand durchdringen.

Ich wartete nicht ab, bis er zu mir kam, sondern begab mich sofort zu ihm. Wie vorausgesehen, traf ich den tapferen Kerl in äußerster französischer Ruhe an. Ich sage in französischer Ruhe, denn französische Ruhe und englische Ruhe unterscheiden sich in mancher Hinsicht. Er ging mit flinken Schritten zwischen den Trümmern seiner Möbel auf und ab. Dabei stieß er hin und wieder Bruchstücke, die ihm in den Weg kamen, mit dem Fuß vor sich her, knirschte ein nicht endendes Mahlgut von Flüchen durch die Mühle seiner Zähne und blieb alle Augenblicke stehen, um eine weitere Handvoll von seinen Haaren auf den Berg zu legen, den er bereits auf dem Tisch aufgehäuft hatte.

Er umschlang mich mit beiden Armen, bog mich über seinen Bauch an seine Brust, küßte mich auf beide Wangen, drückte mich vier- oder fünfmal an sich und setzte mich dann in seinen Sessel. Sobald ich wieder genesen war, kamen wir zur Sache.

Ich sagte, daß ich annähme, er werde mich als Sekundanten haben wollen, und er sagte: »Selbstverständlich.«

Ich sagte, daß mir gestattet werden müsse, unter einem französischen Namen aufzutreten, damit ich in meinem Heimatland vor Verleumdungen geschützt sei – im Falle eines tödlichen Ausgangs. Hier zuckte er zusammen, wahrscheinlich wegen der Andeutung, daß man dem Duellieren in Amerika nicht mit Hochachtung gegenüberstand. Dennoch ging er auf meinen Wunsch ein. So erklärt sich, warum in allen Zeitungsmeldungen Monsieur Gambettas Sekundant dem Anschein nach ein Franzose war.

Zunächst setzten wir den letzten Willen meines Duellanten auf. Ich bestand darauf und ließ mich nicht davon abbringen. Ich sagte zu ihm, ich hätte noch nie gehört, daß ein Mann, der bei Sinnen war, hingegangen sei und ein Duell ausgefochten habe, ohne vorher sein Testament gemacht zu haben. Er sagte zu mir, er habe noch nie von einem Mann, der bei Sinnen war, gehört, dem irgend etwas dergleichen eingefallen sei. Als er mit dem Testament fertig war, wünschte er, zur Wahl seiner »letzten Worte« überzugehen. Er wollte wissen, was ich von folgenden Worten als Ausruf vor dem Sterben hielte:

»Ich sterbe für meinen Gott, für mein Vaterland, für die Freiheit der Rede, für Fortschritt und eine weltumspannende Bruderschaft der Menschen!«

Ich wandte ein, daß dies einen schleichenden Tod erfordere; es sei eine gute Ansprache für einen Schwindsüchtigen, jedoch kaum geeignet für die Dringlichkeit des Feldes der Ehre. Wir zankten uns um mehrere Ante-mortem-Aussprüche, aber schließlich brachte ich ihn dahin, seinen Nekrolog auf das Folgende zu beschneiden, und mit dem Vorsatz, ihn auswendig zu lernen, trug er ihn in sein Notizbuch ein: *Ich sterbe, damit Frankreich leben möge.*

Ich wies ihn darauf hin, daß mir diese Bemerkung nicht zutreffend scheine; aber er antwortete, aufs Zutreffen käme es bei letzten Worten ganz und gar nicht an, was man brauche, sei der rechte Schauer.

Nächster Punkt war die Wahl der Waffen. Mein Duellant sagte, er fühle sich nicht wohl und wolle dies und die anderen Einzelheiten des bevorstehenden Treffens mir überlassen. Daher verfaßte ich das folgende Schreiben und ging damit zu Monsieur Fourtous Freund:

»*Mein Herr:* Monsieur Gambetta nimmt Monsieurs Forderung an und ermächtigt mich, Plessis-Piquet als den Ort der Begegnung vorzuschlagen, morgen früh bei Tagesanbruch als die Zeit und Äxte als Waffe.

Ich verbleibe mit der größten Hochachtung
Mark Twain.«

Monsieur Fourtous Freund las dieses Schreiben und erschauerte. Dann wandte er sich mir zu und sagte mit einem Anflug von Strenge in der Stimme:

»Haben Sie bedacht, mein Herr, was das unvermeidliche Ergebnis eines solchen Treffens sein würde?«

»Was denn wohl?«

»Blutvergießen!«

»Darauf dürfte es hinauslaufen, ja«, sagte ich. »Falls es keine unbillige Frage ist – was gedachte Ihre Seite zu vergießen?«

Da hatte ich ihn. Er merkte, daß er einen Schnitzer gemacht hatte, und beeilte sich, ihn wegzuerklären. Er sagte, er habe nur gescherzt. Dann fügte er hinzu, sein Duellant würde an Äxten Vergnügen finden, ja sie wahrhaftig vorziehen, aber solche Waffen seien nach den französischen Vorschriften nicht zugelassen, und daher müsse ich meinen Vorschlag ändern.

Ich schritt auf und ab und ließ mir die Sache gründlich durch den Kopf gehen, und nach einer Weile kam ich zu dem Schluß, daß Revolverkanonen auf fünfzehn Schritt eine vielversprechende Möglichkeit seien, auf dem Felde der Ehre eine Entscheidung zu erzielen. Also formte ich diesen Gedanken zu einem Vorschlag.

Aber er wurde nicht angenommen. Die Vorschrift stand abermals im Weg. Ich schlug Büchsen vor; dann doppelläufige Schrotflinten; dann Colts Marinerevolver. Da diese allesamt zurückgewiesen wurden, riet ich sarkastisch zu Backsteinen auf Dreiviertelmeilendistanz. Es geht mir stets gegen den Strich, einen Spaß an jemanden zu verschwenden, der für Humor kein Empfindungsvermögen hat, und es erfüllte mich mit Verbitterung, als dieser Mann im Ernst hinging und seinem Duellanten den letzten Vorschlag unterbreitete.

Er kam alsbald zurück und sagte, sein Duellant sei entzückt von dem Gedanken an Backsteine auf Dreiviertelmeilendistanz, müsse jedoch ablehnen wegen der Gefahr, die für zufällig des Weges kommende Unbeteiligte entstehen könne. Da sagte ich:

»Jetzt bin ich am Ende meiner Weisheit. Vielleicht wären Sie so gut, eine Waffe vorzuschlagen? Vielleicht haben Sie gar die ganze Zeit an etwas Bestimmtes gedacht?«

Seine Miene hellte sich auf.

»Aber ganz gewiß, Monsieur!« sagte er dienstfertig. Und schon machte er sich ans Durchsuchen seiner Taschen – Tasche um Tasche, und er hatte eine Menge davon –, und während er suchte murmelte er immer wieder: »Wo kann ich sie denn nur gelassen haben?«

Endlich hatte er Erfolg. Aus seiner Westentasche zog er zwei kleine Gegenstände, die ich ans Licht trug und mit Sicherheit als Pistolen erkannte. Sie hatten einen Lauf und waren mit Silber beschlagen und sehr zierlich und hübsch. Ich brachte vor Bewegung kein Wort heraus. Stumm hängte ich eine an meine Uhrkette und gab die andere zurück. Mein Komplize wickelte nun eine Briefmarke auseinander, in der er mehrere Patronen verwahrte, und reichte mir eine davon. Ich fragte ihn, ob er mir damit bedeuten wolle, daß unseren Leuten nur je ein Schuß gestattet sei. Er erwiderte, die französische Vorschrift erlaube nicht mehr. Ich bat ihn darauf, fortzufahren und auch die Distanz vorzuschlagen, denn mein Verstand begann zu erlahmen und sich zu verwirren unter der Belastung, der er ausgesetzt gewesen war. Er nannte fünfundsechzig Meter. Ich verlor fast die Geduld. Ich sagte:

»Fünfundsechzig Meter? Mit diesen Dingern? Spritzpistolen wären tödlicher auf fünfzig! Bedenken Sie, mein Freund: Sie und ich, wir sind mit dem Tod verbündet und nicht mit dem ewigen Leben!«

Aber mit meiner ganzen Überredungskunst und all meinen Argumenten konnte ich ihn nicht dazu bringen, die Entfernung auf weniger als fünfundfünfzig Meter herunterzusetzen; und selbst dieses Zugeständnis machte er nur widerstrebend, und er seufzte und sagte: »Ich wasche meine Hände in Unschuld bei diesem Schlachten; Sie tragen die Verantwortung.«

Es blieb mir nichts anderes übrig, als zu meinem Löwenherz zurückzukehren und ihm Bericht über das demütigende Abkommen zu erstatten. Als ich eintrat, opferte Monsieur Gambetta gerade sein letztes Haarbüschel auf dem Altar. Er stürzte auf mich zu und rief: »Die verhängnisvollen Vereinbarungen sind getroffen – ich sehe es Ihren Augen an!«

»Ja«, sagte ich.

Er erbleichte ein wenig und lehnte sich haltsuchend an den Tisch. Ein paar Augenblicke lang atmete er heftig und hörbar, so aufgewühlt war sein Inneres; dann flüsterte er heiser:

»Die Waffe, die Waffe! Schnell! Was ist die Waffe?«

»Das da!« Und ich zeigte ihm das silberbeschlagene Ding. Er warf nur einen kurzen Blick darauf, dann sank er in gewichtiger Ohnmacht zu Boden.

Als er wieder zu sich kam, sagte er kummervoll:

»Die unnatürliche Ruhe, zu der ich mich gezwungen habe, hat an meinen Nerven gezehrt. Aber weg mit der Schwäche! Ich werde meinem Schicksal entgegentreten, wie es sich für einen Mann und einen Franzosen gebührt.«

Er erhob sich und nahm eine Haltung ein, die an Erhabenheit von keinem Menschen je erreicht und von Standbildern selten übertroffen wurde. Dann sagte er mit seinem tiefen Baß:

»Sehen Sie mich an, ich bin ruhig, ich bin bereit; enthüllen Sie mir die Entfernung.«

»Fünfundfünfzig Meter...«

Ich konnte ihn natürlich nicht aufheben; aber ich rollte ihn herum und goß ihm Wasser über den Rücken. Alsbald kam er wieder zu sich und sagte:

»Fünfundfünfzig Meter – ohne Auflage? Aber was frage ich? Mord ist die Absicht dieses Mannes, warum sollte er da um Kleinigkeiten feilschen? Aber denken Sie an meine Worte: In meinem Untergang wird die Welt erkennen, wie Frankreichs Ritterschaft dem Tod entgegentritt.«

Nach einer langen Stille fragte er:

»Wurde nicht davon gesprochen, daß die Familie dieses Mannes mit ihm Aufstellung nimmt – zum Ausgleich für meine Fülle? Ah, was soll's! Ich würde mich nicht dazu erniedrigen, solch ein Ansinnen vorzubringen; falls er nicht edel genug ist, es selber vorzuschlagen, soll er seinen Vorteil haben, den kein ehrenwerter Mann ausnutzen würde.«

Er versank nun in tiefes, ohnmachtähnliches Nachdenken, das einige Minuten andauerte. Dann brach er sein Schweigen.

»Die Zeit – welche Zeit ist festgesetzt für das Treffen?«

»Morgen bei Tagesanbruch.«

Er schien außerordentlich überrascht und erwiderte umgehend: »Wahnsinn! So etwas habe ich noch nie gehört. Niemand ist unterwegs um die Zeit!«

»Darum habe ich es vorgeschlagen. Wollen Sie etwa sagen, Sie wünschen ein Publikum?«

»Es ist nun nicht die rechte Zeit für einen Wortwechsel. Ich bin erstaunt, daß Monsieur Fourtou einer solch merkwürdigen Neuerung zugestimmt hat. Gehen Sie sogleich zu ihm und bitten Sie um einen späteren Zeitpunkt.«

Ich lief nach unten, riß die Haustür auf und stürzte Monsieur Fourtous Sekundanten beinahe in die Arme. Er sagte:

»Ich habe die Ehre auszurichten, daß mein Duellant heftigen Einspruch gegen den gewählten Zeitpunkt erhebt und Sie bittet, einer Verschiebung auf halb zehn beizupflichten.«

»Jegliche Gefälligkeit, mein Herr, die zu gewähren in unserer Macht steht, steht zu Diensten Ihres vortrefflichen Duellanten. Wir erklären uns mit dem vorgeschlagenen Wechsel des Zeitpunktes einverstanden.«

»Ich bitte Sie, den Dank meines Klienten entgegenzunehmen.« Darauf wandte er sich zu einem Mann um, der hinter ihm stand, und sagte: »Sie haben es gehört, Monsieur Noir: die Begegnung ist auf halb zehn verschoben.« Worauf Monsieur Noir sich verbeugte, einem Dank Ausdruck verlieh und davonging. Mein Komplize fuhr fort:

»Falls Sie einverstanden sind, werden sich Ihre Hauptärzte und unsere im selben Wagen an den Ort begeben, wie es Brauch ist.«

»Ich bin ganz und gar einverstanden, und ich bin Ihnen verbunden, daß Sie die Ärzte erwähnt haben, denn ich hätte wohl kaum von selber daran gedacht. Wie viele werde ich benötigen? Zwei bis drei sollten genügen, hm?«

»Zwei ist die übliche Anzahl für jede Partei – ich meine zwei Hauptärzte; aber in Anbetracht der hohen Stellung, die unsere Klienten bekleiden, wird es schicklich und angebracht sein, daß jeder von uns mehrere beratende Kapazitäten aus dem höchsten Rang des ärztlichen Standes hinzuzieht. Diese werden in ihren eigenen Kutschen kommen. Haben Sie einen Leichenwagen bestellt?«

»Wie dumm von mir! Daran habe ich überhaupt nicht gedacht! Ich werde mich sofort darum kümmern. Ich muß Ihnen sehr unwissend erscheinen; aber Sie müssen versuchen, es zu übersehen, denn ich habe noch nie in meinem Leben mit solch einem vornehmen Duell zu tun gehabt. Zwar habe ich meine Erfahrungen – und keine geringen – mit Duellen an der Pazifikküste, aber ich merke nun, das war ungeschliffenes Zeug. Ein Leichenwagen – Donnerwetter! Wir ließen die Auserwählten lose herumliegen, und wer wollte, konnte sie klaftern und wegkarren. Haben Sie sonst noch etwas anzumerken?«

»Nichts, außer daß die Oberleichenbestatter wie üblich zusammen in einem Wagen fahren werden. Ihre Untergebenen und die Begräbniswärter gehen – wie ebenfalls üblich – zu Fuß. Ich werde Sie um acht Uhr früh aufsuchen, damit wir die Zugordnung festsetzen. Ich habe die Ehre, Ihnen einen guten Tag zu entbieten.«

Ich kehrte zu meinem Klienten zurück, und der fragte mich: »Nun, wann soll das Treffen beginnen?«

»Um halb zehn.«

»Sehr, sehr gut. Haben Sie die Nachricht an die Zeitungen gegeben?«

»Mein *Herr!* Falls Sie mich nach unserer langjährigen engen Freundschaft auch nur einen Augenblick lang solch niedriger Hinterhältigkeit für fähig halten können –«

»Aber, aber! Was sind das für Worte, mein lieber Freund? Habe ich Sie verletzt? Ah, verzeihen Sie mir! Ich überlade Sie mit Mühen. Nehmen Sie sich daher bitte der anderen Details an und streichen Sie dieses von der Liste. Der blutrünstige Fourtou wird sich gewiß darum kümmern. Oder ich selber – ja, um sicherzugehen, werde ich meinem Journalistenfreund Monsieur Noir eine Nachricht schicken –«

»O, da fällt mir ein – die Mühe können Sie sich sparen; dieser andere Sekundant hat Monsieur Noir bereits informiert.«

»Ah, ich hätte es mir denken können. Es sieht Fourtou nur zu ähnlich; immer muß er ein Aufsehen machen.«

Am nächsten Morgen um halb zehn traf der Zug in folgender Ordnung in Plessis-Piquet ein: zuerst kam unser Wagen – niemand darin außer Monsieur Gambetta und mir; dann ein Wagen mit Monsieur Fourtou und seinem Sekundanten; dann ein Wagen, enthaltend zwei Dichterredner, die nicht an Gott glaubten, und diesen ragten die Manuskripte von Grabreden aus der Brusttasche; dann ein Wagen mit den Hauptwundärzten und ihren Instrumententaschen; dann acht Privatkutschen mit beratenden Ärzten; dann ein Mietspferd mit einem Leichenbeschauer; dann die beiden Leichenwagen; dann ein Wagen mit den Oberleichenbestattern; dann ein Gefolge von Helfern und Begräbniswärtern zu Fuß; und hinter ihnen stapfte ein langer Schweif von Schlachtenbummlern, Polizisten und Bürgern im allgemeinen durch den Nebel. Es war ein prächtiger Aufzug, und er hätte ein herrliches Schauspiel abgegeben, wäre nur die Luft durchsichtiger gewesen.

Unterhaltung fand nicht statt. Ich richtete mehrfach das Wort an meinen Duellanten, aber er merkte es wohl nicht, denn er schlug immerzu in seinem Notizbuch nach und murmelte zerstreut: »Ich sterbe, damit Frankreich leben möge.«

Auf dem Feld angekommen, schritten mein Mitsekundant und ich die fünfundfünfzig Meter ab und losten dann um die Wahl der Position. Letzteres war nichts weiter als ein schmückendes Zeremoniell, denn bei diesem Wetter lief jede Wahl auf dasselbe hinaus. Nachdem diese Vorbereitungen abgeschlossen waren, ging ich zu meinem Duellanten und fragte ihn, ob er bereit sei. Er dehnte sich zu voller Breite und sagte: »Ich bin bereit! Man möge die Batterien laden!«

Das Laden fand in Gegenwart vorschriftsmäßig bestellter Zeugen statt. Wir hielten es für das beste, diese knifflige Feinarbeit wegen des Wetters mit Hilfe einer Laterne vorzunehmen. Dann stellten wir unsere beiden Leute auf.

Nun merkte die Polizei, daß sich die Zuschauer auf der rechten und linken Seite des Feldes zu Haufen geballt hatten; sie bat daher um einen kleinen Aufschub, damit man die armen Leute in Sicherheit bringen könne.

Die Bitte wurde gewährt.

Die Polizei befahl den beiden Zuschauermengen, hinter den beiden Duellanten Aufstellung zu nehmen, und wir waren abermals bereit. Da das Wetter immer noch undurchsichtiger wurde, kamen der andere Sekundant und ich überein, vor Erteilen des unheilvollen Signals beide einen lauten Kriegsschrei auszustoßen, damit es den Widersachern möglich sei, den ungefähren Standort des anderen festzustellen.

Nun kehrte ich zu meinem Duellanten zurück und bemerkte zu meinem Kummer, daß ein gut Teil seines Kampfgeistes dahin war. Ich tat mein Bestes, ihn aufzumuntern. Ich sagte: »Ehrlich, Monsieur, die Dinge stehen nicht so schlecht, wie es scheint. Bedenkt man die Art der Waffen, die begrenzte Anzahl erlaubter Schüsse, die großzügige Entfernung, die undurchdringliche Dichte des Nebels und dazu noch die Tatsache, daß einer der Duellanten nur auf einem Auge sieht und der andere schieläugig und kurzsichtig ist, so will es mich dünken, daß dieses Treffen nicht notwendig verhängnisvoll auslaufen muß. Es besteht die Möglichkeit, daß Sie beide mit dem Leben davonkommen. Guten Muts, also! Lassen Sie den Kopf nicht hängen!«

Diese Ansprache hatte solch eine gute Wirkung, daß mein Duellant unverzüglich die Hand ausstreckte und ausrief: »Ich bin wieder ich selber; reichen Sie mir die Waffe!«

Ich reichte sie ihm, und sie lag, einsam und verlassen, inmitten der unermeßlichen Einöde seiner offenen Hand. Er blickte auf sie hinunter und erschauerte. Und während er sie noch kummervoll betrachtete, murmelte er mit gebrochener Stimme:

»O! Nicht vor dem Tode graut mir, sondern vor Verstümmelung.«

Ich sprach ihm abermals Mut zu, und zwar mit solchem Erfolg, daß er alsbald rief: »Möge die Tragödie beginnen! Stellen Sie sich hinter mich; lassen Sie mich in dieser ernsten Stunde nicht allein, mein Freund.«

Ich gab ihm mein Versprechen. Dann half ich ihm, die Pistole auf die Stelle zu richten, an der ich seinen Widersacher vermutete, und schärfte ihm ein, gut hinzuhorchen und sich zwecks genaueren Zielens nach dem Schrei meines Mitsekundanten zu richten. Darauf stemmte ich mich Rücken an Rücken gegen Monsieur Gambetta und stimmte ein gewaltiges »Hu-uppiiii!« an. Der Schlachtruf wurde fern aus dem Nebel beantwortet, und sofort rief ich: »Eins – zwei – drei – Feuer!«

Zweimal klang es mir leise wie *spuck! spuck!* ins Ohr, und im selben Augenblick ging ich unter einem Berg aus Fleisch zu Boden. Böse gequetscht, hörte ich doch noch ein mattes Gestammel über mir: »Ich sterbe ... damit ... Teufel noch eins, damit was? Wer? ... Ah, ja – *Frankreich!* Ich sterbe, damit Frankreich leben möge!«

Die Ärzte schwärmten mit der Sonde in der Hand herbei und

richteten ihre Mikroskope auf die gesamte Oberfläche von Monsieur Gambettas Person mit dem glücklichen Ergebnis, daß sie nichts fanden, was einer Wunde ähnelte. Dann folgte eine Szene, die in jeglicher Hinsicht erfreulich und begeisternd war.

Die beiden Gladiatoren fielen einander unter Strömen stolzer und glückseliger Tränen um den Hals; dieser andere Sekundant umarmte mich; die Wundärzte, die Redner, die Leichenbestatter, die Polizei, alles umarmte einander, alles gratulierte, alles weinte, die Luft war angefüllt mit Lob und Preis und unaussprechlicher Freude.

In dem Augenblick hatte ich keine Zweifel, daß ich lieber der Held eines französischen Duells als ein Monarch mit Szepter und Krone sein würde.

Als die Bewegung sich ein wenig gelegt hatte, hielten alle Ärzte gemeinsam Konsultation und gelangten nach längerem Disputieren zu dem Schluß, es bestehe Grund zu der Annahme, daß ich bei richtiger Fürsorge und Pflege von meinen Verletzungen genesen würde. Meine inneren Verletzungen wurden für die ernstesten gehalten, da offenbar eine gebrochene Rippe meinen linken Lungenflügel durchbohrt hatte und viele meiner Organe so weit auf die entgegengesetzte Seite gedrückt worden waren, daß man bezweifeln konnte, ob sie jemals lernen würden, ihre Funktion an solch abgelegenen und ungewohnten Orten auszuüben. Darauf schienten sie meinen linken Arm an zwei Stellen, renkten meine rechte Hüfte ein und holten meine Nase wieder hervor. Ich war der Mittelpunkt großer Anteilnahme, ja sogar Bewunderung; und zahlreiche aufrichtige und warmherzige Männer ließen sich mir vorstellen und sagten, sie seien stolz, den einzigen Mann zu kennen, der seit vierzig Jahren in einem französischen Duell verletzt worden sei.

Man schob mich in einen Krankenwagen ganz an der Spitze des Zuges, und unter erquickendem allgemeinen Beifall brachte man mich, die hervorragendste Figur in diesem großen Schauspiel, nach Paris zurück und ins Krankenhaus.

Das Kreuz der Ehrenlegion wurde mir verliehen. Allerdings entrinnen nur wenige dieser Auszeichnung.

Das ist die wahre Fassung des denkwürdigsten Privatkonfliktes unserer Zeit.

Ich führe gegen niemanden Klage. Ich handelte in eigener Verantwortung, und ich weiß die Folgen zu tragen.

Ohne prahlen zu wollen, darf ich wohl sagen, daß ich keine Angst habe, mich vor einen französischen Duellanten hinzustellen, aber solange ich bei Sinnen bin, werde ich niemals wieder einwilligen, mich hinter einen zu stellen.

Kapitel 9

In der Oper

An einem Tag bestiegen wir den Zug und fuhren nach Mannheim, um uns »König Lear« auf deutsch anzusehen. Das war ein Fehler. Drei volle Stunden saßen wir auf unseren Plätzen und verstanden nichts außer dem Donnern und Blitzen, und selbst das war, um deutschen Vorstellungen zu entsprechen, umgedreht, denn der Donner kam zuerst und der Blitz hinterher.

Das Benehmen des Publikums war makellos. Es gab kein Rascheln, kein Flüstern oder andere kleine Störungen; jeder Akt wurde schweigend angehört, und applaudiert wurde erst, wenn der Vorhang herunter war. Die Türen wurden um halb fünf geöffnet, das Stück begann pünktlich um halb sechs, und zwei Minuten später waren alle, die kamen, auf ihren Plätzen, und es herrschte Stille. Ein deutscher Herr im Zug hatte uns gesagt, daß ein Drama von Shakespeare in Deutschland ein hochgeschätzter Genuß sei und wir daher bestimmt ein volles Haus vorfinden würden. Er hatte recht; alle sechs Ränge waren besetzt und blieben bis zum Schluß besetzt – was darauf hindeutet, daß nicht nur die Leute in den Logen ihren Shakespeare lieben, sondern die im Parkett und auf der Galerie ebenfalls.

An einem anderen Tag fuhren wir nach Mannheim und hörten uns eine Katzenmusik, will sagen: eine Oper an, und zwar jene, die »Lohengrin« heißt. Das Knallen und Krachen und Dröhnen und Schmettern war unglaublich. Die mitleidlose Quälerei hat ihren Platz in meiner Erinnerung gleich neben der Erinnerung an die Zeit, da ich mir meine Zähne in Ordnung bringen ließ. Die Umstände erforderten, daß ich bis zum Ende der vier Stunden blieb, also blieb ich; aber die Erinnerung an diese lange, sich hinschleppende, unbarmherzige Leidenszeit ist unzerstörbar. Der Schmerz verschärfte sich noch dadurch, daß er schweigend und stillsitzend ertragen werden mußte. Ich saß in einem von einem Geländer umgebenen Abteil zusammen mit acht oder zehn Fremden beiderlei Geschlechts, und das erforderte Zurückhaltung; aber zuweilen war der Schmerz so heftig, daß ich kaum die Tränen unterdrücken konnte. Wenn das Heulen und Wehklagen und Kreischen der Sänger und Sängerinnen und das Wüten und Toben des gewaltigen Orchesters höher anschwollen und wilder und wilder und grimmiger und grimmiger wurden, hätte ich aufschreien können, wäre ich allein gewesen. Diese Fremden hätte es nicht überrascht, einen Mann schreien zu sehen, dem Stück für Stück die Haut abgezogen wurde, aber hier wären sie verwundert gewesen und hätten zweifellos ihre Bemerkungen darüber gemacht, obgleich nichts in der gegenwärtigen Lage vorteilhafter als Gehäutetwerden war. Es gab eine Pause von einer halben Stunde nach dem ersten Akt, und ich hätte während der Zeit hinausgehen und mich ausruhen können, aber ich traute mich nicht, denn ich wußte, daß ich desertieren und draußen bleiben würde. Gegen neun Uhr kam noch einmal eine Pause von einer halben Stunde, aber inzwischen hatte ich so viel durchgemacht, daß all meine Lebensgeister hin waren und ich nur noch einen einzigen Wunsch besaß, nämlich in Frieden gelassen zu werden.

Ich möchte nicht zu verstehen geben, daß es all den anderen Leuten genauso wie mir ergangen sei, denn das war wahrhaftig nicht der Fall. Ob sie diesen Lärm von Natur aus schätzten oder ob sie durch Gewöhnung gelernt hatten, ihn gern zu haben, wußte ich zu der Zeit nicht; aber sie hatten ihn gern – das war mehr als deutlich. Solange er andauerte, saßen sie da und sahen so hingerissen und dankbar aus wie Katzen, wenn man ihnen den Rücken streichelt; und sooft der Vorhang fiel, erhoben sie sich als eine einzige, mächtige, einmütige Menge, und die Luft war dicht verschneit von winkenden Taschentüchern, und Wirbelstürme des Beifalls tosten durch den Raum. Dies war mir unbegreiflich. Selbstverständlich waren viele Leute dort, die sich nicht zum Bleiben gezwungen sahen; dennoch waren die Ränge am Schluß ebenso voll wie zu Beginn. Das bewies, daß die Darbietung ihnen gefiel.

Es war ein merkwürdiges Stück. Kostüme und Bühnenbild waren schön auffällig, aber Handlung gab es nicht viel. Ich will sagen, es wurde nicht eigentlich viel getan, sondern nur darüber geredet; und stets heftig. Es war ein Stück, das man ein Erzählstück nennen könnte. Jeder hatte eine Erzählung und eine Beschwerde vorzutragen und keiner benahm sich vernünftig dabei, sondern alle befanden sich in einem beleidigenden, zügellosen Zustand. Man sah wenig von diesem vertrauten Brauch, wo der Tenor und der Sopran vorne an die Rampe treten und mit gemischten Stimmen trällern und schmettern und immerzu die Arme einander hinstrecken und sie wieder zurückziehen und beide Hände mit einem Beben und einem Drücken erst über die eine Brustseite und dann über die andere breiten – nein, jeder Aufrührer für sich und kein Zusammenklingen, so lautete hier die Losung. Einer nach dem anderen sang, begleitet vom gesamten Orchester, das sechzig Instrumente umfaßte, seine anklagende Geschichte, und wenn dies eine Weile angedauert hatte, und man zu hoffen begann, sie würden zu einer Verständigung kommen und den Lärm einschränken, tobte ein ganz und gar aus Besessenen zusammengefügter Chor los, und während der folgenden zwei und manchmal drei Minuten durchlebte ich von neuem alles, was ich seinerzeit erlitt, als das Waisenhaus abbrannte.

Nur eine einzige kleine Spanne Himmel und himmlischer Verzückung und himmlischen Friedens wurde uns gewährt während dieser ganzen langen emsigen und bittern Wiedererschaffung jenes anderen Ortes. Dies geschah, als im dritten Akt ein prachtvoller Festzug immerzu im Kreis herummarschierte und den Brautchor sang. Das war Musik für mein ungebildetes Ohr – geradezu göttliche Musik. Während meine versengte Seele in den heilenden Balsam dieser anmutigen Klänge eintauchte, schien es mir, daß ich die Qualen, die ihnen vorausgegangen waren, fast noch einmal würde erdulden mögen, um abermals so geheilt zu werden. Hier enthüllt sich der tiefe Sinn der Oper. Sie befaßt sich so weitgehend mit Schmerz und Pein, daß die verstreuten Freuden durch den Kontrast ungeheuer gewinnen. Eine hübsche Arie in einer Oper ist dort hübscher als irgendwo sonst, so wie ein ehrlicher Mann in der Politik mehr glänzt, als er es sonst irgendwo vermöchte.

Ich habe inzwischen herausgefunden, daß die Deutschen nichts so sehr lieben wie eine Oper. Sie lieben sie nicht auf milde, gemäßigte Art, sondern von ganzem Herzen. Dies ist das folgerichtige Ergebnis von Gewohnheit und Bildung. Die Leute bei uns werden ohne Zweifel nach und nach die Oper ebenfalls hochschätzen. Einer von fünfzig, die sich Opern anhören, schätzt sie vielleicht jetzt schon, aber ein gut Teil von den anderen neunundvierzig geht wohl hin, um sie schätzen zu lernen, und der Rest, um aus Erfahrung darüber reden zu können. Letztere summen gewöhnlich die Arien mit, damit der Nachbar weiß, daß sie schon öfter in der Oper waren. Die Begräbnisse dieser Leute kommen nicht oft genug vor.

Eine freundliche, altjüngferliche Dame und ein reizendes junges Ding von siebzehn Jahren saßen an jenem Abend in der Mannheimer Oper genau vor uns. Sie unterhielten sich zwischen den Akten, und wenn ich auch nichts von dem verstand, was auf der fernen Bühne geredet wurde – diese beiden verstand ich. Anfangs sahen sie sich bei ihrer Unterhaltung vor, aber nachdem sie meinen Reisebegleiter und mich hatten Englisch sprechen hören, ließen sie ihre Zurückhaltung fallen, und ich schnappte zahlreiche ihrer kleinen vertraulichen Mitteilungen auf – *ihrer* in der Einzahl, nämlich die vertraulichen Mitteilungen des älteren Teils; das junge Mädchen hörte nur zu und nickte zustimmend, sagte aber sel-

In Mannheim hörten wir uns eine Katzenmusik an, die Lohengrin heißt.

ber kein Wort. Wie hübsch sie war und wie reizend! Wie sehr ich wünschte, sie würde etwas sagen! Aber offensichtlich war sie in ihre eigenen Gedanken versunken, in ihre eigenen Jungmädchenträume, und fand größeres Entzücken im Schweigen. Aber sie träumte keine schläfrigen Träume, nein, sie war wach, lebendig, höchst munter; sie konnte keinen Augenblick lang stillsitzen. Bezaubernd war sie anzusehen: ihr Gewand war aus weichem weißen Seidenstoff, der sich ihrer wohlgerundeten jungen Figur wie eine Fischhaut anschmiegte, und es war überkräuselt von den zierlichsten hauchdünnen Spitzen; sie hatte tiefe, sanfte Augen mit langen, gebogenen Wimpern; und sie hatte Pfirsichwangen und ein Grübchen am Kinn und einen Mund wie eine allerliebste taufrische Rosenknospe; und sie war so taubenhaft, so rein und anmutig, so süß und so bestrickend! Viele lange Stunden hindurch wünschte ich mit aller Macht, sie würde etwas sagen. Und schließlich sagte sie etwas; die roten Lippen hoben sich voneinander, und heraus sprang, was sie dachte – hüpfte mit der arglosesten und wunderhübschesten Begeisterung hervor: »Tante, ich habe ganz bestimmt fünfhundert Flöhe an mir!«

Fünfhundert waren wahrscheinlich mehr als der Durchschnitt. Ja, es muß sehr viel mehr als der Durchschnitt gewesen sein. Der Durchschnitt im Großherzogtum Baden betrug zu der Zeit laut amtlicher Schätzung des Innenministers bei jungen Personen fünfundvierzig (wenn allein); der Durchschnitt bei älteren Leuten wechselte und war nicht festzulegen, denn wenn sich ein gesundes Mädchen in die Nähe älterer Menschen begab, senkte es augenblicklich deren Durchschnitt und erhöhte seinen eigenen. Es wurde zu einer Art Sammelbüchse. Das liebe junge Persönchen im Theater hatte dort gesessen und unwissentlich eine Sammlung veranstaltet. Manch ein dürres altes Wesen in unserer Nachbarschaft war dank ihrem Erscheinen glücklicher und ruhiger.

Unter den zahlreichen Zuschauern befanden sich an diesem Abend acht sehr auffallende Personen. Dies waren Damen, die ihren

Hut aufhatten. Wie segensreich wäre es doch, wenn eine Dame in unseren Theatern dadurch auffallen könnte, daß sie ihren Hut aufbehält. In Europa ist es nicht üblich, daß man den Damen und Herren erlaubt, Hüte, Mützen, Mäntel, Spazierstöcke oder Regenschirme in den Zuschauerraum mitzunehmen, aber in Mannheim wurde diese Regel nicht durchgesetzt, da die Zuschauerschaft zu einem großen Teil aus Leuten von auswärts bestand, und unter diesen gab es stets ein paar furchtsame Damen, die Angst hatten, sie würden ihren Zug verpassen, falls sie nach Schluß der Vorstellung in einem Vorraum ihre Sachen abholen mußten. Aber die große Mehrzahl derer, die von auswärts kamen, ging das Risiko ein und ließ es darauf ankommen, zog sie doch das Versäumen des Zuges einem Verstoß gegen die guten Sitten und dem Unbehagen vor, drei bis vier Stunden lang auf nicht angenehme Weise aufzufallen.

Kapitel 10

Vier Stunden Wagner

Drei bis vier Stunden an derselben Stelle – das ist eine lange Zeit, ob man nun auffällt oder nicht; manche von Wagners Opern jedoch krachen sechs geschlagene Stunden lang an einem Stück daher! Aber die Leute sitzen da und genießen jeden Augenblick und wünschen, es würde immer noch weitergehen. In München sagte mir eine deutsche Dame, daß einem Wagners Musik zu Anfang nicht gefallen könne, sondern daß man bewußt lernen müsse, Geschmack daran zu finden – dann jedoch werde man danach hungern und niemals genug davon bekommen können. Sie sagte, sechs Stunden Wagner seien auf gar keinen Fall zu viel. Sie sagte, dieser Komponist habe die Musik vollständig revolutioniert und begrabe die alten Meister einen nach dem anderen. Und sie sagte, Wagners Opern unterschieden sich von allen anderen in der bemerkenswerten Hinsicht, daß sie nicht lediglich hier und da mit Musik betupft, sondern *ganz* Musik seien, vom ersten Takt bis zum letzten. Das überraschte mich. Ich erzählte ihr, ich hätte einem seiner Aufstände beigewohnt und kaum *irgendwelche* Musik darin entdeckt, abgesehen von dem Brautchor. Sie erwiderte, »Lohengrin« sei lauter als die anderen Opern von Wagner, aber wenn ich ihn mir immer wieder ansähe, würde ich allmählich feststellen, daß er ganz aus Musik bestehe, und folglich hinfort Vergnügen daran finden. Ich hätte antworten *können:* »Aber würden Sie denn einem Menschen raten, sich zwei Jahre lang absichtlich darin zu üben, Zahnschmerzen in der Magengrube zu haben, damit sie ihm dann allmählich Entzücken bereiten?« Aber ich hielt die Bemerkung zurück.

Diese Dame war voll des Lobes für den ersten Tenor, der am Abend zuvor in einer Wagneroper aufgetreten war, und sie ließ sich des längeren und breiteren über seinen alten und gewaltigen Ruhm und all die Ehren aus, mit denen Deutschlands Fürstenhäuser ihn überschüttet hatten. Dies war eine weitere Überraschung. Ich hatte mir, in Gestalt meines Reisebegleiters, genau diese Oper angehört und eingehende und genaue Beobachtungen vorgenommen. Also sagte ich:

»Aber, gnädige Frau, *meine* Erfahrung ermächtigt mich zu der Feststellung, daß die Stimme dieses Tenors überhaupt keine Stimme ist, sondern nichts weiter als ein Schrei – der Klageschrei einer Hyäne.«

»Da haben Sie sehr recht«, antwortete sie. »Jetzt kann er nicht mehr singen; schon vor vielen Jahren hat er seine Stimme verloren, aber früher hat er gesungen – O! Er hat himmlisch gesungen! Jedesmal, wenn er jetzt kommt, werden Sie daher sehen, daß das Theater nicht alle Menschen faßt. O ja, bei Gott! Seine Stimme ist wunderschön. Damals.«

Ich erklärte ihr, daß sie mir da einen sehr freundlichen Zug an den Deutschen entdecke, der es wert sei, daß man ihn nachahme. Drüben auf der anderen Seite des Wassers, sagte ich, seien wir nicht so großherzig; ein Sänger, der seine Stimme verloren hat, und ein Springer, der seine Beine verloren hat, ziehe bei uns nicht mehr. Ich sagte, ich sei einmal in Hannover in der Oper gewesen und einmal in Mannheim und einmal (in Gestalt meines bevollmächtigten Reisebegleiters) in München, und diese breite Erfahrung habe mich beinahe überzeugt, daß die Deutschen Sänger, die nicht singen könnten, vorzögen. Und dies war keine sonderlich überspannte Feststellung, denn eine Woche vor der Vorstellung hatte ganz Heidelberg von nichts anderem als den Verdiensten jenes beleibten Mannheimer Tenors geredet – seine Stimme jedoch klang wie das peinigende Geräusch, das ein Nagel macht, wenn man mit ihm über eine Fensterscheibe kratzt. Ich erwähnte dies am Tag darauf gegenüber Heidelberger Freunden, und sie sagten schlicht und in aller Ruhe, daß dies sehr wahr sei, aber *früher* habe er eine ganz wundervolle Stimme gehabt. Und der Tenor in Hannover war ein weiteres Beispiel dieser Art. Der Englisch sprechende Herr, der dort mit mir in die Oper ging, schäumte über vor Begeisterung über diesen Tenor. Er sagte:

»Gott, ein großer Mann! Sie werden ihn erleben. Er ist berühmt in ganz Deutschland, und er bezieht eine Pension, jawohl, von der Regierung. Er muß jetzt nicht mehr singen, nur zweimal im Jahr; aber wenn er nicht zweimal im Jahr singt, nehmen sie ihm die Pension weg.«

Nun schön, wir gingen hin. Als der ruhmreiche alte Tenor erschien, empfing ich einen Rippenstoß, und mein Begleiter flüsterte mir aufgeregt zu:

»Jetzt werden Sie ihn erleben!«

Aber der berühmte Mann war eine bestürzende Enttäuschung für mich. Wäre er von einem Wandschirm verdeckt gewesen, hätte ich angenommen, man nehme einen chirurgischen Eingriff an ihm vor. Ich schaute zu meinem Freund hin – zu meiner großen Überraschung war er berauscht vor Entzücken, in seinen Augen schwamm die schiere Seligkeit. Als der Vorhang schließlich fiel, brach er in den stürmischsten Beifall aus und hielt ihn durch – zusammen mit dem ganzen Haus –, bis der betrübliche Tenor dreimal vor den Vorhang getreten war, um sich zu verbeugen. Während der glühende Bewunderer sich den Schweiß aus dem Gesicht schwabberte, sagte ich:

»Ich möchte Ihnen nicht im mindesten weh tun, aber glauben Sie wirklich, er kann singen?«

»Er? Gott im Himmel, nein! Aber wie der vor fünfundzwanzig Jahren singen konnte!« (Dann nachdenklich:) »Ach nein, jetzt singt er nicht mehr, jetzt schreit er nur noch. Wenn er jetzt denkt, er singt, dann singt er gar nicht; nein, er macht nur wie eine Katze, die sich nicht wohl fühlt.«

Wo und wie sind wir nur zu der Vorstellung gekommen, die Deutschen seien ein schwerfälliges, phlegmatisches Volk? In Wirklichkeit sind sie alles andere als das. Sie sind warmherzig, leicht gerührt, leidenschaftlich, begeisterungsfähig, die Tränen kommen ihnen bei sanftestem Anstoß, und es ist nicht schwer, sie zum Lachen zu bringen. Niemand könnte mehr dem Gefühl des Augenblicks nachgeben. Mit den Deutschen verglichen sind wir kalt und verschlossen. Sie umarmen sich und küssen sich und rufen und schreien und tanzen und singen; und wo wir ein Kosewort benutzen, verströmen sie gleich ein ganzes Dutzend. Ihre Sprache ist voll von zärtlichen Verkleinerungsformen; nichts, was sie lieben, entgeht der Anwendung eines hätschelnden Diminutivs – weder das Haus, noch der Hund, noch das Pferd, noch die Großmutter, noch irgendein anderes Wesen der belebten oder unbelebten Natur.

In den Theatern in Hannover, Hamburg und Mannheim lernte ich einen klugen Brauch kennen. Sobald der Vorhang sich hob, wurden die Lampen im Zuschauerraum heruntergedreht. Das Publikum saß im kühlen Halbdunkel eines schattigen Dämmerlichts, wodurch der strahlende Glanz der Bühne noch um vieles lebendiger wurde. Außerdem sparte man auf diese Weise Gas, und die Leute schwitzten sich nicht tot.

Als ich mir »König Lear« anschaute, wurde niemandem erlaubt, den Szenenwechsel mit anzusehen; selbst wenn nur ein Wald aus dem Weg geschoben werden mußte, um den Blick auf einen Tempel dahinter freizugeben, sah man nicht etwa, wie dieser Wald sich in der Mitte spaltete und vom entzaubernden Anblick der antreibenden Hände und Hacken begleitet quietschend davonrollte – nein, jedesmal fiel einen Augenblick lang der Vorhang; man hörte nicht die geringste Bewegung dahinter; aber wenn er im nächsten Augenblick wieder hochging, war der Wald verschwunden. Auch wenn ein völlig neues Bühnenbild aufgebaut wurde, hörte man kein Geräusch. Während der ganzen »König Lear«-Vorstellung war der Vorhang kein einziges Mal länger als zwei Minuten zu. Das Orchester spielte, bis der Vorhang sich zum ersten Mal hob, dann gingen die Musiker nach Hause. Wo die Pausen knapp auf zwei Minuten kommen, bleibt keine Gelegenheit für Musik.

An einem Abend besuchte ich ein Konzert in München. Die Leute strömten herein, der Uhrzeiger zeigte auf sieben, die Musik begann, und augenblicklich hörte jegliche Bewegung im Saal auf – niemand stand noch oder lief durch die Gänge oder klapperte an seinem Sitz herum; der Strom der Hereinkommenden war plötzlich an seiner Quelle versiegt. Ich lauschte ungestört einem Musikstück, das fünfzehn Minuten dauerte – immer darauf gefaßt, daß ein paar säumige Kartenbesitzer sich vor meinen Knien vorbeizwängen würden, und immerzu angenehm enttäuscht –, aber kaum war der letzte Ton verklungen, strömte es von neuem. Man hatte nämlich die Nachzügler von Anfang bis zum Ende der Musik in dem behaglichen Warteraum festgehalten.

Es war, soweit ich denken konnte, das erste Mal, daß man dieser Sorte von Verbrechern das Vorrecht versagte, die Glückseligkeit eines Hauses voll besserer Menschen zu stören. Einige von ihnen waren recht vornehme Vögel, aber das machte gar nichts, sie mußten draußen in dem langgestreckten Warteraum unter den prüfenden Blicken einer Doppelreihe livrierter Lakaien und Zofen ausharren, die mit dem Rücken die Wände stützten und die Siebensachen ihrer Herren und Herrinnen auf den Armen hielten.

Wir besaßen keine Lakaien, die unsere Sachen hätten halten können, und es war nicht gestattet, sie in den Konzertsaal mitzunehmen; aber es gab dort ein paar Männer und Frauen, die sich für uns darum kümmerten. Sie händigten uns Marken für unsere Sachen aus und verlangten uns einen festen Preis ab, der im voraus zu entrichten war – fünf Cents.

In Deutschland hören die Leute in einer Oper immer etwas, das in Amerika bis jetzt vielleicht noch nie zu hören war – ich meine den letzten Takt eines vortrefflichen Solos oder Duetts. Wir knallen stets mit einem Erdbeben von Beifall mitten hinein. Folglich berauben wir uns des süßesten Teils des Genusses; den Whisky bekommen wir, aber nicht den Zucker unten im Glas.

Unsere Methode, den Beifall über den Akt zu verteilen, scheint mir hingegen besser als der in Mannheim geübte Brauch, ihn ganz und gar bis zum Ende des Aktes aufzusparen. Es ist mir unbegreiflich, wie ein Schauspieler sich vor einem stummen, kalten Publikum vergessen und heiße Leidenschaft darstellen kann. Er muß sich doch albern vorkommen. Noch heute denke ich nur unter Qualen daran, wie jener alte deutsche Lear auf der Bühne raste und weinte und heulte, ohne daß sich in dem vollkommen stillen Zuschauerraum irgend etwas regte, ohne daß vor Ende des Aktes ein einziges Mal Beifall losbrach. Ich empfand die feierliche Totenstille, die jedesmal den gewaltigen Gefühlsausbrüchen dieses alten Mannes folgte, als überaus unbehaglich. Ich konnte mir nicht helfen, ich mußte mich in seine Lage versetzen – ich glaubte zu wissen, wie übel und schal ihm bei diesem Schweigen zumute war, denn ich erinnerte mich an einen Fall, bei dem – aber ich will die Begebenheit erzählen:

Eines Abends lag an Bord eines Mississippi-Dampfers ein Knabe von zehn Jahren in seiner Koje und schlief – ein hochgeschossener, schlankbeiniger Knabe war er, und er steckte in einem recht kurzen Hemd; es war das erste Mal, daß er eine Reise auf einem Dampfboot machte, daher war er verwirrt und ängstigte sich und hatte sich mit dem Kopf voll drohender Baumstümpfe und Explosionen und Feuersbrünsten und gewaltsamem Tod zu Bett gelegt. Gegen zehn Uhr saßen einige zwanzig Damen im Damensalon, lasen, nähten, stickten, und was weiß ich, und unter ihnen befand sich ein reizendes und gütiges altes Fräulein mit einer runden Brille auf der Nase und fleißigen Stricknadeln in den Händen. Und mitten in dieses friedliche Bild platzte urplötzlich mit wildem Blick und zu Berge stehendem Haar jener schlankbeinige Knabe im knappen Hemd und schrie: »Feuer, Feuer! Springen Sie! Laufen Sie! Das Schiff brennt! Gleich ist es schon viel zu spät.« Die Damen sahen zu ihm auf und lächelten reizend, niemand rührte sich, das alte Fräulein zog seine Brille herunter, blickte über sie hinweg und sagte zärtlich:

»Aber du mußt dich nicht erkälten, Kind. Lauf' und steck' dir deine Krawattennadel an und dann komm' zurück und erzähl' uns, was du uns erzählen willst.«

Das war eine grausame Abkühlung für die überschwengliche Leidenschaft solch eines armen kleinen Teufels. Er hatte gehofft, eine Art Held zu werden – der Schöpfer einer wilden Panik –, und da saßen sie alle da und lächelten ein spöttisches Lächeln, und eine alte Frau machte sich über sein Schreckgespenst lustig. Ich machte kehrt und schlich demütig davon – denn ich war dieser Knabe –, und ich wollte nicht einmal mehr herausfinden, ob ich das Feuer geträumt oder tatsächlich gesehen hatte.

Man sagte mir, in einem deutschen Konzert oder in einer deutschen Oper werde kaum jemals nach einem Lied oder einer Arie ein Dakapo verlangt; auch wenn die Zuhörer ein bestimmtes Stück um alles in der Welt gerne noch einmal hören möchten, bewahre ihre Wohlerzogenheit sie gewöhnlich doch davor, eine Wiederholung zu fordern.

Könige dürfen allerdings um ein Dakapo bitten; das ist ganz etwas anderes; jeden entzückt es zu sehen, daß der König zufrieden ist; und was den zu einer Wiederholung aufgeforderten Darsteller betrifft – sein Stolz und seine Dankbarkeit sind schier grenzenlos. Dennoch kann unter Umständen selbst ein königliches Dakapo –

Aber das muß ich näher erläutern. Der König von Bayern ist ein Dichter und besitzt die ausgefallenen Launen eines Dichters – nebst dem Vorteil gegenüber allen anderen Dichtern, daß er sie, ganz gleich, welche Form sie annehmen, auch befriedigen kann. Er hat eine Schwäche für die Oper, aber nicht gerne Publikum um sich; daher ist es in München zuweilen vorgekommen, daß die Darsteller, als die Oper aus war und sie sich gerade umzogen und abschminkten, Befehl erhielten, Schminke und Kostüm erneut anzulegen. Bald darauf traf dann, allein und ohne Begleitung, der König ein, und die Darsteller fingen noch einmal von vorne an und spielten die ganze Oper ein zweites Mal mit nur diesem einen Menschen in dem gewaltigen weihevollen Theater als Publikum. Einmal verfiel er auf einen besonders grillenhaften Gedanken. Hoch oben über der gewaltigen Bühne des Residenztheaters befindet sich ein unsichtbares Gewirr verschlungener Rohre, die so angebohrt sind, daß im Falle eines Feuers zahllose fadendünne Wasserstrahlen nach unten gesprüht werden können; und falls nötig, kann man das Sprühen zu einer Sturzflut anschwellen lassen. Amerikanische Theaterdirektoren möchten sich das vielleicht notieren. Der König war der einzige Zuhörer. Die Oper rollte ab, es war ein Stück, in dem ein Unwetter vorkam; der nachgeahmte Donner begann zu grollen, der nachgemachte Wind begann zu klagen und zu heulen und der nachgemachte Regen zu prasseln. Die Anteilnahme des Königs wuchs und wuchs; sie steigerte sich zur Begeisterung. Er rief:

»Gut, ja, sehr gut! Aber ich will richtigen Regen! Dreht das Wasser an!«

Der Direktor bat flehentlich um eine Zurücknahme des Befehls; wies darauf hin, daß die teuren Kulissen und die herrlichen Kostüme ganz und gar verdorben würden, aber der König rief:

»Macht nichts, macht nichts, ich will richtigen Regen! Dreht das Wasser an!«

Also wurde der richtige Regen angestellt, und er sprühte in spinnwebfeinen Speeren auf die nachgemachten Blumenbeete und Kieswege auf der Bühne. Die kostbar gekleideten Darsteller und Darstellerinnen hüpften tapfer singend umher und taten, als mache es ihnen nichts aus. Der König war entzückt – seine Begeisterung wallte noch höher. Er rief: »Bravo, bravo! Mehr Donner! Mehr Blitz! Noch mehr Regen andrehen!«

Der Donner dröhnte, der Blitz zuckte, die Sturmwinde tosten, die Flut stürzte herab. Den Mitgliedern der nachgemachten königslichen Familie auf der Bühne klebte die pudelnasse Seide auf dem Leib; sie planschten enkeltief durchs Wasser und gaben lieblich trällernd ihr Bestes; die Fiedler unter der Traufe der Bühne sägten, als gelte es ihr Leben, während sich ihnen der kalte Überfluß in den Nacken ergoß, und der trockene König saß zufrieden in seiner erhabenen Loge und klatschte seine Handschuhe zu Fetzen.

»Mehr!« rief der König. »Noch mehr! Laßt allen Donner los! Dreht alles Wasser an! Ich hänge den Mann, der seinen Schirm aufspannt!«

Als dieses gewaltigste und wirkungsvollste Unwetter, das je in einem Theater inszeniert wurde, schließlich vorüber war, kannte der Beifall des Königs keine Grenzen. Er rief:

»Großartig, großartig! Da capo! Das Ganze noch einmal!«

Aber der Direktor konnte ihn durch kluge Worte dazu bringen, daß er die Aufforderung zur Wiederholung zurücknahm. Er sagte, die Truppe fühle sich durch die bloße Tatsache, daß Seine Majestät ein Dakapo gewünscht hätten, ausreichend gelobt und belohnt und wolle ihren König nicht mit einer Wiederholung zur Befriedigung der eigenen Eitelkeit ermüden.

Während der restlichen Vorstellung priesen sich die Darsteller glücklich, deren Rolle einen Kostümwechsel verlangte; die übrigen waren ein gänzlich durchnäßtes, trostloses, aber überaus malerisches Häufchen. Die Kulissen waren ruiniert, die Versenkungen so aufgequollen, daß man sie eine ganze Woche lang nicht gebrauchen konnte, die prächtigen Kostüme waren hin, und die Zahl der kleineren Zerstörungen, die dieses bemerkenswerte Unwetter angerichtet hatte, war überhaupt nicht zu übersehen.

Ein wahrhaft königlicher Einfall – jenes Unwetter – und königlich auch die Verwirklichung. Aber man beachte das Maßhalten des Königs; er bestand nicht auf seinem Dakapo. Wäre er ein frohgemutes, gedankenloses amerikanisches Opernpublikum gewesen, hätte er sein Unwetter gewiß so oft wiederholen lassen, bis alles ertrunken war.

Kapitel 11

Malunterricht

Die Sommertage in Heidelberg gingen angenehm dahin. Wir nahmen uns einen erfahrenen Trainer und brachten unsere Beine unter seiner Anleitung in die rechte Verfassung für die geplanten Wanderungen; wir waren sehr zufrieden mit unserem Fortschritt in der deutschen Sprache* und mehr als zufrieden mit dem, was wir in der bildenden Kunst erreicht hatten. Im Zeichnen und Malen hatten wir die besten Lehrer in Deutschland – Hämmerling, Vogel, Müller, Dietz und Schumann. Hämmerling lehrte uns Landschaftsmalerei, Vogel lehrte uns Figurenzeichnen, Müller lehrte uns, wie man bei einem Stilleben verfährt, und Dietz und Schumann erteilten uns abschließenden Unterricht in zwei Spezialitäten – Schlachtengemälden und Schiffsuntergängen. Was ich in der bildenden Kunst bin, verdanke ich diesen Männern. Ich habe etwas von der Art eines jeden von ihnen; aber sie alle sagten, ich besäße außerdem meine Eigenart und sie sei auffallend. Sie sagten, mein Stil besitze etwas deutlich Persönliches, insofern nämlich, als ich beim Malen des allergewöhnlichsten Hundes dem Aussehen dieses Hundes unfehlbar ein gewisses Etwas mitgebe, das ihn davor bewahre, fälschlich für die Schöpfung eines anderen Künstlers gehalten zu werden. Insgeheim wollte ich all diesen freundlichen Aussprüchen gewiß Glauben schenken, aber es gelang mir nicht; ich fürchtete, die Parteinahme meiner Lehrer für mich und ihr Stolz auf mich könnten ihr Urteil beeinflußt haben. Also beschloß ich, die Probe zu machen. Allein und ohne daß irgend jemand davon wußte, malte ich mein großes Bild – »Das Heidelberger Schloß

---

* Siehe Anhang zwecks Auskunft über dieses furchteinflößende Idiom.

mit Festbeleuchtung« (mein erstes wirklich bedeutendes Werk in Öl) und ließ es unsigniert inmitten eines Dschungels von Ölgemälden in der Kunstausstellung aufhängen. Zu meiner großen Freude wurde es augenblicklich als von mir stammend erkannt. Ganz Heidelberg strömte herbei, und selbst aus den Nachbarorten kamen die Leute, um es sich anzusehen. Es erregte mehr Aufsehen als irgendein anderes Werk in der Ausstellung. Am allererfreulichsten jedoch war, daß zufällig durchreisende Fremde, die nicht von meinem Bild gehört hatten, nicht nur von ihm gleich beim Betreten der Galerie wie von einem Magneten angezogen wurden, sondern auch ausnahmslos glaubten, es handele sich um einen Turner.

Mr. Harris schloß etwa gleichzeitig mit mir sein Kunststudium ab, und wir mieteten gemeinsam ein Atelier. Eine Weile warteten wir auf ein paar Aufträge; als uns dann die Zeit ein wenig lang wurde, beschlossen wir, eine Fußreise zu unternehmen. Nach gründlichem Überlegen und Abwägen faßten wir einen Ausflug nach Heilbronn am Ufer des schönen Neckars entlang ins Auge. Das hatte offenbar noch nie jemand gemacht. Ruinen von Schlössern und Burgen auf überhängenden Steilwänden und Felsspitzen gab es hier den ganzen Weg entlang; um diese sollten sich Sagen ranken wie um die am Rhein, und diese Sagen waren noch nie gedruckt worden, wodurch sie uns ganz besonders verlockend erschienen. Nichts stand in den Büchern über diese liebliche Gegend; die Reisenden hatten sie nicht beachtet, und sie war jungfräulicher Boden für den literarischen Pionier.

Inzwischen waren die Ranzen, die derben Wanderanzüge und die kräftigen Wanderstiefel, die wir bestellt hatten, fertig und geliefert. Ein Mister X. und ein junger Mister Z. hatten sich bereitgefunden, uns zu begleiten. Eines Abends machten wir dann die Runde bei unseren Freunden und sagten ihnen Lebewohl, und hinterher gaben wir in einem Hotel ein kleines festliches Abendessen. Wir begaben uns früh zu Bett, denn wir wollten früh aufbrechen, um die Morgenkühle zu nutzen.

Bei Tagesanbruch waren wir aus dem Bett und nahmen frisch und rüstig ein tüchtiges Frühstück zu uns; dann zogen wir durch die Laubarkaden des Schloßparks zur Stadt hinunter. Welch ein herrlicher Sommermorgen, und wie die Blumen ihren Duft verströmten, und wie die Vögel sangen! Es war genau die richtige Zeit für eine Wanderung durch Wald und Gebirge.

Wir waren alle vier gleich gekleidet und ausgerüstet: breitkrempiger Schlapphut zum Schutz gegen die Sonne; grauer Ranzen; blaues Militärhemd; blaue Latzhose; strammgeknöpfte Ledergamaschen von den Knien bis an die Knöchel; festverschnürte hochhackige derbe Schuhe. Jeder trug ein Opernglas, ein Kochgeschirr und eine Reiseführertasche an einem Schulterriemen, einen Alpenstock in der einen Hand und einen Regenschirm in der anderen. Unsere Hüte waren mehrmals mit einem weichen weißen Musselinschal umwickelt, dessen Enden schlaff über den Rücken herabhingen – eine aus dem Orient eingeführte Idee, die von Reisenden überall in Europa angewandt wird. Harris trug das »Pedometer« – ein kleines uhrenartiges Instrument, das die Aufgabe hat, die Schritte zu zählen und anzuzeigen, wie weit man gewandert ist.

Alle Leute blieben auf der Straße stehen, um unsere Tracht zu bewundern und uns mit munterem Zuruf einen angenehmen Marsch zu wünschen.

Als wir mitten in der Stadt ankamen, stellte ich fest, daß man mit der Eisenbahn bis acht Kilometer vor Heilbronn fahren konnte. Der Zug wollte gerade abfahren, also sprangen wir auf und brausten in prächtiger Laune los. Wir stimmten alle vier darin überein, daß wir klug gehandelt hatten, würde es doch ebenso vergnüglich sein, den Neckar *abwärts* zu wandern, statt aufwärts, und beide Male zu Fuß zu gehen, das war ja wohl nicht notwendig. In unserem Abteil saßen ein paar liebenswürdige Deutsche. Nach einer Weile begann ich, über allerlei recht Privates zu reden. Harris wurde nervös. Er stieß mich mit dem Ellenbogen an und sagte:

»Sprechen Sie deutsch – diese Deutschen verstehen vielleicht Englisch!«

Ich folgte seinem Rat, und das war gut so; denn es stellte sich heraus, daß unter den Deutschen keiner war, der nicht vorzüglich Englisch verstand. Es ist merkwürdig, wie weit unsere Sprache in Deutschland verbreitet ist. Nach einer Weile stiegen ein paar von diesen Leuten aus, und ein deutscher Herr und seine beiden jungen Töchter stiegen ein. Ich wandte mich mehrfach auf deutsch an eine der letzteren, erzielte jedoch keinen Erfolg. Schließlich sagte sie:

»Ich verstehe nur Deutsch und Englisch.«

Und wahrhaftig – nicht nur sie, sondern auch ihr Vater und ihre Schwester sprachen Englisch. Also hatten wir von nun an alle Unterhaltung, nach der uns verlangte, und das war nicht wenig, denn sie waren sehr angenehme Leute. Sie zeigten lebhaftes Interesse für unsere Tracht, besonders für die Alpenstöcke, denn sie hatten noch nie welche gesehen. Sie sagten, die Neckarstraße sei vollkommen eben, also müßten wir wohl nach der Schweiz oder irgendeinem anderen holprigen Land unterwegs sein; und sie fragten uns, ob wir das Wandern bei solch warmem Wetter nicht sehr ermüdend fänden. Wir sagten nein, das fänden wir nicht.

Nach drei Stunden stiegen wir, nicht im geringsten müde, in Wimpfen aus – ich glaube wenigstens, es war Wimpfen. Wir fanden ein gutes Gasthaus und bestellten Bier und Mittagessen und machten dann einen Spaziergang durch das ehrwürdige alte Dorf. Es war sehr malerisch und baufällig und schmutzig und interessant. Es hatte wunderliche fünfhundertjährige Häuser und einen fünfunddreißig Meter hohen Turm, der schon seit über einem Jahrtausend steht. Ich fertigte eine kleine Zeichnung von ihm an. Eine Kopie habe ich aufbewahrt – das Original schenkte ich dem Bürgermeister. Ich glaube, das Original war besser, denn es hatte mehr Fenster und das Gras stand aufrechter und sah frischer aus. Um den Turm herum wuchs allerdings gar keins; ich entwarf das Gras selber

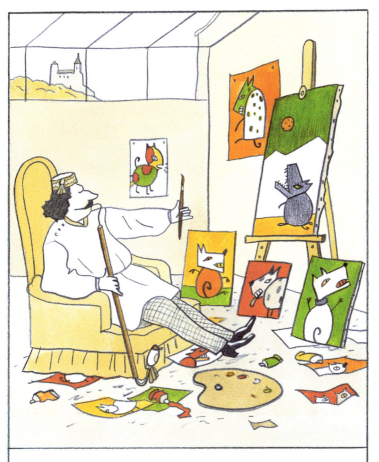

Meine Lehrer sagten, mein Stil besitze etwas deutlich Persönliches.

nach Skizzen, die ich zu Hämmerlings Zeiten auf einer Wiese bei Heidelberg gemacht hatte. Der Mann oben auf dem Turm, der die Aussicht betrachtet, ist offensichtlich zu groß, aber er ließ sich nicht kleiner machen, sollte er seinen Zweck erfüllen. Ich wollte, daß er da saß, wollte aber auch, daß man ihn sah, also dachte ich mir eine Lösung aus, die beides erreichte: ich entwarf das Bild mit zwei Blickpunkten. Den Mann muß man etwa von der Stelle aus betrachten, an der sich die Fahnenstange befindet, und den Turm selber von der Erde aus. Dadurch wird die scheinbare Zwiespältigkeit wieder in Einklang gebracht.

In der Nähe eines alten Domes standen unter einem Schutzdach drei Steinkreuze. Sie waren moderig und stark beschädigt und trugen lebensgroße Steinfiguren. Die beiden Diebe waren nach der phantasievollen höfischen Mode aus der Mitte des sechzehnten Jahrhunderts gekleidet, während der Heiland, von einem Tuch um die Lenden abgesehen, nackt war.

Zu Mittag aßen wir unter den grünen Bäumen in einem Garten, der zu dem Gasthof gehörte und auf den Neckar hinaus lag, und nachdem wir unsere Pfeife geraucht hatten, gingen wir zu Bett. Gegen drei Uhr standen wir erfrischt auf und legten unsere Rüstung an. Als wir fröhlich zum Tor des Städtchens hinauszogen, überholten wir einen Bauernkarren, der teilweise mit Kohlresten und ähnlichen Gemüseabfällen beladen war und von einer kleinen Kuh und einem noch kleineren Esel im selben Joch gezogen wurde. Es war ein recht langsames Unternehmen, aber wir erreichten Heilbronn vor Einbruch der Dunkelheit – es waren acht Kilometer, vielleicht aber auch elf.

Wir stiegen in demselben Gasthaus ab, in dem der berühmte alte Raubritter und Haudegen Götz von Berlichingen wohnte, nachdem er vor dreihundertfünfzig oder vierhundert Jahren aus der Gefangenschaft im viereckigen Turm von Heilbronn entlassen worden war. Harris und ich schliefen in demselben Zimmer, in dem er geschlafen hatte, und dieselbe Tapete hatte sich noch nicht ganz von den Wänden geschält. Die Möbel waren wunderliches, altes geschnitztes Zeug, bestimmt vierhundert Jahre alt, und ein paar der Gerüche waren älter als eintausend. Aus der Wand ragte ein Haken, und der Wirt sagte, an ihn habe der furchterregende alte Götz seine eiserne Hand gehängt, wenn er zu Bett ging. Das Zimmer war sehr groß – geradezu ungeheuerlich groß – und lag im ersten Stock, was bedeutet, daß es im zweiten Stock lag, denn in Europa sind die Häuser so hoch, daß man den ersten Stock nicht mitzählt, sonst würden die Leute vom Treppensteigen müde werden, bevor sie oben ankommen. Die Tapete war feuerrot mit einem riesigen goldenen Muster. Sie war von der Zeit tüchtig angeschmuddelt und bedeckte sämtliche Türen. Diese Türen paßten so genau und führten das Muster so nahtlos weiter, daß man die Wand nach ihnen absuchen und abtasten mußte, um sie zu finden, wenn sie geschlossen waren. In der Ecke stand ein Ofen – einer von diesen hohen, vierkantigen, stattlichen weißen Porzellanklötzen, die wie ein Denkmal aussehen und einen dauernd an den Tod erinnern, wenn man sich seiner Reise erfreuen sollte. Die Fenster blickten auf eine schmale Gasse und weiter in einen Stall und mehrere Geflügel- und Schweinehöfe auf der Rückseite einiger Wohnhäuser. Das Zimmer hatte die üblichen zwei Betten, das eine auf der einen Seite, das andere ungefähr einen altmodischen messingbeschlagenen einläufigen Pistolenschuß entfernt auf der anderen. Und auch genauso schmal wie die üblichen deutschen Betten waren sie, und sie besaßen die unausrottbare Angewohnheit der deutschen Betten, die Decken auf den Boden rutschen zu lassen, sobald und sooft man sich vergaß und einschlief.

Ein runder Tisch von der Größe des König Artusschen stand mitten im Zimmer; während die Kellner ihn deckten, um uns das Abendessen darauf vorzusetzen, gingen wir alle noch einmal hinaus, um die berühmte Uhr an der Rathausfassade zu besichtigen.

Kapitel 12

Das Rathaus

Das Rathaus ist ein Stück sonderbarster und malerischster mittelalterlicher Architektur. Es hat einen wuchtigen Säulenvorbau und eine mit einem schweren Geländer gesäumte und mit lebensgroßen rostigen Eisenrittern in voller Rüstung geschmückte Freitreppe. Die Uhr an der Vorderseite des Gebäudes ist sehr groß und von recht eigener Gestalt. Ein vergoldeter Engel schlägt mit einem Hammer die volle Stunde auf einer Glocke; wenn das Schlagen zu Ende geht, hebt eine lebensgroße Figur, die Zeit darstellend, ihr Stundenglas und dreht es um; zwei goldene Schafböcke gehen aufeinander los; ein vergoldeter Hahn hebt die Flügel; aber die Glanzstücke sind zwei große Engel, die mit einer langen Posaune an den Lippen zu beiden Seiten des Zifferblattes stehen; es wurde behauptet, daß sie zu jeder vollen Stunde melodisch ins Horn stießen – aber für uns taten sie's nicht. Hinterher erzählte man uns, daß sie nur des Nachts bliesen, wenn es ruhig sei in der Stadt.

Im Innern des Rathauses hing eine Anzahl präparierter Wildschweinköpfe auf Stützbrettern an der Wand; Inschriften darunter verrieten, wer die Tiere erlegt hatte und vor wieviel hundert Jahren. Einer der Räume in dem Gebäude diente der Aufbewahrung eines alten Archivs. Dort zeigte man uns zahllose betagte Urkunden und Dokumente; einige waren von Päpsten unterschrieben, einige von Tilly und anderen großen Heerführern, und es befand sich auch ein Brief darunter, den Götz von Berlichingen 1519 kurz nach seiner Entlassung aus dem viereckigen Turm in Heilbronn geschrieben und unterzeichnet hat.

Dieser treffliche alte Raubritter war ein frommer und wahrhaft religiöser Mensch, gastfreundlich, mildtätig gegenüber den Armen, furchtlos im Kampf, tatkräftig und unternehmend und von edlem, großherzigem Wesen. Er besaß eine Eigenschaft, die in jenen rauhen Zeiten selten war – die Fähigkeit, geringe Kränkungen zu übersehen und tödliche zu vergeben und zu vergessen, sobald er den Urheber gründlich gezüchtigt hatte. Er war jederzeit bereit, einen Strauß auszufechten und sein Leben aufs Spiel zu setzen, damit ein armer Teufel zu seinem Recht kam. Den einfachen Leuten war er lieb und teuer, und noch heute grünt die Erinnerung an ihn in Ballade und Überlieferung. Er legte sich an die Straße und plünderte reiche Reisende aus oder stieß von seiner hohen Burg ins Neckartal hinab und erbeutete durchziehende Kaufmannsfracht. In seinen Lebenserinnerungen dankt er fromm dem Geber aller Güter, der sich seiner erinnert habe in der Not und ihm manch solche Fracht zu Zeiten geschickt habe, da nur göttliche Fügung ihn habe retten können. Er war ein beherzter Kriegsmann und hatte innige Freude am Kampf. Als er erst dreiundzwanzig Jahre alt war, wurde ihm bei einem Angriff auf eine Burg in Bayern die rechte Hand weggeschossen, aber so sehr fesselte ihn der Kampf, daß er es eine ganze Weile lang überhaupt nicht merkte. Er hat behauptet, daß er mit der eisernen Hand, die später für ihn angefertigt wurde und die er länger als ein halbes Jahrhundert trug, fast ebenso geschickt gewesen sei wie mit der aus Fleisch.

Zu meiner Freude konnte ich ein Faksimile des Briefes dieses großartigen deutschen Robin Hood erstehen. Allerdings kann ich ihn nicht lesen. Er war ein größerer Künstler mit dem Schwert als mit der Feder.

Wir gingen zum Fluß hinunter und sahen uns den viereckigen Turm an. Es war dies ein sehr ehrwürdiges, sehr starkes und sehr schmuckloses Bauwerk. Eine Öffnung in Bodennähe gab es nicht. Zweifellos hat man eine Leiter benutzen müssen, um hineinzukommen.

Auch die Hauptkirche besichtigten wir – ein seltsames altes

Bauwerk mit einem Turm, der mit allerlei sonderbaren Steinfiguren geschmückt ist. Die Innenwände der Kirche waren von großen Kupfertafeln bedeckt, deren Inschriften die Verdienste alter, vor zwei- bis dreihundert Jahren verstorbener Heilbronner Berühmtheiten priesen und sie auf kunstlos gemalten Bildern mitsamt ihrer Familie in der sonderbaren Tracht jener Zeit auch selber zeigten. Das Oberhaupt der Familie saß jeweils im Vordergrund, und hinter ihm erstreckte sich die scharf zurückweichende, kleiner werdende Reihe der Söhne; ihm gegenüber saß seine Frau, und hinter ihr erstreckte sich die lange Reihe der immer kleiner werdenden Töchter. Die Familie war meistens groß, aber die Perspektive mißlungen.

Dann mieteten wir Pferd und Kutsche, mit denen Götz von Berlichingen auszufahren pflegte, und fuhren mehrere Kilometer über Land nach einem Ort namens Weibertreu. Dieser Ort war im Mittelalter eine Burg. Als wir uns ihm näherten, stellte sich heraus, daß er wunderschön lag, aber auf einer runden, recht steilen und etwa sechzig Meter hohen Anhöhe. Wir kletterten daher nicht zu ihm hinauf – denn die Sonne brannte heiß vom Himmel –, sondern nahmen ihn auf Treu und Glauben hin und betrachteten ihn aus der Ferne, während das Pferd sich gegen einen Zaun lehnte und rastete. Der Ort bietet keinen Reiz, außer dem, der ihm von seiner Sage verliehen wird, die sehr hübsch ist – nämlich so:

Die Sage

Im Mittelalter kämpften zwei Brüder, beides junge Herzöge, in einem von diesen Kriegen auf verschiedenen Seiten; der eine kämpfte für den Kaiser, der andere gegen ihn. Einem von ihnen gehörten die Burg und das Dorf oben auf der Anhöhe, von der ich gesprochen habe, und in seiner Abwesenheit rückte sein Bruder mit seinen Rittern und Söldnern an und begann eine Belagerung. Es war ein langes, beschwerliches Unternehmen, denn die Leute verteidigten sich hartnäckig und getreu. Aber schließlich gingen ihnen die Vorräte aus, und der Hunger begann sein Werk; mehr Menschen wurden von ihm hingerafft als von den Geschossen des Feindes. Nach einer Weile ergaben die Leute sich und baten um nachsichtige Behandlung. Aber der belagernde Fürst war so wütend auf sie wegen des langen Widerstandes, daß er erklärte, er werde nur die Frauen und Kinder schonen – die Männer solle man ohne Ausnahme über die Klinge springen lassen und ihren Besitz zerstören. Da kamen die Frauen und fielen auf die Knie und baten um das Leben ihrer Männer.

»Nein«, sagte der Fürst, »kein einziger von ihnen soll mit dem Leben davonkommen; ihr selber sollt mit euren Kindern in die Verbannung gehen, wo ihr kein Haus habt und keine Freunde; aber damit ihr nicht verhungert, gewähre ich euch diese eine Gnade: Jede Frau mag von hier so viel von ihrem kostbarsten Besitz mitnehmen, wie sie selber tragen kann.«

Nun gut, alsbald öffnete sich das Tor, und diese Frauen kamen mit ihren *Männern* auf dem Rücken heraus. Rasend vor Wut über die List, wollten sich die Belagerer auf die Männer stürzen, um sie hinzuschlachten, aber der Herzog vertrat ihnen den Weg und sagte:

»Nein – steckt eure Schwerter ein – das Wort eines Fürsten ist unverbrüchlich.«

Als wir in den Gasthof zurückkamen, stand König Artus' runder Tisch unter weißem Faltenwurf für uns bereit, und der Oberkellner und sein erster Gehilfe, beide in Frack und weißer Krawatte, brachten alsbald die Suppe und die heißen Gänge.

Mr. X hatte das Abendessen bestellt, und als der Wein auf den Tisch kam, nahm er eine Flasche in die Hand, warf einen kurzen Blick auf das Etikett und wandte sich dann an den ernsten, den melancholischen, den grabesdüsteren Oberkellner und sagte, es sei nicht die Sorte Wein, um die er gebeten habe. Der Oberkellner griff nach der Flasche, ließ sein Leichenbestatterauge darauf ruhen und sagte:

»Das ist wahr; ich bitte um Verzeihung.« Dann wandte er sich seelenruhig zu seinem Untergebenen um und sagte: »Bring' ein anderes Etikett!«

Unterdessen schob er das Etikett mit der Hand von der Flasche und legte es beiseite; es war frisch aufgeklebt worden, die Gummierung war noch feucht. Als das neue Etikett kam, klebte er es auf. Nachdem so unser französischer Wein, ganz nach Wunsch, in deutschen Wein verwandelt worden war, widmete sich der Oberkellner freundlich seinen anderen Obliegenheiten. Augenscheinlich war das Wirken eines Wunders von dieser Sorte für ihn eine alltägliche, mit keinerlei Schwierigkeiten verbundene Angelegenheit.

Mr. X. sagte, er habe bisher nicht gewußt, daß es Leute gebe, die ehrlich genug seien, dieses Wunder öffentlich vorzuführen, aber er wisse sehr wohl, daß Jahr für Jahr Tausende und Abertausende von Etiketten aus Europa nach Amerika eingeführt würden, damit es den Händlern möglich sei, ihre Kunden auf einfache und billige Weise mit allen verlangten ausländischen Weinen zu versorgen.

Nach dem Essen spazierten wir gemächlich durch die Stadt und fanden sie im Mondschein durchaus genauso interessant wie bei Tage. Die Straßen waren schmal und holperig gepflastert und Gehsteige und Straßenlaternen nicht vorhanden. Die Häuser waren jahrhundertealt und groß genug für Hotels. Sie wurden nach oben zu immer breiter; die Stockwerke ragten von einem zum nächsthöheren immer weiter vor und immer weiter nach beiden Seiten hinaus, und die Reihen erleuchteter Fenster, die mit kleinen Scheiben gefüllt, mit gemustertem weißem Musselin verhängt und draußen mit Blumenkästen geschmückt waren, erzielten eine hübsche Wirkung. Der Mond schien hell; Licht und Schatten waren sehr kräftig; und nichts hätte malerischer sein können als diese gewundenen Straßen mit ihren Fluchten ausladender hoher

Ich gewähre euch die Gnade, sagte der Fürst, jede Frau mag so viel von ihrem kostbarsten Besitz mitnehmen, wie sie selber tragen kann.

Giebel, die sich auf freundlich schwatzhafte Art dicht zueinander beugten, und die Menschen, die unten einmal durch schattenhafte Finsternis, dann wieder durch Streifen milden Mondlichtes schlenderten. Fast alles war draußen, plauderte, sang, tollte oder drängte sich müßig und in bequemer Haltung um die offenen Türen.

An einem Platz stand ein öffentliches Gebäude, das von einer dicken rostigen Kette eingezäunt war, die von Pfosten zu Pfosten in einer Reihe von Schaukeln tief durchhing. Das Pflaster bestand hier aus schweren Steinblöcken. Im Mondschein schaukelte eine Schar barfüßiger Kinder auf diesen Ketten und hatte ihren lärmenden Spaß daran. Diese Kinder waren nicht die ersten, die das taten; selbst ihre Ururgroßväter, als sie noch Kinder waren, dürften nicht die ersten gewesen sein. Das Schleifen der nackten Füße hatte Rillen von mehreren Zoll Tiefe in die Steinplatten gewetzt; das zu erreichen brauchte es viele Generationen von Kindern. Überall in der Stadt fanden sich der Moder und der Verfall, die mit Altertum einhergehen und dafür zeugen; aber nichts hat uns wohl ein solch lebhaftes Gefühl für Heilbronns großes Alter vermittelt wie die mit den Füßen eingeschliffenen Rillen in den Pflastersteinen.

Kapitel 13

Früh zu Bett

Als wir in den Gasthof zurückkehrten, zog ich den Schrittmesser auf, stellte ihn und steckte ihn in die Tasche, denn ich sollte ihn am nächsten Tag tragen und die zurückgelegten Entfernungen notieren. Von der Arbeit, die das Instrument während des eben verflossenen Tages zu leisten gehabt hatte, war es nicht merklich ermattet. Um zehn Uhr begaben wir uns zur Ruhe, denn bei Tagesanbruch wollten wir zu unserer Wanderung heimwärts aufbrechen. Ich lag noch eine Weile wach, Harris jedoch schlief sofort ein. Mir mißfällt ein Mensch, der sofort einschläft; sein Verhalten birgt ein undefinierbares Etwas – nicht gerade eine Beleidigung, aber durchaus eine Unverschämtheit, und zwar eine schwer zu ertragende. Ich lag da und ärgerte mich über die Kränkung und versuchte, einzuschlafen; aber je energischer ich es versuchte, desto wacher wurde ich. Ich begann, mich sehr allein zu fühlen im Dunkeln mit nichts als einem unverdauten Abendessen zur Gesellschaft. Nach einer Weile machte sich mein Verstand an die Arbeit, ich dachte über den Anfang eines jeden Themas nach, über das jemals nachgedacht worden war; aber über den Anfang kam ich bei keinem hinaus; nichts hielt mich; mit besessener Eile floh ich von Gegenstand zu Gegenstand. Nach einer Stunde drehte sich alles in meinem Kopf, und ich war todmüde und vollkommen erschöpft.

Die Erschöpfung war so groß, daß sie alsbald einigen Vorsprung gegenüber meiner nervösen Gereiztheit gewann; während ich hellwach zu sein glaubte, dämmerte ich in Wirklichkeit in Augenblicke der Bewußtlosigkeit hinüber, aus denen ich jedesmal wieder sehr plötzlich unter spürbarem Zusammenzucken zurückkehrte:

in diesen Augenblicken glaubte ich, rücklings in einen jähen Abgrund zu stürzen. Nachdem ich in acht oder neun jähe Abgründe gestürzt war und auf diese Weise herausgefunden hatte, daß die eine Hälfte meines Gehirns acht- oder neunmal eingeschlafen sein mußte, ohne daß die hart arbeitende, hellwache andere es auch nur ahnte, breiteten die periodischen Bewußtlosigkeiten allmählich ihre Zaubermacht über weitere Teile meines Hirnhoheitsgebietes aus, und schließlich sank ich in einen Schlummer, der tiefer und tiefer wurde und bestimmt gerade zu einer gesegneten, durch nichts zu erschütternden traumlosen Ohnmacht werden wollte, als – was war das?

Meine benommenen Sinne schleppten sich teilweise ins wache Leben zurück und nahmen Aufnahmehaltung ein. Nun drang aus unermeßlicher, aus grenzenloser Ferne ein Etwas heran, das wuchs und wuchs und rückte näher und wurde alsbald als ein Geräusch erkennbar – zunächst war es eher ein Gefühl gewesen. Dieses Geräusch war nun zwei Kilometer entfernt – vielleicht war es das Grollen eines Gewitters; und nun kam es näher – war nicht einmal mehr einen halben Kilometer weg; war es das gedämpfte Mahlen und Kratzen ferner Maschinen? Nein, es rückte immer noch näher; war es der Gleichschritt marschierender Soldaten? Aber es kam näher und immer noch näher – und schließlich war es im Zimmer selber: nur eine Maus, die am Holz nagte. Und wegen dieser Nichtigkeit hatte ich die ganze Zeit den Atem angehalten!

Nun gut, was geschehen war, war geschehen und ließ sich nicht mehr ändern; ich würde jetzt sofort einschlafen und die verlorene Zeit aufholen. Welch gedankenloser Gedanke! Ohne daß ich es wollte – ohne daß es mir auch nur ganz bewußt wurde –, machte ich mich daran, angespannt nach diesem Geräusch zu horchen und sogar unbewußt die Striche der mäuslichen Muskatnußreibe zu zählen. Schon bald bereitete mir diese Beschäftigung die größten Qualen, aber ich hätte sie vielleicht ertragen können, wäre die Maus nur beständig bei der Arbeit geblieben; aber gerade das tat sie nun nicht; immer wieder hielt sie inne, und ich litt mehr, wenn ich horchte und darauf wartete, daß sie wieder anfing, als dann, wenn sie nagte. Zu Beginn setzte ich im Geiste eine Belohnung von fünf, sechs, sieben, zehn Dollar für diese Maus aus; aber gegen Ende bot ich Belohnungen, die glatt über meine Verhältnisse gingen. Ich reffte die Ohren – das heißt, ich bog die Lappen herunter und rollte sie fünf- oder sechsmal zusammen und drückte sie gegen die Höröffnung –, aber es nützte nichts: Mein Gehör war vor nervöser Gereiztheit so geschärft, daß es zu einem Mikrofon geworden war und ohne Mühe durch das dämpfende Polster empfangen konnte.

Mein Zorn steigerte sich zur Raserei. Schließlich tat ich das, was jeder vor mir zurück bis zu Adam hin getan hat – ich beschloß, etwas zu schmeißen. Ich griff unters Bett und bekam meine Wanderstiefel zu fassen, dann setzte ich mich aufrecht hin und horchte, um das Geräusch genau zu orten. Aber es gelang mir nicht; es war so unortbar wie das Zirpen einer Grille, und wo man glaubt, daß das herkomme, da kommt es ganz gewiß nicht her. Also warf ich schließlich einen der beiden Schuhe aufs Geratewohl und mit boshafter Wucht. Er knallte Harris zu Häupten gegen die Wand und fiel auf ihn; ich hatte nicht geglaubt, daß ich so weit würde werfen können. Der Schuh weckte Harris auf, und das freute mich, bis ich feststellte, daß er nicht ärgerlich war; da tat es mir leid. Er schlief bald wieder ein, und ich war froh darüber; aber sofort fing die Maus wieder an, was mich von neuem rasend machte. Ich wollte Harris nicht noch einmal wecken, aber das Nagen dauerte an, bis ich gezwungen war, den anderen Schuh zu werfen. Diesmal zerschmiß ich einen Spiegel – in dem Zimmer hingen zwei –, ich erwischte natürlich den größeren. Harris wurde abermals wach, beschwerte sich aber nicht, und es tat mir noch leider. Ich beschloß, lieber alle möglichen Martern zu erdulden, als ihn ein drittes Mal zu stören.

Die Maus zog sich schließlich zurück, und allmählich versank ich in Schlaf, da fing eine Uhr an zu schlagen; ich zählte, bis sie fertig war, und wollte gerade wieder eindösen, als eine andere Uhr anhub; ich zählte; dann begannen die beiden großen Rathausuhrengel, sanft und volltönend und melodisch auf ihren langen Trompeten zu blasen. Noch nie zuvor hatte ich etwas so Liebliches, so Überirdisches, so Geheimnisvolles gehört – aber als sie dann auch die Viertelstunden bliesen, dünkte mich doch, daß sie die Sache ein wenig übertrieben. Jedesmal, wenn ich einen Augenblick lang hinüber war, weckte ein neues Getön mich auf. Jedesmal, wenn ich wach wurde, vermißte ich mein Deckbett und mußte auf den Fußboden greifen und es zurückholen.

Endlich ließ mich alle Schläfrigkeit im Stich. Ich merkte, daß ich hoffnungslos und auf immer hellwach war. Hellwach und wie in einem Fieber und durstig. Nachdem ich mich so lange, wie es sich ertragen ließ, von einer Seite auf die andere geworfen hatte, fiel mir ein, daß es eine gute Idee wäre, wenn ich mich anzöge und auf den großen Platz ginge und eine erfrischende Waschung in dem Brunnen vornähme und rauchte und nachdachte, bis die Nacht vorüber war.

Ich glaubte, daß ich mich im Dunkeln würde anziehen können, ohne Harris aufzuwecken. Ich hatte meine Schuhe nach der Maus verschossen, aber meine Pantoffeln würden in der Sommernacht genügen. Also stand ich leise auf und bekam auch nach und nach alles an – bis auf einen Socken. Wie ich es auch immer anstellte, diesem Socken schien ich einfach nicht auf die Spur kommen zu können. Aber ich mußte ihn haben; also ließ ich mich auf Hände und Knie hinunter und begann, leise herumzutapsen und den Boden abzusuchen, hatte jedoch keinen Erfolg. Ich vergrößerte meinen Kreis und tapste und suchte weiter. Wie der Fußboden unter jedem Druck meines Knies quietschte! Und jeder Gegenstand, an den ich zufällig stieß, schien fünfunddreißigmal oder gar sechsunddreißigmal soviel Lärm zu machen, als er bei Tage gemacht hätte. Ich machte jedesmal halt und hielt den Atem an, bis ich sicher war, daß ich Harris nicht aufgeweckt hatte – dann kroch ich weiter. Kreis um Kreis zog ich, jedoch den Socken fand ich nicht; ich schien überhaupt nichts außer Möbeln zu finden. Ich konnte mich nicht erinnern, daß viele Möbel in dem Zimmer gestanden hätten, als ich zu Bett ging, aber nun war es voll davon – besonders von Stühlen – überall standen Stühle. Waren in der Zwischenzeit ein paar Familien eingezogen? Und es schien mir niemals zu gelingen, einen dieser Stühle nur zu streifen – jedesmal stieß ich voll und mit dem Kopf zuerst dagegen. Meine Wut wuchs langsam, aber sicher, und während ich weiter und weiter tapste, begann ich halblaut boshafte Bemerkungen hervorzuknirschen.

Schließlich erklärte ich mit giftiger Gereiztheit, ich würde ohne den Socken gehen; also erhob ich mich und hielt geradenwegs auf die Tür zu – glaubte ich, bis ich mich plötzlich meinem trüben, gespensterhaften Abbild in dem zerbrochenen Spiegel gegenübersah. Es jagte mir solch einen Schrecken ein, daß mir die Luft wegblieb, wenigstens einen Augenblick lang; es zeigte mir außerdem, daß ich mich verirrt hatte und nicht die blasseste Ahnung hatte, wo ich war. Als mir dies klar wurde, packte mich ein solcher Zorn, daß ich mich auf den Boden setzen und irgendwo festhalten mußte, um nicht das Haus mit einer Explosion meiner wahren Ansichten von der Sache aus den Fugen zu sprengen. Wäre nur ein Spiegel im Zimmer gewesen, hätte er mir vielleicht geholfen, mich zurechtzufinden; aber es waren zwei da, und zwei waren so schlimm wie tausend; überdies hingen sie an gegenüberliegenden Wänden. Ich sah den trübe verschwommenen Lichtfleck der Fenster. Aber in meinem verdrehten Zustand waren sie genau da, wo sie nicht hätten sein sollen, also verwirrten sie mich nur noch mehr, statt mir zu helfen.

Ich wollte aufstehen und stieß einen Regenschirm um; er knallte wie ein Pistolenschuß, als er auf dem harten, glatten, teppichlosen Fußboden aufschlug; ich knirschte mit den Zähnen und hielt den Atem an – Harris rührte sich nicht. Ich stellte den

Schirm langsam und vorsichtig aufrecht gegen die Wand, aber sobald ich meine Hand fortnahm, rutschte er unten weg und lag unter erneutem Knall abermals da. Ich zuckte zusammen und horchte einen Augenblick lang in stummem, in grimmigem Zorn – nichts war passiert, alles blieb ruhig. Mit peinlichster Sorgfalt stellte ich den Schirm noch einmal genau aufrecht hin, und wieder schlug er um.

Man hat mich streng erzogen, aber wenn es in dem abgeschiedenen, riesenhaften Zimmer nicht so dunkel und feierlich und furchterregend gewesen wäre, hätte ich gewiß in diesem Augenblick manches gesagt, was man in einem Sonntagsschulbuch nicht abdrucken könnte, ohne den Verkauf desselben zu gefährden. Die fortgesetzten Qualen mußten meinen Verstand bereits beträchtlich unterhöhlt haben, sonst wäre es mir wohl kaum eingefallen zu versuchen, auf einem von diesen glasglatten deutschen Fußböden im Dunkeln einen Regenschirm aufrecht hinzustellen; das geht selbst bei Tage nicht ohne vier Fehlschläge auf jeden Erfolg ab. Einen Trost hatte ich allerdings – Harris war auch jetzt noch still und stumm – er hatte sich nicht gerührt.

Der Schirm konnte mir nicht verraten, wo ich war – rundum an den Wänden standen vier, und sie waren alle gleich. Aber ich konnte mich ja an der Wand entlangtasten und auf diese Weise die Tür finden. Ich stand auf und machte mich an dieses Unternehmen, riß aber dabei ein Bild herunter. Es war kein großes Bild, aber es machte Krach genug für ein Panorama. Harris gab auch jetzt keinen Laut von sich, aber ich war überzeugt, daß ihn weitere Experimente mit den Bildern aufwecken würden. Also gab ich es besser auf, hinausfinden zu wollen. Ja – ich würde noch einmal König Artus' runden Tisch suchen (dem ich schon mehrmals begegnet war) und ihn als Ausgangsbasis für einen meinem Bett geltenden Entdeckungsgang benutzen; falls ich mein Bett fand, konnte ich von da aus meinen Wasserkrug finden; ich würde meinen rasenden Durst löschen und mich dann hinlegen. Ich kroch also auf Händen und Knien los, denn so bewegte ich mich flinker und mit mehr Zuversicht vorwärts und konnte nichts umstoßen. Nach einigem Suchen fand ich den Tisch – mit dem Kopf –, rieb ein bißchen über die Beule, stand dann auf und machte mich, mit ausgestreckten Armen und gespreizten Fingern balancierend, auf den Weg. Ich fand einen Stuhl; dann die Wand; dann noch einen Stuhl; dann ein Sofa; dann einen Alpenstock, dann noch ein Sofa – was mich verwirrte, denn ich erinnerte mich nur an ein Sofa. Ich spürte abermals den Tisch auf und begann noch einmal von vorne; fand noch ein paar Stühle.

Nun fiel mir ein, was mir schon längst hätte einfallen sollen, daß nämlich der Tisch, da er rund war, als Ausgangsposition für eine Kursbestimmung nichts taugte; also stapfte ich noch einmal, diesmal aufs Geratewohl, mitten in die Wildnis aus Stühlen und Sofas hinein – stieß in unbekannte Regionen vor und hieb alsbald einen Kerzenleuchter von einem Kaminsims, schnappte nach dem Kerzenleuchter und stieß dabei eine Lampe um, schnappte nach der Lampe und stieß dabei unter Klirren und Krachen einen Wasserkrug um und dachte bei mir: Endlich habe ich dich gefunden – wußte ich doch, daß ich ganz in der Nähe war! Harris schrie »Mord!« und »Diebe!« und »Hilfe! Ich ertrinke!«.

Der Krach hatte das ganze Haus geweckt. Mr. X kam in seinem langen Nachthemd hereinstolziert, eine Kerze in der Hand, den jungen Z. mit einer anderen Kerze hinter sich; ein ganzer Festzug mit Kerzen und Laternen marschierte zu einer anderen Tür herein – der Wirt und zwei deutsche Gäste im Nachthemd, ein Stubenmädchen (desgleichen).

Ich blickte mich um; ich stand neben Harris' Bett, hundert Schritte von meinem Bett entfernt. Nur ein Sofa war da; es stand an der Wand; nur ein Stuhl stand so, daß man an ihn herankonnte – ich war die halbe Nacht wie ein Planet um ihn gekreist und die halbe Nacht wie ein Komet mit ihm zusammengestoßen.

Ich erklärte den Versammelten, womit ich mich beschäftigt hätte und warum. Danach zogen der Wirt und sein Gefolge sich zurück, und wir übrigen rüsteten uns zum Frühstück, denn die Morgendämmerung wollte eben anbrechen. Ich warf einen verstohlenen Blick auf meinen Schrittmesser und stellte fest, daß ich 75 Kilometer zurückgelegt hatte. Aber das focht mich nicht an; schließlich war ich hergekommen, um zu wandern.

Kapitel 14

Ehrenvoller Abschied

Als der Wirt erfuhr, daß ich und meine Begleiter Künstler waren, stieg unsere Gesellschaft merklich in seiner Achtung; wir stiegen noch höher, als er erfuhr, daß wir uns auf einer Fußreise durch Europa befanden.

Er erzählte uns alles über den Weg nach Heidelberg und welche Orte man am besten mied und an welchen man sich mit Nutzen aufhielt. Er berechnete mir weniger als die Selbstkosten für die Sachen, die ich während der Nacht zerschlagen hatte; er packte uns einen hübschen Imbiß ein und dazu eine Handvoll hellgrüner Pflaumen, das leckerste Obst, das es in Deutschland gibt; er war so sehr darauf bedacht, uns auszuzeichnen, daß er uns einfach nicht erlauben wollte, Heilbronn zu Fuß zu verlassen; er ließ Götz von Berlichingens Pferd und Wagen bringen und bestand darauf, daß wir fuhren.

Ich habe die festliche Ausfahrt gezeichnet. Es soll kein *Werk* sein, sondern nur das, was wir Maler eine »Skizze« nennen – nach ihr wird dann das richtige Bild gemalt. Die Skizze hat mehrere Mängel; zum Beispiel fährt der Wagen nicht so schnell, wie das Pferd läuft. Das ist nicht gut. Dann ist die Person, die davonzulau-

fen versucht, zu klein; die Perspektive stimmt nicht, wie wir sagen. Die beiden oberen Linien sind nicht der Rücken des Pferdes, sondern die Zügel – ein Rad scheint zu fehlen – dies würde in den richtigen Werk natürlich korrigiert werden. Was da hinten herausflattert, ist keine Fahne, sondern ein Vorhang. Das andere Ding da oben ist die Sonne, aber ich habe sie nicht weit genug weggerückt. Ich kann mich jetzt nicht mehr entsinnen, was das Ding vor dem weglaufenden Mann ist, aber ich glaube, es ist ein Heuschober oder eine Frau. Die Skizze war im Pariser Salon von 1879 ausgestellt, bekam jedoch keinen Preis. Für Skizzen werden dort keine Preise vergeben.

An der Brücke schickten wir den Wagen um. Der Fluß war mit Stämmen bedeckt – langen, schlanken, borkelosen Tannenstämmen –, und wir beugten uns über das Brückengeländer und sahen zu, wie die Männer sie zu Flößen zusammenfügten. Diese Flöße waren in Form und Bauart auf die vielen Biegungen und die außerordentlich geringe Breite des Neckars abgestimmt. Sie waren fünfzig bis hundert Meter lang und verjüngten sich allmählich von neun Stämmen am Heck zu drei Stämmen am Bug. Das Steuern wird hauptsächlich am Bug besorgt, und zwar mit einer Stange; die Dreistammbreite läßt dort nur für den Steuermann Platz, denn die schlanken Stämme haben nicht mehr Umfang als die Taille einer durchschnittlichen jungen Dame. Die Verbindungen zwischen den verschiedenen Abschnitten des Floßes sind schlaff und biegsam, so daß man das Floß mühelos zu jeder Art Kurve biegen kann, die der Flußlauf erfordert.

Der Neckar ist an vielen Stellen so schmal, daß man einen Hund hinüberwerfen kann, falls man einen hat; wenn er an solch einer Stelle dann auch noch eine scharfe Biegung macht, muß der Flößer scharf und geschickt bugsieren, will er wohlbehalten um die Kurve kommen. Dem Fluß ist nicht überall gestattet, sich über sein ganzes Bett auszuweiten, das etwa fünfundzwanzig, manchmal auch fünfunddreißig Meter breit ist, sondern er wird in drei

Der Neckar ist so schmal,
daß man einen Hund hinüberwerfen kann.

Wasserläufe aufgespalten, und zwar von Steindämmen, die Hauptmenge, Haupttiefe und Hauptströmung des Wassers in den mittleren lenken. Bei Niedrigwasser schauen die schmalkämmigen Dämme etwa eine Handbreit wie der First eines untergetauchten Daches hervor, aber bei Hochwasser werden sie überspült. Ein Hutvoll Regen führt auf dem Neckar zu Hochwasser und ein Korbvoll zu einer Überschwemmung.

Auf der Höhe des Schloßhotels befinden sich solche Dämme, und die Strömung ist an der Stelle überaus heftig. Oft habe ich stundenlang in meinem Glaskäfig gesessen und zugesehen, wie lange schmale Flöße durch die Mittelrinne flitzten, den Damm zur Rechten streiften und bedachtsam den mittleren Bogen der Brücke weiter unten ansteuerten – habe zugesehen und all die Zeit in der Hoffnung verschwendet, endlich einmal werde eins von ihnen den Brückenpfeiler treffen und daran zerschellen; aber immerzu wurde ich enttäuscht. Eines Morgens wurde tatsächlich ein Floß zerschmettert, aber da war ich gerade für einen Augenblick in mein Zimmer gegangen, um mir eine Pfeife anzuzünden, und so entging es mir.

Während ich an jenem Morgen in Heilbronn auf die Flöße hinunterblickte, überkam mich plötzlich tollkühne Abenteuerlust, und ich sagte zu meinen Weggenossen:

»*Ich* fahre mit einem Floß nach Heidelberg. Werden Sie es wagen, mich zu begleiten?«

Ihre Gesichter wurden ein bißchen blaß, aber sie willigten mit soviel Anstand ein, wie ihnen zu Gebote stand. Harris wollte seiner Mutter telegrafieren – hielt es für seine Pflicht, da sie außer ihm niemanden habe auf dieser Welt –, während er das also erledigte, ging ich zu dem längsten und besten Floß hinunter und begrüßte den Kapitän mit einem munteren »Ahoi, Schiffskamerad!«, was uns gleich in ein freundschaftliches Verhältnis zueinander brachte, und unverzüglich kamen wir zur Sache. Ich sagte zu ihm, wir befänden uns auf einer Fußwanderung nach Heidelberg und würden gerne als Passagiere bei ihm mitfahren. Ich sagte ihm dies teils durch den ungen Z., der sehr gut Deutsch sprach, und teils durch Mr. X., dessen Deutsch eigentümlich war. Ich *verstehe* Deutsch so gut wie der Wahnsinnige, der es erfunden hat, aber ich *spreche* es am besten mit Hilfe eines Dolmetschers.

Der Kapitän zog sich die Hose hoch, schob dann seinen Priem bedächtig aus der einen Backe in die andere. Schließlich sagte er genau das, was ich erwartet hatte – daß er keine Genehmigung besitze, Passagiere mitzuführen, und daher Angst habe, das Gesetz werde ihn beim Kragen packen, wenn die Angelegenheit herumgeschwätzt würde oder ihnen ein Unfall zustieße. Also *chartere* ich Floß und Besatzung und nahm alle Verantwortung auf mich.

Mit einem lärmenden Lied machte sich die Steuerbordwache an die Arbeit, holte das Haltetau ein, lupfte dann den Anker, und schon löste sich unsere Barke mit majestätischem Schwung und fuhr bald mit etwa zwei Knoten dahin.

Unsere Gesellschaft war mitschiffs versammelt. Anfangs klang die Unterhaltung ein wenig düster und drehte sich hauptsächlich um die Kürze des Lebens, die Ungewißheit desselben, die Fährnisse, von denen es heimgesucht wurde, und von der Notwendigkeit und Klugheit, immer auf das Schlimmste vorbereitet zu sein; dies leitete über zu leise vorgebrachten Hinweisen auf die Gefahren der Tiefe und verwandte Dinge; aber als der graue Osten sich zu röten begann und der geheimnisvolle Ernst und das feierliche Schweigen der Morgendämmerung allmählich in den Jubelgesängen der Vögel untergingen, nahm die Unterhaltung einen fröhlicheren Ton an, und unsere Stimmung stieg stetig.

Deutschland im Sommer ist die Vollendung des Schönen, aber niemand, der nicht auf einem Floß den Neckar hinuntergefahren ist, hat die äußersten Möglichkeiten dieser sanften und friedlichen Schönheit wirklich begriffen und ausgekostet. Die Bewegung eines Floßes ist genau die richtige; sie ist ruhig und gleitend und glatt und geräuschlos; sie besänftigt alle fieberhafte Geschäftigkeit, sie schläfert alle nervöse Hast und Ungeduld ein; unter ihrem friedlichen Einfluß schwinden alle Ärgernisse und alle Trübsal und alle Plagen, die uns quälen, und das Dasein wird ein Traum, ein Zauber, ein tiefes und stilles Entzücken. Welch ein Gegensatz zur erhitzenden, schwitzenden Fußwanderei, zur staubigen und ohrenbetäubenden Eisenbahnhatz und zum langweiligen Stuckern hinter müden Pferden auf blendenden weißen Landstraßen!

Lautlos glitten wir zwischen den grünen, duftenden Ufern mit einem Gefühl der Wonne und Zufriedenheit dahin, das immer noch wuchs und zunahm. Manchmal hing dichtes Weidengezweig von den Ufern herab und verbarg die dahinterliegende Erde ganz; manchmal lagen stattliche Berge zur einen Seite, die bis an den Kamm dicht mit Laubwerk bekleidet waren, und zur anderen Seite flache Felder, die vom Klatschmohn flammten oder vom kräftigen Blau der Kornblume leuchteten; manchmal trieben wir im Schatten eines Waldes und manchmal am Rand langer Streifen samtigen Grases, das mit seinem frischen, glänzenden Grün nie aufhörte, das Auge zu bezaubern. Und die Vögel! – Sie waren überall; ohne Unterlaß schossen sie über dem Fluß hin und her, und ihre jubilierende Musik verstummte nie.

Welch tief befriedigende Freude, zuzusehen, wie die Sonne den neuen Morgen erschuf und ihn allmählich, geduldig, liebend in eine Pracht und eine Herrlichkeit nach der anderen kleidete, bis das Wunder vollkommen war! Wie anders erscheint dieses Wunder, wenn man ihm von einem Floß zuschaut, statt durch die schmutzigen Fenster eines Bahnhofs in irgendeinem armseligen Dorf, während man an einem versteinerten Butterbrot würgt und auf den Zug wartet.

Kapitel 15

Den Fluß hinunter

Männer und Frauen und Tiere waren nun auf den taunassen Feldern bei der Arbeit. Die Leute stiegen oftmals an Bord unseres Floßes, wenn wir an den Grasufern entlangglitten, und schwatzten auf etwa hundert Meter mit uns oder der Besatzung und stiegen dann, von der Fahrt erfrischt, wieder an Land.

Nur die Männer übrigens; die Frauen hatten zuviel zu tun. Frauen machen jede Arbeit in Europa. Sie graben, sie hacken, sie ernten, sie säen, sie tragen gewaltige Lasten auf ihrem Rücken, sie schieben ähnliche auf Schubkarren weite Strecken vor sich her, sie ziehen den Wagen, wenn kein Hund oder eine magere Kuh zum Ziehen da sind – und falls doch, helfen sie dem Hund oder der Kuh. Alter spielt keine Rolle – je älter die Frau ist, desto kräftiger ist sie offenbar. Auf dem Bauernhof sind die Aufgaben einer Frau nicht festgelegt – sie erledigt von allem etwas; in der Stadt hingegen ist es anders, dort obliegen ihr nur bestimmte Dinge, alles andere besorgen die Männer. Eine Hausmagd in einem Hotel zum Beispiel braucht nichts weiter zu tun, als die Betten und das Feuer in fünfzig bis sechzig Zimmern zu machen, Handtücher und Kerzen zu bringen und mehrere Tonnen Wasser hundertpfundweise in gewaltigen Metallkrügen mehrere Treppen hochzuschleppen. Sie braucht nicht mehr als achtzehn oder zwanzig Stunden am Tag zu arbeiten, und sie kann sich jederzeit hinknien und die Fußböden in Gängen und Kammern schrubben, wenn sie müde ist und eine Ruhepause benötigt.

Als es im Laufe des Morgens wärmer wurde, zogen wir unsere Überkleidung aus und setzten uns in einer Reihe an die Kante des

Floßes, hielten unsere Sonnenschirme über uns und ließen die Beine ins Wasser baumeln. Von Zeit zu Zeit sprangen wir ins Wasser und schwammen eine Weile. Jeder grasbewachsene Ufervorsprung bot eine fröhliche Schar nackter Kinder, Jungen und Mädchen getrennt, letztere gewöhnlich in der Obhut eines Mütterchens, das mit seinem Strickzeug im Schatten eines Baumes saß. Die kleinen Jungen schwammen manchmal zu uns hinaus, aber die kleinen Mädchen standen knietief im Wasser und unterbrachen ihr Planschen und Herumtollen, um unser Floß mit arglosen Augen zu begucken, wenn es vorbeitrieb. Einmal bogen wir plötzlich um eine Kurve und überraschten ein schlankes Mädchen von zwölf oder mehr Jahren, als es gerade ins Wasser steigen wollte. Die Maid hatte keine Zeit mehr, fortzulaufen, aber sie tat, was ebenso dienlich war: zog mit der einen Hand prompt einen biegsamen jungen Weidenast vor ihren weißen Leib und betrachtete uns mit unschuldigem, unbekümmertem Interesse. So stand sie da, während wir vorbeiglitten. Sie war ein hübsches Geschöpf, und sie und ihr Weidenzweig fügten sich zu einem hübschen Bild, und zwar zu einem, das auch das Anstandsgefühl des mäkelsinnigsten Betrachters nicht hätte verletzen können. Ihre weiße Haut hatte eine niedrige Wand aus frischen grünen Weiden zum Hintergrund und wirkungsvollen Kontrast, und über ihr schauten die begierigen Gesichter und weißen Schultern zweier kleinerer Mädchen hervor.

Gegen Mittag hörten wir den aufmunternden Ruf: »Segel voraus!«

»Wo?« rief der Kapitän.

»Drei Strich in den Wind!«

Wir liefen nach vorne, um das Fahrzeug zu sehen. Es stellte sich heraus, daß es ein Dampfboot war – seit Mai verkehrte auf dem Neckar ein Dampfer. Es war ein Schlepper, und zwar einer von sehr eigentümlicher Bauart und eigentümlichem Aussehen. Ich hatte ihn des öfteren oben aus dem Hotel beobachtet und mich vergeblich gefragt, wie er angetrieben wurde, denn er besaß offensichtlich keine Schraube und keine Schaufelräder. Nun kam er herangepflügt unter allerlei Lärm, den er hin und wieder durch das Betätigen einer heiseren Dampfpfeife noch verschlimmerte. Neun Schleppkähne waren an ihn gehängt und folgten ihm in langer, schlanker Reihe. Wir begegneten ihm an einer schmalen Stelle zwischen Dämmen, und es war kaum Raum für uns beide in der beengten Fahrrinne. Als er knirschend und ächzend an uns vorbeifuhr, entdeckten wir das Geheimnis seines Antriebs. Er bewegte sich nicht mit Schaufelrädern oder Schrauben fort, sondern zog sich an einer dicken Kette flußaufwärts. Diese Kette liegt im Flußbett und ist nur an den beiden Enden befestigt. Sie ist über hundert Kilometer lang. Sie kommt über den Bug des Bootes an Bord, läuft um eine Trommel und wird achtern ausgesteckt. Das Dampfboot zieht an der Kette und schleppt sich so den Fluß hinauf und hinunter. Genaugenommen hat es weder Bug noch Heck, denn es führt ein langes Ruder an beiden Enden und dreht nie. Es benutzt stets beide Ruder, und sie sind so stark, daß es trotz des heftigen Widerstandes der Kette nach rechts oder links ausweichen oder um Kurven steuern kann. Ich hätte nie geglaubt, daß diese Unmöglichkeit zu verwirklichen sei; aber ich habe es selber gesehen und weiß daher nun, daß es *eine* Unmöglichkeit gibt, die möglich ist. Welches Wunder wird der Mensch als nächstes zu vollbringen suchen?

Wir begegneten vielen Lastkähnen auf ihrem Weg flußaufwärts, die Segel, Maultiere und lästerliches Fluchen als Antrieb benutzten – ein langwieriges, beschwerliches Unternehmen. Ein Drahtseil führte von der Vormarsstenge zu der hundert Meter voraus auf dem Treidelpfad einherstapfenden Maultierkette, und mit gründlichem Schlagen und Fluchen und Stoßen gelang es dem Trupp der Treiber, drei bis vier Kilometer in der Stunde gegen die steife Strömung aus den Maultieren herauszuholen. Der Neckar ist von jeher als Schiffahrtsweg benutzt worden und hat auf diese Weise sehr vielen Menschen und Tieren Arbeit gegeben; aber nun, da dieser Dampfschlepper mit einer kleinen Besatzung und ein paar Scheffeln Kohle neun Kähne in einer Stunde weiter den Fluß hinaufziehen kann als dreißig Männer und dreißig Maultiere in zwei, glaubt man allgemein, daß die altmodische Treidelindustrie auf dem Sterbebett liegt. Ein zweiter Dampfer nahm drei Monate, nachdem der erste in Dienst gestellt worden war, seine Arbeit auf dem Neckar auf.

Um die Mittagszeit gingen wir an Land und kauften Flaschenbier und ließen uns, während das Floß wartete, ein paar Hähnchen braten; dann stachen wir unverzüglich wieder in See und verzehrten unser Mittagsmahl, bevor das Bier warm und die Hähnchen kalt wurden. Es gibt keinen angenehmeren Platz für solch ein Mahl als ein Floß, das den vielgewundenen Neckar hinuntergleitet, vorbei an grünen Weiden und bewaldeten Bergen und schlummernden Dörfern und felsigen, von verfallenen Türmen und Zinnen geschmückten Höhen.

An einer Stelle sahen wir einen gutgekleideten deutschen Herrn gänzlich ohne Brille. Bevor ich Anker werfen konnte, war er schon wieder weg. Das war sehr schade. Zu gerne hätte ich ihn gezeichnet! Der Kapitän tröstete mich allerdings über meinen Verlust hinweg, indem er bemerkte, der Mann sei ohne Zweifel ein Schwindler gewesen, der durchaus eine Brille besaß, sie jedoch in der Tasche trug, um aufzufallen.

Unterhalb von Haßmersheim kamen wir an Hornberg vorbei, Götz von Berlichingens alter Burg. Sie steht auf einer steilen Anhöhe sechzig Meter über dem Fluß; sie hat hohe berankte Mauern, hinter denen Bäume hervorschauen, und einen Turm mit Spitzdach von etwa fünfundzwanzig Meter Höhe. Der stark abschüssige Hang, der von der Burg bis hart ans Wasser reicht, ist terrassiert und dicht mit Reben bewachsen. Das sieht aus, als bebaue man ein Mansardendach. Alle Steilhänge an diesem Teil des Flusses, die zur Sonne hin offenliegen, sind für den Wein da. Die Gegend ist ein bedeutender Erzeuger von Rheinweinen. Die Deutschen haben

Es würde behauptet, daß ein Unglück den befalle, der das Pech hatte, das Lied zu hören.

eine außerordentliche Schwäche für Rheinwein; er wird in hohe schlanke Flaschen abgefüllt und gilt als angenehmes Getränk. Von Essig unterscheidet man ihn mit Hilfe des Etiketts.

Der Hornberg soll untertunnelt werden, und die neue Eisenbahn wird unter der Burg hindurchführen.

Die Geisterhöhle

Drei Kilometer unterhalb von Burg Hornberg öffnet sich in einer niedrigen Felswand eine Höhle, in der einstmals in alten Zeiten, wie der Kapitän des Floßes uns erzählte, eine schöne Erbin von Hornberg wohnte, das Ritterfräulein Gertrude. Das war vor siebenhundert Jahren. Um Gertrude bewarben sich eine Anzahl reicher und vornehmer Freier und ein armer und unberühmter, der Herr Wendel Lobenfeld. Mit der angestammten Dickköpfigkeit aller Romanzenheldinnen zog sie den armen und unberühmten Liebhaber vor. Mit dem angestammten nüchternen Menschenverstand aller Väter von Romanzenheldinnen schloß der damalige von Berlichingen seine Tochter in seinem Bergfried oder seinem Burgverlies oder seiner Feldschlange oder wo weiß ich ein und entschied, daß sie dort zu bleiben habe, bis sie einen von ihren reichen und vornehmen Freiern zum Mann wähle. Diese besuchten sie und verfolgten sie mit ihren flehentlichen Bitten, hatten jedoch keinen Erfolg, denn ihr Herz blieb dem armen verachteten Kreuzritter treu, der im Heiligen Land kämpfte. Dennoch wurden ihr die Aufmerksamkeiten der reichen Freier nach einer Weile zu viel; in einer stürmischen Nacht entwich sie daher und schwamm den Fluß hinunter und versteckte sich in der Höhle auf der anderen Seite. Ihr Vater durchsuchte das ganze Land nach ihr, fand aber keine Spur. Viele Tage gingen hin, und immer noch war ihm keine Kunde von ihr gebracht worden. Da begann sein Gewissen ihn zu plagen, und er ließ öffentlich erklären, falls sie noch lebe, möge sie zu ihm zurückkehren; er werde sich ihren Wünschen nicht mehr widersetzen; sie könne heiraten, wen sie wolle. Monate verstrichen, alle Hoffnung schwand dem alten Mann, er zog sich von seinen gewohnten Beschäftigungen und Vergnügen zurück, widmete sich frommen Werken und sehnte sich nach der Erlösung durch den Tod.

Nun stand in jeder Nacht die abhandengekommene Erbin genau um Mitternacht in weiße Gewänder gekleidet im Eingang der Höhle und sang eine kleine Liebesballade, die ihr Kreuzfahrer für sie gedichtet hatte. Falls er noch lebte und nach Hause kam, so sagte sie sich, würden die abergläubischen Bauern ihm von dem Geist erzählen, der in der Höhle sang, und sobald man ihm die Ballade beschrieb, würde ihm einfallen, daß nur er und sie dieses Lied kannten; also würde er vermuten, daß sie noch lebe, und sie suchen kommen. Die Zeit verging, und der »Geist in der Spukhöhle« machte der Gegend argen Kummer. Es wurde behauptet, daß ein Unglück den befalle, der das Pech hatte, das Lied zu hören. Schließlich wurde jedes Unheil, das sich dort herum ereignete, dieser Musik zur Last gelegt. Daher fand sich kein Schiffer mehr bereit, bei Nacht an der Höhle vorbeizufahren; die Bauern mieden den Ort selbst bei Tage. – Aber die getreue Maid sang Nacht um Nacht und Monat um Monat weiter und wartete geduldig; irgendwann mußte sie doch belohnt werden. Fünf Jahre zogen vorbei, und immer noch schwebten in jeder Nacht um Mitternacht die klagenden Töne durch das stille Land, während weit in der Runde Schiffer und Bauern die Finger in die Ohren steckten und schaudernd ein Gebet hersagten.

Und jetzt kam der Kreuzfahrer nach Hause. Braungebrannt war er und mit Narben bedeckt, aber er brachte großen und herrlichen Ruhm mit, um ihn seiner Erwählten zu Füßen zu legen. Der alte Herr von Hornberg empfing ihn wie einen Sohn und wollte, daß er bei ihm bleibe und ihm Trost und Segen in seinem Alter sei; aber die Geschichte der Liebe dieses jungen Mädchens zu ihm und ihrer erbarmenswerten Folgen machte einen anderen Menschen aus dem Ritter. Er konnte sich seiner wohlverdienten Ruhe nicht erfreuen. Er sagte, sein Herz sei gebrochen, er werde den Rest seines Lebens hohen Taten zu Nutz und Frommen der Menschheit weihen, um auf solche Weise zu einem würdigen Tod zu kommen und zu einer gesegneten Wiedervereinigung mit dem tapferen treuen Herzen, dessen Liebe ihn mehr geehrt habe als all seine Siege im Krieg.

Als die Leute von diesem seinem Beschluß hörten, kamen sie zu ihm und erzählten ihm, da hause ein unbarmherziger Drache als Mensch verkleidet in der Geisterhöhle, ein furchtbares Geschöpf, dem entgegenzutreten noch kein Ritter kühn genug gewesen sei, und baten ihn, das Land von seinem verheerenden Dasein zu befreien. Er sagte zu. Sie erzählten ihm von dem Lied, und als er fragte, was das für ein Lied sei, erwiderten sie, man habe es vergessen, denn seit vier oder noch mehr Jahren sei keiner mehr verwegen genug gewesen, es sich anzuhören.

Gegen Mitternacht kam der Kreuzfahrer mit seiner getreuen Armbrust in den Händen in einem Boot den Fluß herunter. Lautlos glitt er durch die verschwimmenden Spiegelbilder von Felsen und Bäumen, den Blick unverwandt auf das niedrige Felsenufer gerichtet, dem er entgegensteuerte. Als er näher kam, erkannte er die schwarze Öffnung der Höhle. Da – ist das eine weiße Gestalt? Ja! Das Klagelied beginnt hervorzuquillen und schwebt über Wiese und Fluß dahin – die Armbrust wird langsam in Anschlag gebracht, wird ruhig und fest auf das Ziel gerichtet, der Bolzen fliegt geradenwegs ins Weiße – die Gestalt sinkt zu Boden, immer noch singend, der Ritter nimmt die Watte aus den Ohren und erkennt die alte Ballade – zu spät! Ah, hätte er sich doch nur keine Watte in die Ohren gestopft!

Der Kreuzfahrer zog wieder in den Krieg davon und fiel alsbald, für das Kreuz kämpfend, in der Schlacht. Der Überlieferung zufolge sang der Geist des unglückseligen Mädchens noch mehrere

Jahrhunderte lang nächtlich um Mitternacht aus der Höhle, aber die Musik enthielt keinen Fluch; und obgleich viele nach den geheimnisvollen Klängen aushorchten, wurde doch nur wenigen die Gunst zuteil, denn nur wer noch nie die Treue gebrochen, nie das ihm geschenkte Vertrauen mißbraucht hatte, konnte sie hören. Man glaubt, daß der Gesang auch nun noch andauert, aber es steht fest, daß ihn während des gegenwärtigen Jahrhunderts niemand gehört hat.

Kapitel 16

Eine alte Rheinsage

Die letzte Sage erinnert an die »Lorelei« – eine Rheinsage. Es gibt auch ein Lied, das »Die Lorelei« heißt.

Deutschland ist reich an Volksliedern, und Worte und Weisen von so manchen von ihnen sind von eigentümlicher Schönheit – »Die Lorelei« jedoch ist beim Volke am allerbeliebtesten. Anfangs konnte ich das Lied nicht ausstehen, aber dann ergriff es mich mehr und mehr, und jetzt kenne ich keine Melodie, die mir so gut gefällt.

In Amerika kann sie wohl nicht sehr bekannt sein, sonst hätte ich sie ja mal gehört. Daß ich sie dort nie gehört habe, beweist, daß es bei uns auch noch andere gibt, denen es ganz genauso ergangen ist. Ihnen zuliebe drucke ich Worte und Weise in diesem Kapitel ab. Und um die Erinnerung des Lesers aufzufrischen, werde ich die Lorelei-Sage ebenfalls abdrucken. Ich trage sie mit mir herum in den »Rheinsagen«, vom aberwitzig begabten Garnham, Bachelor of Arts, ins Englische übertragen. Auch zur Auffrischung meiner eigenen Erinnerung drucke ich die Sage hier ab, denn ich habe sie noch nie gelesen.

Die Sage

Lore war eine Wassernixe, die saß meistens auf einem hohen Felsen im Rhein, einer Ley oder Lei, und lockte Schiffer ins Verderben in einer tosenden Stromschnelle, die an dieser Stelle die Fahrrinne verschandelte. Sie behexte die Vorbeifahrenden so sehr mit ihrem

Klagegesang und ihrer wunderbaren Schönheit, daß sie alles andere vergaßen und nur zu ihr hinaufschauten, und so trieben sie alsbald zwischen den zerklüfteten Felsenklippen und ertranken.

In jenen uralten Zeiten nun lebte auf einer großen Burg in der Nähe Graf Bruno mit seinem Sohn Graf Hermann, einem Jüngling von zwanzig Jahren. Hermann hatte viel gehört von der schönen Lore und sich schließlich heftig in sie verliebt, ohne sie noch jemals gesehen zu haben. So zog er denn des Abends mit seiner Zither vor den Felsen, um »sein Verlangen in leisem Gesang kundzutun«, wie Garnham schreibt. An einem dieser Abende »schwebte plötzlich um die Felsenkrone ein heller Schein von nie gesehener Farbenpracht, der, zu immer engeren Kreisen verdichtet, der schönen Lore bezaubernde Gestalt annahm.

Ein unbeabsichtigter Freudenschrei entfuhr dem Jüngling, er ließ seine Zither fallen, und mit weit ausgebreiteten Armen rief er laut den Namen des geheimnisvollen Wesens, das sich liebevoll zu ihm herabzubeugen und ihm freundlich zuzuwinken schien. Ja, falls sein Ohr ihn nicht täuschte, rief sie seinen Namen in unaussprechlich zärtlichem Flüstern, wie es der Liebe eigentümlich ist. Außer sich vor Entzücken, schwanden dem Jüngling die Sinne; bewußtlos sank er zu Boden.«

Von Stund an war er ein anderer Mensch. Träumend ging er umher, immer nur seine Nixe im Sinn, nichts sonst auf der Welt konnte ihn rühren. »Voller Kummer sah der alte Graf diese Umwendung in seinem Sohn«, deren Ursache er nicht erriet, und er versuchte, dessen Gedanken in fröhlichere Bahnen zu lenken, was ihm aber nicht gelang. Schließlich machte der alte Graf von seiner väterlichen Gewalt Gebrauch. Er befahl den Sohn ins Feldlager. Dieser gelobte Gehorsam. Garnham schreibt:

»Es war am Vorabend seiner Abreise, da wollte er noch ein letztes Mal die Lei aufsuchen und der Rheinnixe seine Seufzer, seine Zithertöne und seine Lieder darbringen. In seinem Boot, diesmal von einem getreuen Knappen begleitet, fuhr er den Strom hinab.

Der Mond ergoß sein silbriges Licht über das ganze Land; die steil
wändigen Berge erschienen in den phantastischsten Gestalten, und
die hohen Eichen beiderseits beugten ihre Äste über den dahin
gleitenden Hermann. Kaum näherte er sich der Lei und vernahm
Brandungswellen, da packte unaussprechliche Angst seinen Diener, der daraufhin um die Erlaubnis, an Land gehen zu dürfen, bat
Aber der Ritter griff in die Saiten seiner Guitarre und sang:

> ›Ich sah dich einmal in dunkler Nacht
> In übernatürlicher Schönheitspracht.
> Aus Lichterstrahlen deine Gestalt war,
> Darinnen leuchtete hell dein Lockenhaar.
>
> Aus Wellen getaucht, bunt dein Gewand,
> Ein Liebeszeichen von deiner Hand.
> Deiner Augen süße Zaubersonne
> Scheint auf mich, oh, oh, die Wonne!
>
> Ach daß du meine Liebste wärst,
> Von meiner Liebe hört'st und hört'st!
> Wie hinge ich stets an deinem Mund
> Im Felsenhaus dein, im tiefsten Grund.‹«

Daß Hermann sich überhaupt dorthin begeben hatte, war unklug
daß er es mit solch einem Lied auf den Lippen tat, war ein schwerer Fehler. Diesmal rief die Lorelei nicht »seinen Namen in unaussprechlich zärtlichem Flüstern«. Nein, dieses Lied bewirkte natürlich eine jähe und gründliche »Umwendung« in ihr; und damit
nicht genug, versetzte es auch die Innereien der gesamten in Mitleidenschaft gezogenen Gegend in Aufruhr – denn:

»Kaum waren diese Töne verklungen, da begann allenthalben
Lärm und Getöse wie von Stimmen über und unter Wasser. Oben
aus der Lei schlugen Flammen, die Nixe stand darüber wie beim

andernmal und winkte dem betörten Ritter deutlich und dringlich mit der rechten Hand, während sie mit einem Stab in der linken den Wellen gebot. Die türmten sich himmelwärts; das Boot hüpfte, widersetzte sich jeder Anstrengung, die Wellen klatschten bis an den obersten Rand und schleuderten das Boot auf die harten Felsen, wo es splitternd auseinanderbrach. Der Jüngling sank in die Tiefe, der Knappe jedoch wurde von einer mächtigen Welle ans Ufer geworfen.«

Die bittersten Klagen sind im Laufe der Jahrhunderte gegen die Lorelei erhoben worden, bei dieser Gelegenheit jedoch hat sie wahrlich unsere Hochachtung verdient. Man fühlt sich zärtlich zu ihr hingezogen und ist geneigt, ihre vielen Missetaten zu vergessen und nur der einen guten Tat zu gedenken, mit der sie ihre Laufbahn krönte und beschloß.

»Die Nixe ward nie wieder gesehen; aber ihren Zaubergesang konnte man oft hören. In den schönen, erquickenden, stillen Frühlingsnächten, wenn der Mond sein Silberlicht über das Land ergießt, hört der lauschende Schiffer aus dem Rauschen der Wellen den Widerklang einer wundervoll reizenden Stimme, die ein Lied aus dem gläsernen Schloß singt, und mit Trauer und Bangigkeit denkt er an den jungen Grafen Hermann, der von einer Nixe verführt wurde.«

Hier sind die Noten und die deutschen Worte von Heinrich Heine. Das Lied ist nun schon seit vierzig Jahren eines der beliebtesten in Deutschland und wird wohl immer eins der beliebtesten bleiben.

Ich bin voreingenommen gegen Leute, die etwas in einer fremden Sprache abdrucken und keine Übersetzung beifügen. Falls ich der Leser bin, und der Autor hält mich für fähig, mir meine Übersetzung selber zu machen, macht er mir damit ein recht hübsches Kompliment – aber wenn er mir das Übersetzen abnimmt, würde ich vielleicht gern auf das Kompliment verzichten. Wenn ich jetzt zu Hause wäre, könnte ich mir eine Übersetzung des Liedes besor-

gen, aber ich bin auf Reisen im Ausland, also geht's nicht; darum werde ich eigenhändig eine Übersetzung anfertigen. Es mag keine gute sein, denn Lyrik ist nicht mein Fach, aber sie wird ihren Zweck erfüllen – nämlich dem nichtdeutschen jungen Mädchen ein Wortgeklingel an die Hand zu geben, an das es die Melodie hängen kann, bis es an eine gute Fassung gerät, eine, die von einem Dichter stammt, der weiß, wie man einen poetischen Gedanken von einer Sprache in die andere überführt.

The Lorelei

I cannot divine what it meaneth,
This haunting nameless pain:
A tale of the bygone ages
Keeps brooding through my brain:

Lorelei.

The faint air cools in the gloaming,
And peaceful flows the Rhine,
The thirsty summits are drinking
The sunset's flooding wine;

The loveliest maiden is sitting
High-throned in yon blue air,
Her golden jewels are shining,
She combs her golden hair;

She combs with a comb that is golden,
And sings a weird refrain
That steeps in a deadly enchantment
The listener's ravished brain:

The doomed in his drifting shallop,
Is tranced with the sad sweet tone,
He sees not the yawning breakers,
He sees but the maid alone:

The pitiless billows engulf him! –
So perish sailor and bark;
And this, with her baleful singing,
Is the Lorelei's gruesome work.

Ich besitze auch eine Übersetzung von Garnham, Bachelor of Arts, aus den »Rheinsagen«, aber die würde den oben erwähnten Zweck nicht erfüllen, da das Vermaß auf seine edle Art allzu unregelmäßig ist; paßt einfach nicht auf die Melodie; an manchen Stellen hängt es am Ende zu weit über, und an anderen wieder gehen einem die Wörter aus, bevor man am Ende des Taktes ankommt. Dennoch hat Garnhams Übersetzung ihre nicht zu übersehenden Vorzüge, und nicht im Traum würde mir einfallen, sie aus meinem Buch auszuschließen. Ich glaube, dieser Dichter ist völlig unbekannt in Amerika und England. Es ist mir ein ganz eigenes Vergnügen, ihn vorzustellen, da er meines Wissens von mir entdeckt wurde.

The Lorelei

I do not know what is signifies
That I am so sorrowful:
A fable of old times so terrifies,
Leavers my heart so thoughtful.

The air is cool and it darkens,
And calmly flows the Rhine;
The summit of the mountain hearkens
In evening sunshine line.

The most beautiful Maiden entrances
Above wonderfully there,
Her beautiful golden attire glances,
She combs her golden hair.

With golden comb so lustrous,
And thereby a song sings,
It has a tone so wondrous,
That powerful melody rings.

The shipper in the little ship
It affects with woe's sad might;
He does not see the rocky clip,
He only regards dreaded height.

I believe the turbulent waves
Swallow at last shipper and boat;
She with her singing craves
All to visit her magic moat.

Translated by L. W. Garnham, B. A.

Keine Übersetzung könnte dichter am Original sein. Der Übersetzer hat alle Fakten untergebracht, dazu noch in der richtigen Reihenfolge. Keine Zahlenangabe fehlt. Sie ist kurz und bündig wie eine Rechnung. So soll eine Übersetzung sein; sie muß den Gedanken des Originals widerspiegeln. *Singen* kann man »Above wonderfully there« nicht, weil es sich der Melodie einfach nicht anbequemt, ohne daß der Sänger dabei zu Schaden käme; aber es ist eine anhaftendst genaue Übersetzung von *Dort oben wunderbar* – schmiegt sich an wie ein Zugpflaster. Mr. Garnhams Neuschöpfung hat noch andere Vorzüge – Hunderte! –, auf die man jedoch nicht eigens hinweisen muß. Sie dürften auch so entdeckt werden.

Niemand, der eine besondere Begabung sein eigen nennt, darf

sich einbilden, daß er ein Monopol darauf besitzt. Selbst Garnham hat Konkurrenten. Mr. X. führte eine kleine Broschüre mit, die er während seines Aufenthalts in München erstanden hatte. Ihr Titel lautete: »A Catalogue of Pictures in the Old Pinacotek«, und sie war in einer sonderbaren Sprache abgefaßt.

Hier ein paar Kostproben:

»Es ist nicht erlaubt, besagenes Werk zu benutzen zu einer Veröffentlichkeit desselben Inhalts wie auch von dem geraubten Druck davon.«

»Abendlandschaft. Im Vordergrund nah von einem Teich und einer Gruppe weißen Buchen lang führt ein Fußpfad ent, der sich von Reisenden belebt.«

»Ein gelernter Mann in geschabter und gerissener Bekleidung mit aufgeschlugenem Buch in seiner Hand.«

»Der heilige Bartholomäus und der Scharfrichter mit dem Messer den Märtyrer zu vollenden.«

»Bildnis eines Jünglings. Lange Zeit hielt man dieses Bild als Porträt Bindi Altovitis gedacht, jetzt gestehen wieder manche dazu, es Raphaels Selbstbildnis sein könnte.«

»Susanna im Bade, von den zwei alten Männern übergerascht. Im Hintergrund die Steinbewerfung des Verdammten.«

(»Steinbewerfung« klingt gut, sehr viel eleganter als »Steinigung«).

»Der heilige Rochus in einer Landschaft sitzend, dabei ein Engel, der seine Testschwere blickt, derweil der Hund mit Brot im Munde beisteht.«

»Frühling. Die Götting Flora im Sitzen. Hinter ihr ein fruchtbares Tal von einem Fluß durchnäßt.«

»Ein schöner Blumenstrauß von Maikäfern usw. belebt.«

»Krieger in Rüstung mit Pfeife von Gips in seiner Hand neigt an den Tisch und weht den Rauch weit von ihm.«

»Niederländliche Landschaft an beschiffbarem Fluß, der sie bis an den Hintergrund durchnäßt.«

»Singende Landmänner in einer Kate. Eine Frau erlaubt aus einem Becher ihr Kind zu trinken.«

»Täuferhaupt von Johannes als Junge, auf den Putz gemalen.«

»Junger Mann aus der Familie Riccio, sein Haar am Ende glatt geschneidert, schwarz gekleiden mit ebensolcher Mütze. Raphael zugeschrieben, aber die Signatur ist im Irrtum.«

»Jungfrau hält Kind. Höchlichst nach Sassoferratos Manier gemalen.«

»Vorratskammer mit Gemüsen und totem Bild von einer Kochmagd und zwei Küchenknaben belebt.«

Die Sprache dieses Katalogs ist allerdings mindestens so glücklich gewesen wie die, die eine Inschrift an einem Bild in Rom auszeichnet, nämlich:

»Offenbarungsaussicht. Der heilige Johannes auf der Patterson Insel.«

Unterdessen gleitet das Floß weiter.

Kapitel 17

Die Sage von der gläsernen Ruine

Zwei oder auch drei Kilometer oberhalb von Eberbach sahen wir aus dem Laubwerk, das die Kuppe eines hohen und sehr steilen Berges umkleidete, eine eigentümliche Ruine hervorragen. Diese Ruine bestand lediglich aus zwei zerbröckelnden Steingebilden, die eine grobe Ähnlichkeit mit menschlichen Gesichtern aufwiesen; sie verneigten sich gegeneinander und berührten sich mit der Stirn und sahen aus, als seien sie tief in ein Gespräch versunken. Die Ruine hatte kein einziges Fenster mehr, und ganz gewiß war sie nicht durchsichtig oder blinkte, blitzte oder glitzerte auch nur; nichtsdestoweniger wurde sie die »Gläserne Ruine« genannt.

Die Sage

Der Kapitän des Floßes, der bis zum Rand mit Geschichte vollgepfropft war, erzählte, im Mittelalter habe der ungeheuerlichste feuerspeiende Drache in der Gegend gehaust und mehr Ärger gemacht als ein Steuereinnehmer. Er war so lang wie ein Eisenbahnzug und hatte am ganzen Leib die üblichen undurchdringlichen grünen Schuppen. Sein Atem brachte Pest und Feuersbrünste, und sein Appetit führte zu Hungersnöten. Er fraß Menschen und Tiere ohne Ansehn der Person und war außerordentlich unbeliebt. Der damals regierende deutsche Kaiser machte das übliche Angebot: Er werde dem Überwinder des Drachen gewähren, worum auch immer er bitte; denn er hatte einen Überschuß an Töchtern, und es

Sie berührten sich mit der Stirn und sahen aus, als seien sie tief in ein gespräch versunken.

war Brauch unter Drachentötern, eine Tochter als Bezahlung zu nehmen.

Also strömten die berühmtesten Ritter aus allen vier Ecken der Erde herbei und zogen sich einer nach dem anderen den Drachenschlund hinunter zurück. Eine Panik brach aus und griff um sich. Die Helden wurden vorsichtig. Der Strom versiegte. Der Drache wurde verderblicher denn je. Das Volk verlor jegliche Hoffnung auf Hilfe und suchte in den Bergen Zuflucht.

Da endlich traf Herr Wissenschaft ein, ein armer, unberühmter Ritter aus fernem Land, um das Ungeheuer zum Kampf zu stellen. In seiner Rüstung, die in Fetzen um ihn hing, und mit dem seltsam geformten Tornister auf seinem Rücken bot er einen erbarmenswürdigen Anblick. Alles rümpfte die Nase, und manche lachten ihn ganz offen aus. Aber es focht ihn nicht an. Er erkundigte sich nur, ob das Angebot des Kaisers immer noch in Kraft sei. Ja, sagte der Kaiser, riet ihm aber in seiner Güte, doch lieber hinzugehen und Hasen zu jagen und nicht ein solch kostbares Leben wie das seine bei einem Unterfangen in Gefahr zu bringen, das für so viele von den glanzvollsten Helden der Welt mit dem Tod geendet habe.

Aber dieser Hergelaufene fragte nur: »Waren irgendwelche von diesen Helden Männer der Wissenschaft?« Darauf erhob sich natürlich Gelächter, denn die Wissenschaft wurde zu jener Zeit verachtet. Aber der Landstreicher war nicht im mindesten zu erschüttern. Er sagte, vielleicht sei er ja seiner Zeit ein bißchen voraus, aber das mache gar nichts – irgendwann werde man schon noch dazu kommen, daß man die Wissenschaft in Ehren halte. Er sagte, er werde am nächsten Morgen gegen den Drachen ins Feld ziehen. Aus Mitleid wurde ihm nun ein tüchtiger Speer angeboten, aber er lehnte ab und sagte, Speere seien »nutzlos für Männer der Wissenschaft«. Sie gestatteten ihm, mit der Dienerschaft zu Abend zu essen, und gaben ihm ein Lager im Stall.

Als er am nächsten Morgen aufbrach, waren Tausende versammelt, um ihn zu sehen. Der Kaiser sagte:

»Seid nicht unvorsichtig, nehmt einen Speer und schnallt Euren Tornister ab!« Aber der Landstreicher antwortete:

»Es ist kein Tornister«, und machte sich auf den Weg.

Der Drache wartete schon und war bereit. Er spie gewaltige Massen schwefligen Rauches und totenbleiche Flammen. Der zerlumpte Ritter stahl sich bedachtsam an eine günstige Stelle, dann nahm er seinen zylindrischen Tornister vom Rücken – der nichts anderes war als der uns Heutigen vertraute gewöhnliche Feuerlöscher –, und bei der allerersten Gelegenheit drehte er seinen Schlauch an und schoß dem Drachen genau mitten ins höhlenartige Maul hinein. Das Feuer war im Handumdrehen aus, und der Drache ringelte sich zusammen und starb.

Dieser Mann hatte seinen Verstand zu Hilfe genommen. Er hatte in seinem Laboratorium Drachen aus dem Ei aufgezogen, er hatte sie wie eine Mutter gehütet und sie, während sie heranwuchsen, geduldig studiert und Versuche mit ihnen angestellt. Auf diese Weise hatte er herausgefunden, daß das Lebenselement des Drachen das Feuer war; löschte man das Feuer in einem Drachen, konnte er keinen Dampf mehr erzeugen und mußte sterben. Mit einem Speer ließ sich das Feuer nicht ersticken, also erfand er den Feuerlöscher. Nun, da der Drache tot war, fiel der Kaiser dem Helden um den Hals und sagte:

»Erretter, nennt Eure Forderung!« Und gleichzeitig winkte er mit dem Absatz nach hinten – eine Abteilung seiner Töchter möge Aufstellung nehmen und vorrücken. Aber der Landstreicher schenkte ihnen keine Beachtung. Er sagte nur:

»Ich bitte, mir das Monopol für die Herstellung und den Verkauf von Brillen in Deutschland erteilen zu wollen.«

Der Kaiser sprang beiseite und rief:

»Das übersteigt alle Unverschämtheit, die mir jemals zu Ohren gekommen ist! Eine bescheidene Forderung – bei allem, was mir heilig ist! Warum bittet Ihr da nicht gleich um die kaiserlichen Einkünfte, und wir sind quitt?«

Aber der Herrscher hatte sein Wort gegeben, und er hielt es. Zu jedermanns Überraschung senkte der selbstlose Monopolist unverzüglich den Preis für Augengläser so beträchtlich, daß der Nation eine gewaltige und drückende Bürde von den Schultern genommen wurde. Dieser großherzigen Tat zu gedenken und um zu beweisen, wie sehr er sie zu schätzen wußte, erließ der Kaiser eine Verordnung, in der einem jeden anbefohlen wurde, die Brillen dieses Wohltäters zu kaufen und zu tragen, ob man nun eine brauchte oder nicht.

So entstand der in Deutschland weitverbreitete Brauch, eine Brille zu tragen; und da in diesen alten Ländern ein einmal eingeführter Brauch unzerstörbar ist, blieb dieser im Reich bis auf den heutigen Tag allgemein. Das ist die Sage von der einstmals stolzen und prächtigen Burg des Monopolisten, die nun die Gläserne Ruine genannt wird.

Am rechten Ufer, zwei oder drei Meilen unterhalb der Gläsernen Ruine, kamen wir an einer erhabenen Anhäufung türmchen- und zinnengeschmückter Bauten vorbei, die vom Kamm einer stolzen Anhöhe über das Wasser schauten. Die zweihundert Meter lange hohe Vordermauer war schwer mit Efeu verhängt, und aus dem Gewirr der Gebäude dahinter ragten drei malerische alte Türme auf. Die Anlage befand sich in gutem Zustand und wurde von einer Familie fürstlichen Ranges bewohnt. Auch diese Burg hatte ihre Sage, aber ich könnte es kaum rechtfertigen, sie hier wiederzugeben, erschienen mir doch einige kleinere Einzelheiten nicht sehr wahrscheinlich.

Weiter flußabwärts in dieser Gegend sprengten mehrere Trupps italienischer Arbeiter die Vorderfront der Berge weg, um Platz für die neue Eisenbahn zu schaffen. Die Leute arbeiteten fünfzehn oder vielleicht auch dreißig Meter über dem Fluß. Als wir um eine scharfe Kurve bogen, begannen sie mit den Armen zu fuchteln und gaben uns mit lauten Warnschreien den Rat, auf die Explosionen achtzugeben. Nett von ihnen, daß sie uns warnten, aber was sollten wir machen? Man kann mit einem Floß nicht flußaufwärts zurückschwimmen, man kann die Fahrt flußabwärts nicht beschleunigen, man kann nicht zur Seite ausscheren, wenn der Spielraum kaum der Rede wert ist, und die Steilklippen am anderen Ufer sagen einem auch nicht recht zu, wenn dort allem Anschein nach ebenfalls gesprengt wird. Man sieht, die Möglichkeiten sind beschränkt. Es bleibt einem schlechthin nichts anderes übrig, als zu wachen und zu beten.

Seit mehreren Stunden fuhren wir dreieinhalb bis vier Knoten, und die fuhren wir auch nun noch. Dahingehüpft waren wir geradezu – bis diese Männer zu schreien anfingen; in den nächsten zehn Minuten dünkte es mich, daß kein Floß, das ich jemals gesehen hatte, so langsam gefahren sei. Als die erste Detonation losging, spannten wir unsere Sonnenschirme auf und warteten auf die Folgen. Nichts – keiner von den Steinen fiel ins Wasser. Eine zweite Detonation folgte und noch eine und immer noch eine. Einiger Schutt klatschte dicht hinter uns ins Wasser.

Wir liefen Spießruten an dieser ganzen Batterie von neun aufeinanderfolgenden Sprengungen vorbei, und es war wahrhaftig eine der aufregendsten und unbehaglichsten Wochen, die ich jemals erlebt habe, und zwar sowohl zu Schiff wie an Land. Natürlich bemannten wir wiederholt die Stangen und stakten verbissen eine Sekunde lang, aber sobald einer dieser Strahle aus Staub und Felsbrocken hochschoß, ließen alle die Stangen fallen und schauten nach oben, um sich ihren Anteil herauszusuchen. Das waren eine Weile sehr unruhige Zeiten da entlang. Es erschien uns als ausgemacht, daß wir umkommen müßten, aber selbst das war nicht der bitterste Gedanke; nein, die unheroische Todesart – das war der Stachel –, sie und der bizarre Wortlaut des sich zwangsläufig ergebenden Nachrufs: *»Erschossen von einem Stein auf einem Floß.«* Keine Poesie würde darüber gedichtet werden. Es *könnte* keine darüber gedichtet werden. Beispiel:

> Nicht in der Schlacht, sondern bloß
> Erschossen von einem Stein auf einem Floß.

Kein Dichter, dem sein Ruf lieb ist, würde solch ein Thema anrühren. Ich würde mich dadurch auszeichnen, daß ich der einzige »verdiente Tote« war, der im Jahre 1878 unsonettiert in die Grube fuhr.

Aber wir kamen davon, und ich habe es nie bereut. Die letzte Detonation dauerte besonders lange, und nachdem die feineren Trümmer sich um uns her ausgeregnet hatten und wir uns eben einander händeschüttelnd zu unserer Errettung beglückwünschen wollten, ging ein verspäteter größerer Stein inmitten unserer kleinen Wanderschar nieder und zertrümmerte einen Schirm. Sonst richtete er keinen Schaden an; nichtsdestoweniger flüchteten wir uns ins Wasser.

Augenscheinlich wird die schwere Arbeit in den Steinbrüchen und an den neuen Bahnkörpern meistens von Italienern geleistet. Das war eine Offenbarung für mich. Wir hegen hierzulande die Vorstellung, Italiener verrichteten niemals irgendwelche schwere Arbeit, sondern beschränkten sich auf die leichteren Künste, wie Drehorgelspiel, Opernsang und Meuchelmord. Wir haben uns mächtig geirrt, das dürfte feststehen.

Überall am Fluß entlang sahen wir in der Nähe eines jeden Dorfes kleine Bahnhöfe für die zukünftige Eisenbahn. Sie waren bereits fertig und warteten nur noch auf die Schienen und auf den Verkehr. Sie sahen so schmuck und niedlich und hübsch aus, wie man sie sich nur immer wünschen konnte. Stets waren sie aus Ziegeln oder Bruchsteinen gebaut und von anmutigem Äußeren; sie wurden schon jetzt von Reben und Blumen umrankt, und um sie her war das Gras frisch und grün, und man sah, daß es liebevoll gepflegt wurde. Die Bahnhöfe waren alles andere als ein Ärgernis, sie waren eine Zierde der schönen Landschaft. Jeder Schotterhaufen oder Stapel gebrochener Steine, den man erblickte, war so sauber und exakt aufgeschichtet wie ein neues Grab oder ein Stoß Kanonenkugeln; nichts an diesen Bahnhöfen und um sie herum und an der Bahnstrecke und der Straße daneben durfte armselig aussehen oder ohne Schmuck sein. Ein Land so wunderschön instand zu halten, wie Deutschland es tut, hat überdies noch eine kluge praktische Seite: Tausende von Menschen haben Arbeit und Brot, die sonst müßiggehen und Unheil stiften würden.

Als die Nacht hereinbrach, wollte der Kapitän festmachen, aber ich glaubte, wir würden es vielleicht noch bis Hirschhorn schaffen, also fuhren wir weiter. Alsbald bezog sich jedoch der Himmel, und der Kapitän kam nach achtern und sah beunruhigt aus. Er warf einen Blick in die Höhe, wiegte den Kopf und meinte, es werde wohl gleich anfangen zu wehen. Meine Begleitung wollte sofort landen – darum wollte ich weiterfahren. Der Kapitän meinte, wir sollten auf alle Fälle die Segel reffen; das erfordere die allgemeine Vorsicht. Die Backbordwache erhielt also Befehl, ihre Stange hinzulegen. Es wurde nun recht dunkel, und der Wind frischte auf. Er heulte durch die schwankenden Äste der Bäume und fegte in ruckhaften Böen über unsere Decks. Es fing an, böse auszusehen. Der Kapitän rief dem Steuermann vorne auf den Stämmen zu:

»Kurs?«

Die Antwort kam schwach und rauh von weit vorne zurück:

»Nordost und zu Nord–Ost zu Ost, halb Ost, Herr Kapitän!«

»Einen Strich abfallen!«

»Jawohl, Herr Kapitän!«

»Wieviel Wasser?«

»Untiefe, Herr Kapitän! Zwei Fuß an Steuerbord, knapp zweieinhalb an Backbord!«

»Noch einen Strich abfallen!«

»Jawohl, Herr Kapitän!«

»Nach vorne, Leute, alle nach vorne! Lebhaft! Alles klarmachen! Jetzt geht's um die Wetterecke!«

»Jawohl, Herr Kapitän!«

Es folgte ein wildes Laufen und Trampeln und heiseres Schreien, aber die Gestalten der Männer verloren sich in der Dunkelheit und die Laute wurden vom Tosen des Windes verzerrt und durcheinandergewirbelt. Die See ging nun zollhoch und drohte die zerbrechliche Barke jeden Augenblick zu verschlingen. Da kam der Erste Steuermann nach achtern gerannt und flüsterte dem Kapitän aufgeregt ins Ohr:

»Machen Sie sich auf das Schlimmste gefaßt, Herr Kapitän – wir sind leckgesprungen!«

»Du meine Güte! Wo?«

»Gleich hinter der zweiten Stammreihe.«

»Nur ein Wunder kann uns retten! Sagen Sie es ja den Männern nicht, oder es gibt eine Panik und Meuterei! Legen Sie zum Ufer über und stellen Sie sich mit der Heckleine bereit und springen Sie, sobald wir anstoßen. Meine Herren, ich muß Sie bitten in dieser Stunde der Gefahr meine Bemühungen zu unterstützen. Sie haben Hüte – gehen Sie nach vorne und schöpfen Sie um Ihr Leben!«

Wieder fegte ein mächtiger Windstoß in Gischt und dichtes Dunkel gehüllt über uns hinweg. Und ausgerechnet in diesem Augenblick kam von weit vorne her der entsetzlichste Schrei, der man auf See je zu hören bekommt:

»Mann über Bord!«

Der Kapitän brüllte:

»Hart Backbord! Laßt den Mann! Er soll an Bord klettern oder ans Ufer waten!«

Ein erneuter Schrei fuhr mit dem Wind heran:

»Brandung voraus!«

»Wo?«

»Keine Stammlänge vom Backbordvorderfuß!«

Wir hatten uns auf dem schlüpfrigen Holz nach vorne getastet und schöpften nun mit der Besessenheit der Verzweiflung Wasser,

Der Kapitän sagte, er habe seit 40 Jahren auf dem Neckar keinen vergleichbaren Sturm erlebt.

da hörten wir von achtern plötzlich den entsetzten Schrei des Ersten:

»Aufhören mit der verdonnerten Schöpferei, oder wir laufen auf Grund!«

Aber dem folgte unmittelbar der frohe Ruf:

»Land am Steuerbordquerbalken!«

»Gerettet!« rief der Kapitän. »Springt ans Ufer und schlagt das Tau um einen Baum und werft das Ende an Bord!«

Im nächsten Augenblick waren wir alle an Land und weinten und umarmten einander vor Freude, während der Regen in Gießbächen herabstürzte. Der Kapitän sagte, er sei seit vierzig Jahren Seemann auf dem Neckar und in der Zeit habe er Stürme erlebt, die einem die Wangen bleichen und den Puls zum Stillstand bringen konnten, aber noch nie – nie sei ihm ein Sturm begegnet, der sich auch nur annähernd mit diesem habe vergleichen können. Wie vertraut das klang! Ich bin ziemlich häufig auf See gewesen und habe ebendiese Bemerkung mit entsprechender Häufigkeit von Kapitänen gehört.

Wir formulierten im Geist die übliche Erklärung der Bewunderung und Dankbarkeit, und bei allererster Gelegenheit stimmten wir darüber ab und legten sie schriftlich nieder und überreichten sie dem Kapitän mit der gebräuchlichen Ansprache.

Wir gingen volle fünf Kilometer zu Fuß durch die Dunkelheit und den heftigen Sommerregen und trafen eine Stunde vor Mitternacht fast erschöpft von Ungemach, Strapazen und Schrecken im Wirtshaus »Zum Naturalisten« im Städtchen Hirschhorn ein. Die Nacht werde ich nie vergessen.

Der Wirt war reich und konnte es sich daher leisten, mürrisch und ungefällig zu sein; es paßte ihm ganz und gar nicht, daß er aus seinem warmen Bett herausmußte, um uns sein Haus zu öffnen. Aber dann standen seine Leute doch auf und kochten uns rasch ein Abendessen, und wir selber brauten uns einen heißen Punsch, um die Schwindsucht auf Abstand zu halten.

Nach Essen und Punsch rauchten wir ein Stündchen, um uns zu beruhigen, und fochten dabei die Seeschlacht noch einmal aus und beschlossen die Dankadresse; dann zogen wir uns nach oben in außerordentlich schmucke und hübsche Zimmer zurück, in denen saubere und bequeme Betten mit zierlichen und geschmackvollen Erbbezügen standen.

Solche Zimmer und solch besticktes Linnen sind in deutschen Dörfern so sehr die Regel, wie sie in unseren die Ausnahmen sind. Unsere Dörfer übertreffen die deutschen Dörfer mit mehr Vorzügen und Annehmlichkeiten, als ich aufzählen kann, aber die Gasthöfe gehören nicht auf diese Liste.

Das Gasthaus »Zum Naturalisten« trug seinen Namen mit gutem Grund: Alle Gänge und Zimmer wurden von großen Glasschränken gesäumt, die mit allen nur erdenklichen, geschickt ausgestopften und in der natürlichsten und beredtesten und dramatischsten Haltung aufgestellten glasäugigen Vögeln und Tieren angefüllt waren. Kaum lagen wir zu Bett, verzog sich der Regen, und der Mond kam heraus. Ich schlief allmählich über der Betrachtung einer großen ausgestopften weißen Eule ein, die von hohem Ansitz angestrengt zu mir herunterblickte, und zwar mit der Miene eines Menschen, der mir schon einmal begegnet zu sein glaubt, aber nicht ganz sicher ist.

Der junge Z. jedoch kam nicht so glimpflich davon. Als er eben genießerisch in den Schlaf sinken wollte, lüftete der Mond die Schatten und enthüllte eine riesige Katze auf einer Konsole. Tot und ausgestopft war sie, gewiß, aber sie hatte sich mit angespannten Muskeln zum Sprung hingekauert und die glitzernden Glasaugen genau auf ihn gerichtet. Z. wurde es ungemütlich. Er versuchte, seine eigenen Augen zu schließen, aber das war kein Ausweg, denn ein natürlicher Instinkt ließ sie ihn fortgesetzt wieder öffnen, weil er nämlich sehen wollte, ob die Katze immer noch Anstalten machte, über ihn herzufallen – was jedesmal der Fall war. Er versuchte es damit, daß er ihr den Rücken zukehrte, aber auch dieses

Mittel versagte, wußte er doch, daß die unheilvollen Augen auch jetzt noch auf ihm ruhten. Also blieb ihm nach ein, zwei Stunden der Qual und des Experimentierens schließlich nichts anderes übrig, als aufzustehen und die Katze auf dem Gang auszusetzen. Auf diese Weise gewann er dann doch noch.

Kapitel 18

Frühstück in einem Garten

Am nächsten Morgen nahmen wir unser Frühstück nach reizendem deutschen Sommerbrauch im Garten unter den Bäumen ein. Die Luft war angefüllt vom Duft der Blumen und wilden Tiere; der lebende Teil der Menagerie im Gasthaus »Zum Naturalisten« umgab uns nach allen Seiten. Es waren dort große, von flatternden und plappernden fremdländischen Vögeln bevölkerte Käfige und andere große Käfige und noch größere Drahtzwinger, in denen einheimische und exotische Vierfüßer wohnten. Ein paar in Freiheit gehaltene Tiere fanden sich noch dazu ein, und sie waren recht gesellig und zutraulich. Weiße Kaninchen hoppelten umher und kamen von Zeit zu Zeit heran und schnupperten an unseren Schuhen und Schienbeinen. Ein Rehkitz mit einem roten Band um den Hals stakste herbei und betrachtete uns furchtlos; seltenen Rassen angehörende Hühner und Tauben bettelten um Krümel, und ein armer alter schwanzloser Rabe hüpfte um uns herum mit einer demütigen, verschämten Miene, die besagte: »Bitte, seht über meine Blöße hinweg – bedenkt, wie euch in meiner Lage zumute wäre, und habt Mitleid!« Wenn man ihm zuviel Beachtung schenkte, zog er sich hinter irgendeine Deckung zurück und blieb dort, bis er sicher war, daß die Aufmerksamkeit der Gesellschaft ein anderes Objekt gefunden hatte. Noch nie ist mir eine stumme Kreatur begegnet, die so krankhaft empfindlich war. Bayard Taylor, der die unklaren Gedankengänge von Tieren deuten konnte und ihre Geistesart besser als die meisten Menschen verstand, hätte eine Möglichkeit gefunden, diesen armen Kerl so weit zu bringen, daß er seinen Kummer eine Weile vergaß, aber wir, die seine freundliche Kunst nicht beherrschten, mußten den Raben seinem Schmerz überlassen.

Nach dem Frühstück erklommen wir den Berg und besichtigten die alte Burg Hirschhorn und die Kirchenruine in der Nähe. An den Innenwänden der Kirche lehnten ein paar eigentümliche Basreliefs – in Stein gehauene Herren von Hirschhorn in voller Rüstung und Herrinnen von Hirschhorn in der malerischen Hoftracht des Mittelalters. Diese Bilder erleiden Schaden und fallen der Zerstörung anheim, denn der letzte Hirschhorn ist seit zweihundert Jahren tot, und niemand kümmert sich nun um die Familiendenkmäler. In der Kanzel entdeckten wir eine verdrehte Steinsäule, und selbstverständlich erzählte uns der Kapitän eine Sage darüber, denn wo es um Sagen ging, schien er sich einfach nicht bezähmen zu können; aber ich gebe diese Geschichte nicht wieder, denn nichts daran ergab einen Sinn, außer daß der Held die Säule mit den Händen zu ihrer gegenwärtigen Schraubenform verdrehte – eine einzige Drehung, fertig. Alles übrige an der Sage war zweifelhaft.

Aber Hirschhorn sieht man sich am besten aus einiger Entfernung flußabwärts an. Dann fügen sich die braunen Türme auf der grünen Bergkuppe und die alte zinnenbewehrte Mauer, die sich zum grasbestandenen Kamm hinaufzieht und in dem Laubmeer dahinter verschwindet, zu einem Bild zusammen, dessen Anmut und Schönheit das Auge vollkommen erfreuen.

Von der Kirche stiegen wir über steile Steintreppen ab, die sich durch enge Gassen zwischen den vollgestopften und schmutzigen Häusern des Städtchens hierhin und dorthin wanden. Das Viertel war wohlversehen mit mißgebildeten, glotzenden, ungewaschenen und ungekämmten Schwachsinnigen, die ihre Mütze oder die Hand ausstreckten und zum Erbarmen bettelten. Nicht alle Leute des Viertels waren natürlich schwachsinnig, aber alle, die bettelten, sahen so aus, und es wurde uns auch gesagt, daß sie es seien.

Ich hatte vor, zur nächsten Stadt, nach Neckarsteinach, mit einem Ruderboot zu fahren. Daher lief ich vor den anderen zum

Fluß hinunter und fragte einen Mann, den ich dort traf, ob er ein Boot zu vermieten habe. Ich muß wohl Hochdeutsch gesprochen haben – Hofdeutsch –, jedenfalls sollte es das sein; also verstand er mich nicht. Ich drehte und verrenkte meine Frage hin und her. Vielleicht würde ich zufällig die Sprachebene des Mannes treffen. Aber der Erfolg blieb aus. Er begriff nicht, was ich von ihm wollte. Unterdessen traf Mr. X. ein. Er baute sich diesem selben Mann gegenüber auf, schaute ihm fest ins Auge und leerte aufs flüssigste und zuversichtlichste seinen Satz über ihn aus:

»*Can man boat get here?*«

Der Seemann begriff prompt und antwortete prompt. Mir leuchtet durchaus ein, wieso er gerade diesen Satz verstehen konnte – durch schieren Zufall haben alle Worte außer *get* im Deutschen denselben Klang und dieselbe Bedeutung wie im Englischen; aber wie er es fertigbrachte, Mr. X.' nächstes Ansinnen zu begreifen war mir ein Rätsel. Ich komme gleich darauf zurück. X. wandte sich einen Augenblick lang ab, und ich fragte den Seemann, ob er nicht vielleicht ein Brett beschaffen und einen zusätzlichen Sitz damit herrichten könne. Ich sprach im reinsten Deutsch mit ihm, aber ich hätte auch reinstes Tschokta sprechen können – der Nutzen wäre derselbe gewesen. Der Mann tat sein Möglichstes, um mich zu verstehen; er versuchte es immer wieder, versuchte es mit wachsender Anstrengung und Konzentration, bis ich schließlich einsah, daß es wirklich keinen Zweck hatte, und sagte:

»Bitte, quälen Sie sich nicht – es ist nicht wichtig.«

Da drehte X. sich zu ihm und sagte kurz und bündig:

»*Machen Sie a flat board.*«

Meine Grabinschrift soll die Wahrheit über mich sagen, wenn der Mann nicht augenblicklich zur Antwort gab, er werde hingehen und ein Brett besorgen, sobald er sich die Pfeife angezündet habe, die er gerade stopfte.

Wir ließen den Plan, ein Boot zu mieten, fallen, daher brauchte er nicht zu gehen. Ich habe Mr. X.' Sätze genauso wiedergegeben, wie er sie gesagt hat. Vier von den fünf Wörtern in dem ersten Satz waren englisch, und daß sie auch deutsch waren, war Zufall, nicht Absicht; drei von den fünf Wörtern in dem zweiten Satz waren englisch, und zwar nur englisch, und die beiden deutschen bedeuteten in diesem Zusammenhang nichts Bestimmtes.

X. sprach, wenn er mit Deutschen redete, immer Englisch, aber seine Methode bestand darin, daß er den Satz, der deutschen Konstruktion gemäß, auf den Kopf stellte und hier und da, um der Sache die rechte Würze zu geben, ein deutsches Wort ohne irgendwelche wesentliche Bedeutung darübersprenkelte. Und er machte sich immer verständlich. Er drang zuweilen sogar zu unseren Dialekt sprechenden Flößern durch, wenn selbst der junge Z. nicht zu Rande kam; und der junge Z. war sehr gut im Deutschen. X. sprach immer mit solcher Zuversicht – vielleicht half das. Und möglicherweise sprachen die Flößer den Dialekt, der Plattdeutsch genannt wird, und X.' Englisch klang ihnen vertrauter als eines anderen Deutsch. Gänzlich mittelmäßige Kenner der deutschen Sprache lesen Fritz Reuters plattdeutsche Erzählungen mit rechter Geläufigkeit, denn viele der Wörter sind englisch. Ich nehme an, das ist die Sprache, die unsere sächsischen Vorfahren nach England mitgebracht haben. Ich werde mich demnächst noch einmal bei einem anderen Philologen erkundigen.

Inzwischen war jedoch ruchbar geworden, daß die Männer, die angestellt worden waren, das Floß abzudichten, herausgefunden hatten, daß das Leck überhaupt kein Leck war, sondern nur ein Riß zwischen den Stämmen – ein Riß, der dort hingehörte und nicht gefährlich war: die in Unordnung geratene Phantasie des Ersten Steuermannes hatte ihn zu einem Leck vergrößert. Daher gingen wir mit einem guten Schuß Zuversicht wieder an Bord und stachen alsbald ohne irgendeinen Unfall in See. Während wir zügig zwischen den zauberhaften Ufern dahinschwammen, machten wir uns daran, unsere Erfahrungen mit Sitten und Gebräuchen in Deutschland und anderswo untereinander auszutauschen.

Jetzt, da ich dies (viele Monate später) niederschreibe, wird mir deutlich, daß es einem jeden von uns durch fleißiges und fortwährendes Beobachten und Erkunden und Nachfragen gelungen war, den üppigsten und mannigfaltigsten Vorrat an falschen Auskünften einzuheimsen. Aber das ist nicht überraschend; zutreffende Auskünfte zu bekommen ist in jedem Land sehr schwierig.

So nahm ich mir zum Beispiel in Heidelberg vor, alles über die fünf Studentenkorps herauszufinden. Mit dem Weißmützenkorps machte ich den Anfang. Ich erkundigte mich bei diesem und jenem und noch bei manchem anderen, und herausgefunden habe ich folgendes:

1. Es heißt Preußenkorps, weil nur Preußen zugelassen sind.
2. Es heißt aus keinem bestimmten Grund Preußenkorps. Jedes Korps hat sich eben nach einem der deutschen Staaten benannt.
3. Es heißt überhaupt nicht Preußenkorps, sondern nur Weißmützenkorps.
4. Jeder Student kann ihm angehören, der von Geburt Deutscher ist.
5. Jeder Student kann ihm angehören, der von Geburt Europäer ist.
6. Jeder als Europäer geborene Student kann ihm angehören, es sei denn, er ist Franzose.
7. Jeder Student kann ihm angehören, ganz gleich wo er geboren wurde.
8. Kein Student kann ihm angehören, der nicht von Familie ist.
9. Kein Student kann ihm angehören, der nicht drei Generationen vornehmer Abkunft vorweisen kann.
10. Adel ist keine notwendige Voraussetzung.
11. Kein mitteloser Student kann ihm angehören.
12. Geld als Voraussetzung ist Unsinn – daran hat noch nie jemand gedacht.

Einen Teil dieser Auskünfte erhielt ich von Studenten selber – von Studenten, die dem Korps nicht angehörten.

Schließlich ging ich zum Hauptquartier – dem der Weißmützen –, wohin ich mich gleich zu Anfang begeben hätte, wäre ich mit den Leuten bekannt gewesen. Aber selbst im Hauptquartier stieß ich auf Schwierigkeiten; ich stellte fest, daß bei Dingen, die das Weißmützenkorps betrafen, oftmals ein Mitglied Bescheid wußte und ein anderes nicht. Das war nur natürlich; denn sehr wenige Angehörige irgendeiner Vereinigung wissen *alles*, was es darüber zu wissen gibt. Bestimmt gibt es in Heidelberg keinen Mann und keine Frau, die einem Auskunft erbittenden Fremden nicht unverzüglich und zuversichtlich drei von fünf Fragen über das Weißmützenkorps beantworten würden; aber man kann getrost wetten, daß jedesmal zwei von den drei Antworten falsch sind.

Ein deutscher Brauch ist überall zu beobachten – das höfliche Verbeugen gegenüber einem Fremden, wenn man bei Tisch Platz nimmt oder sich erhebt. Diese Verbeugung bringt den Fremden um seine Selbstbeherrschung, wenn er ihr zum ersten Mal begegnet, und aller Wahrscheinlichkeit nach stolpert er vor lauter Verlegenheit über seinen Stuhl oder dergleichen, aber der Brauch gefällt ihm trotzdem. Schon bald lernt man, mit dieser Verbeugung zu rechnen und auf der Lauer zu liegen, um stets bereit zu sein, sie zu erwidern; aber zu lernen, dabei den Anfang, also die erste Verbeugung selber zu machen, ist ein schwieriges Geschäft für einen schüchternen Menschen. Man denkt: Wenn ich nun vom Tisch aufstehe und meine Verbeugung anbringe, und diese Damen und Herren setzen es sich in den Kopf, vom Brauch ihres Landes keine Notiz zu nehmen und sie nicht zu erwidern, wie komme ich mir dann vor, falls ich es überlebe und mir überhaupt noch irgendwie vorkommen kann? Daher scheut man vor dem Wagnis zurück. Man sitzt die Mahlzeit bis zum Schluß ab und läßt die Fremden zuerst aufstehen und das Verbeugen in Gang bringen. Ein Essen an der Table d'hôte ist eine langweilige Angelegenheit für einen Mann, der nur selten nach den drei ersten Gängen noch etwas anrührt; ich hatte daher wegen meiner Ängste manch eine mächtig öde Warterei durchzustehen. Ich brauchte Monate, um mich zu überzeugen, daß diese Ängste grundlos waren, aber schließlich überzeugte ich mich doch, und zwar an Hand emsiger Versuche, die ich durch meinen Reisebegleiter betrieb. Ich ließ Harris aufstehen und sich verbeugen und gehen, seine Verbeugung wurde stets erwidert; dann stand ich auf und verbeugte mich selber und zog mich zurück.

So nahm meine Bildung leicht und angenehm ihren Fortgang – leicht und angenehm für mich, nicht für Harris. Mir genügten drei Gänge vom Essen an der Table d'hôte, Harris jedoch aß gerne dreizehn.

Selbst nachdem ich volles Selbstvertrauen gewonnen hatte und die Hilfe meines Begleiters nicht mehr benötigte, begegnete ich zuweilen Schwierigkeiten. In Baden-Baden versäumte ich einmal fast den Zug, weil ich nicht sicher sein konnte, ob die drei jungen Damen, die uns am Tisch gegenübersaßen, Deutsche waren, denn ich hatte sie nicht sprechen hören. Sie konnten Amerikanerinnen sein, sie konnten Engländerinnen sein; es war gefährlich, eine Verbeugung zu wagen. Aber gerade war ich mit meinen Überlegungen bis hierher gekommen, da sagte eine von ihnen zu meiner großen Erleichterung und Freude etwas auf deutsch; und bevor noch ihr drittes Wort heraus war, hatten wir unsere Verbeugungen angebracht, die gnädig erwidert wurden, und waren auf und davon.

Der deutsche Charakter hat einen freundschaftlich gesinnten, wohlwollenden Zug, der sehr gewinnend ist. Als Harris und ich eine Wanderung durch den Schwarzwald unternahmen, kehrten wir eines Tages zum Essen in einem kleinen Gasthaus am Wege ein; zwei junge Damen und ein junger Mann kamen herein und setzten sich uns gegenüber an den Tisch. Auch sie waren Wanderer. Wir hatten unsere Tornister auf den Rücken geschnallt, aber sie wurden von einem kräftigen Burschen begleitet, der sie für sie trug. Alles hatte Hunger, daher unterhielt man sich nicht. Zum Schluß tauschten wir die üblichen Verbeugungen aus und schieden so voneinander.

Als wir am nächsten Morgen im Hotel in Allerheiligen spät beim Frühstück saßen, kamen diese jungen Leute herein und nahmen in unserer Nähe Platz, ohne uns zu bemerken; aber nach einer Weile sahen sie uns und verbeugten sich sofort und lächelten uns zu – nicht steif und förmlich, sondern mit der erfreuten Miene von Menschen, die Bekannte angetroffen haben, wo sie Fremde erwarteten. Sie sprachen dann über das Wetter und die Landstraßen. Wir sprachen gleichfalls über das Wetter und die Landstraßen. Dann sagten sie, sie hätten eine sehr schöne Wanderung hinter sich, trotz des Wetters. Wir sagten, genau dasselbe könnten wir von uns auch sagen. Darauf sagten sie, sie seien am Tag zuvor fünfzig Kilometer weit gewandert, und fragten uns, wie weit wir gewandert seien. Ich konnte nicht lügen, also wies ich Harris an, es für mich zu tun. Harris antwortete, wir hätten ebenfalls fünfzig Kilometer zurückgelegt. Das stimmte. Wir hatten sie »zurückgelegt«, wenn auch hier und da mit ein wenig Unterstützung.

Nach dem Frühstück kamen die drei hinzu, als wir gerade Auskunft über Wege aus einem stummen Hotelangestellten herauszusprengen versuchten, und als sie merkten, daß wir keinen sehr großen Erfolg hatten, gingen sie und holten ihre Karten und weiteres Zubehör und zeigten und erläuterten uns unseren Kurs so klar, daß selbst ein New Yorker Kriminalpolizist ihm hätte folgen können. Und als wir aufbrachen, sagten sie uns innig Lebewohl und wünschten uns eine angenehme Reise. Vielleicht gingen sie warmherziger und großmütiger mit uns um, als sie mit einheimischen Wanderern umgegangen wären, weil wir ein hilfloses Häuflein in der Fremde waren; ich weiß es nicht; ich weiß nur, daß es wunderschön war, so behandelt zu werden.

Aber weiter. Eines Abends ging ich mit einer jungen amerikanischen Dame zu einem der vornehmen Bälle in Baden-Baden, und oben am Eingang wurden wir von dem Empfangsherren angehalten – irgend etwas an Miß Jones' Toilette entsprach nicht den Vorschriften; ich entsinne mich nicht mehr, was es war – ihr Nackenhaar oder ein Schal oder ein Fächer oder eine Schaufel oder sonst was. Der Empfangsherr war überaus höflich, und es tat ihm überaus leid, aber die Vorschrift war strikt, er konnte uns nicht einlassen. Es war sehr peinlich, denn viele Blicke hatten sich uns zugewandt. Aber in diesem Augenblick kam ein kostbar gekleidetes Mädchen aus dem Ballsaal, erkundigte sich, was es gebe, und erklärte, dem lasse sich im Handumdrehen abhelfen. Sie ging mit Miß Jones in die Garderobe und brachte sie alsbald in vorschriftsmäßigem Staat zurück, und dann betraten wir zusammen mit dieser Wohltäterin unbehelligt den Ballsall.

Solcherweise aus der Not gerettet, begann ich, mir über meinen zwar grammatisch unzulänglichen, aber aufrichtigen Dank den Kopf zu zerbrechen, und ich war gerade mitten darin, da erkannten wir plötzlich einander – die Wohltäterin und ich waren uns in Allerheiligen begegnet. Die zwei Wochen hatten nichts an ihrem guten Gesicht verändert, und ihr Herz war ganz offensichtlich noch auf dem rechten Fleck, aber der Unterschied zwischen der Kleidung, die sie nun trug, und der Kleidung, in der ich sie gesehen hatte, als sie pro Tag fünfzig Kilometer durch den Schwarzwald wanderte, war so groß – kein Wunder, daß ich sie nicht früher erkannt hatte. Ich hatte ebenfalls meinen anderen Anzug an, aber mein Deutsch würde mich jederzeit jedem verraten, der es auch nur einmal gehört hat. Sie holte ihren Bruder und ihre Schwester herbei, und die drei ebneten uns alle Wege an diesem Abend.

Nun – Monate später fuhr ich mit einer deutschen Dame im Wagen durch München, da sagte sie auf einmal:

»Die dort gehen, das sind Prinz Ludwig und seine Frau.«

Alles verbeugte sich zu ihnen hin – Kutscher, kleine Kinder, jeder –, und sie erwiderten jede Verbeugung und übersahen niemanden, und dann kam ihnen eine junge Dame entgegen und machte einen tiefen Knicks.

»Wahrscheinlich eine Hofdame«, sagte meine deutsche Freundin.

Ich sagte:

»Dann ist sie eine Zierde für den Hof. Ich kenne sie. Ich kenne ihren Namen nicht, aber ich kenne *sie*. Ich bin ihr in Allerheiligen und Baden-Baden begegnet. Sie sollte eine Kaiserin sein, aber vielleicht ist sie nur eine Herzogin; so geht es eben in dieser Welt.«

Richtet man an einen Deutschen eine höfliche Frage, erhält man ganz sicher eine höfliche Antwort. Hält man einen Deutschen auf der Straße an und bittet ihn, daß er einem den Weg zu einem bestimmten Haus oder Platz beschreibe, zeigt er sich ganz und gar nicht beleidigt. Sind das Haus oder der Platz schwer zu finden, wird der Mann in neun von zehn Fällen seine eigenen Geschäfte aufschieben und den Fremden hingeleiten.

Auch in London sind so manches Mal Menschen, die mir völlig unbekannt waren, mehrere Straßen weit mit mir gegangen, um mir den Weg zu zeigen.

Diese Art Höflichkeit hat etwas sehr Echtes. Sehr oft ist es mir in Deutschland passiert, daß Ladenbesitzer, wenn sie mir mit dem gewünschten Artikel nicht dienen konnten, einen Angestellten mitschickten, der mir ein Geschäft zeigte, wo er zu kaufen war.

Kapitel 19

In Neckarsteinach

Aber ich komme vom Floß ab. Wir liefen den Hafen von Neckarsteinach zeitig an und gingen in den Gasthof, wo wir zum Mittagessen Forellen bestellten, die wir nach unserer Rückkehr von einer zweistündigen Fußwanderung nach dem Städtchen Dilsberg verzehren wollten, das gut eineinhalb Kilometer entfernt auf der anderen Flußseite lag. Ich meine nicht etwa, daß wir für drei Kilometer zwei Stunden zu brauchen gedachten – nein, die meiste Zeit sollte auf eine Besichtigung Dilsbergs und seines Schlosses verwandt werden.

Denn Dilsberg ist ein ungewöhnlicher Ort, und seine Lage ist nicht minder ungewöhnlich und malerisch. Zunächst ist da der Fluß in all seiner Schönheit; dahinter auf dem anderen Ufer dann ein paar Klafter leuchtend grüner Rasenschwarte; dann plötzlich ein Berg – durch keinen sanft ansteigenden Hang vorbereitet, sondern ein sozusagen im Nu geschehender Berg – ein Berg von etwa achtzig oder auch hundert Meter Höhe, rund wie eine Schüssel und mit derselben fliehenden Krümmung wie eine umgestülpte Schüssel und auch mit genau dem Verhältnis der Höhe zum Durchmesser, das eine gute Schüssel von redlicher Tiefe auszeichnet – ein Berg, der dicht mit grünem Gebüsch bedeckt ist – ein hübscher, wohlgeformter Berg, der da unvermittelt aus der vollkommen flachen grünen Ebene um ihn her aufspringt. Von weither ist er über die Schleifen des Flusses hinweg zu sehen, und der Platz auf seiner Kuppe reicht ganz genau für seine Mütze aus Spitztürmen und Rundtürmchen und ineinander verschränkten Dächern, die sich dicht an dicht in den vollkommenen Kreis der alten Stadtmauer zwängen.

Auf dem ganzen Berg findet man kein Haus außerhalb der Mauer und auch nicht die Spuren eines ehemaligen Hauses; alle Häuser stehen innerhalb der Mauer, aber es paßt auch kein einziges neues mehr hinein. Wahrhaftig eine fertige Stadt, und zwar schon seit sehr langer Zeit fertig. Zwischen der Mauer und dem ersten Häuserring ist kein freier Raum verblieben – die Stadtmauer bildet die Rückwand dieses ersten Häuserrings, und die Dächer ragen ein wenig über die Mauer vor und versehen sie so mit einer Traufe. Die allgemeine Ebene der gereihten Dächer wird von den beherrschenden Türmen der Schloßruine und den hohen Spitzen zweier Kirchen aufs anmutigste unterbrochen und aufgelockert. Aus der Ferne gleicht Dilsberg daher vielleicht eher einer Königskrone als einer Mütze. Ich darf versichern, daß diese grüne Erhebung mit ihrer wunderlichen Krone obenauf im roten Glühen der Abendsonne einen überraschenden Anblick bietet.

Wir überquerten den Fluß in einem Boot und begannen den Aufstieg auf einem schmalen steilen Pfad, auf dem wir sogleich in die belaubte Tiefe der Büsche eintauchten. Aber es war alles andere als eine kühle Tiefe, denn die Sonne brannte heiß herab, und die geringe Brise reichte nicht, uns Linderung zu verschaffen. Auf dem jäh ansteigenden Hang, den wir hinaufkeuchten, begegneten wir hin und wieder barfüßigen Jungen und Mädchen ohne Kopfbedeckung und manchmal auch Männern. Ohne Ankündigung tauchten sie plötzlich vor uns auf, entboten uns die Tageszeit, entschlüpften im Nu zwischen den Bäumen dem Blick und waren so unvermittelt und geheimnisvoll wieder verschwunden, wie sie gekommen waren. Sie waren zur Arbeit auf der anderen Seite des Flusses unterwegs. Durch Generationen hindurch hatten diese Menschen den Pfad benutzt. Immer waren sie ins Tal hinabgestiegen, um dort unten ihr Brot zu verdienen; stets jedoch kehrten sie auf den Berg zurück, um in der Geborgenheit ihres behaglichen Städtchens zu essen und zu schlafen.

Es wird behauptet, daß es die Dilsberger nicht sehr in die Ferne ziehe; sie finden das Leben dort oben in ihrem friedlichen Nest über der Welt angenehmer als das Leben unten in der unruhigen Welt. Und die siebenhundert Einwohner sind alle miteinander verwandt; seit fünfzehnhundert Jahren sind sie miteinander verwandt; sie sind einfach eine einzige große Familie und mögen ihre eigenen Leute lieber als Fremde und bleiben daher beharrlich zu Hause. Es heißt, Dilsberg sei bereits seit Urzeiten nichts weiter als eine emsige und blühende Idiotenmühle. Ich habe keinen Idioten gesehen, aber der Kapitän sagte: »Weil die Regierung sie seit ein paar Jahren ins Irrenhaus steckt oder sonstwohin; und die Regierung will auch die Mühle lahmlegen und versucht, diese Dilsberger dazu zu bringen, daß sie aus der Familie heraus heiraten; aber die wollen einfach nicht.«

Wahrscheinlich hat der Kapitän sich alles dies nur eingebildet, streitet doch die moderne Wissenschaft ab, daß Heirat unter Verwandten die Zucht verderbe.

Innerhalb der Mauer fanden wir das in solch einem kleinen Städtchen übliche Leben und Treiben vor. Wir gingen eine enge krumme Gasse entlang, die im Mittelalter gepflastert worden war. Ein stämmiges, rotwangiges Mädchen schlug in einer winzigen Kleiderkiste von Scheune auf Flachs oder dergleichen ein, und sie schwang ihren Dreschflegel mit aller Kraft – falls es ein Dreschflegel war; ich verstand nicht genug von der Landwirtschaft, um das genau feststellen zu können. Ein schmutziges, ungekämmtes, nacktbeiniges Mädchen hütete ein halbes Dutzend Gänse mit einem Stock – trieb die Tiere die Gasse entlang und hielt sie aus den Häusern heraus; ein Küfer arbeitete in einer Werkstatt, in der er große Fässer kaum bauen konnte, denn dazu reichte der Platz nicht. In den zur Gasse liegenden Zimmern waren Mädchen und Frauen beim Kochen und Spinnen, und Enten und Hühner watschelten über die Schwelle heraus und herein, pickten hier und dort einen Krümel auf und hielten einen freundschaftlichen Schwatz; ein sehr alter, runzeliger Mann saß schlafend vor seiner

Tür, das Kinn auf der Brust und die ausgegangene Pfeife im Schoß überall auf der Gasse spielten besudelte Kinder, der Sonne ungeachtet, im Schmutz.

Mit Ausnahme des schlafenden Mannes war alles bei der Arbeit, dennoch war der Ort still und friedlich – so still, daß das ferne Gackern einer erfolgreichen Henne von störenden Nebengeräuschen nur wenig gedämpft ans Ohr drang. Jener geläufigste Dorfanblick fehlte hier: die öffentliche Pumpe mit dem durchsichtigen klaren Wasser im großen steinernen Becken und der dazugehörigen Gruppe schwatzender Krugträgerinnen; denn es gibt keinen Brunnen und keine Quelle auf dem hohen Berg; man benutzt Regenwasserzisternen.

Unsere Alpenstöcke und Musselinschwänze sorgten für Aufsehen, und auf unserem Gang durch das Städtchen sammelten wir einen beträchtlichen Zug kleiner Jungen und Mädchen ein und begaben uns so in rechtem Staat zum Schloß. Es erwies sich als ein ausgedehntes Gehäuf verfallener Mauern, Torbögen und Türme, wuchtig das Ganze, hübsch zu malerischen Effekten gruppiert, voller Unkraut, grasüberwachsen und durch und durch zufriedenstellend. Die Kinder spielten Fremdenführer; sie führten uns oben über die Krone der höchsten Mauer, kletterten dann mit uns in einen hohen Turm hinauf und zeigten uns eine weite, herrliche Landschaft mit fernen Wellen bewaldeter Berge und näher heranreichendem leicht gewelltem grünen Flachland auf der einen Seite des in schimmernden Kurven einherfließenden Neckars und burggekrönten Felsen und Hügelkämmen auf der anderen.

Aber die Hauptattraktion, der höchste Stolz der Kinder, war der alte trockene Brunnen im grasüberwachsenen Schloßhof. Sein wuchtiger Steinrand ragt etwa eineinhalb Meter über den Boden vor und ist gänzlich unversehrt. Die Kinder behaupteten, der Brunnen sei im Mittelalter hundertzwanzig Meter tief gewesen und habe das ganze Städtchen in Krieg und Frieden mit einem Überfluß an Wasser versorgt. Sie sagten, in jenen alten Zeiten habe der Brunnengrund tiefer als der Neckar gelegen, und deshalb sei der Wasservorrat unerschöpflich gewesen.

Aber andere glaubten, daß er überhaupt niemals ein Brunnen gewesen sei und nie tiefer gereicht habe als jetzt – etwa fünfundzwanzig Meter; daß in dieser Tiefe ein unterirdischer Gang aus ihm abzweige und sich allmählich zu einer abgelegenen Stelle im Tal senke, wo er in einem Keller oder verborgenen Schlupfwinkel ende, und daß nun niemand mehr wisse, wo sich dieser geheime Ausgang befinde. Die dies glauben, behaupten, hier liege die Erklärung dafür, daß Dilsberg, das von Tilly und manch einem anderen Kriegsmann vor ihm belagert wurde, niemals eingenommen werden konnte: Auch nach längster und härtester Belagerung vermerkten die Belagerer mit Staunen, daß die Belagerten so wohlgenährt und munter wie eh und je und aufs beste mit Kriegsvorräten und Munition ausgerüstet waren – daher müßten die Dilsberger wohl alles das immerfort durch den unterirdischen Gang frisch herangeführt haben.

Die Kinder behaupteten, daß der Brunnen dort unten tatsächlich einen unterirdischen Ausgang habe – und sie würden es uns beweisen. Also setzten sie ein großes Bündel Stroh in Brand und warfen es in den Brunnen, während wir uns über die Brüstung beugten und zusahen, wie der Feuerwisch abwärts sank. Er traf unten auf und verbrannte allmählich zu Asche. Kein Rauch stieg auf. Die Kinder klatschten in die Hände und riefen: »Sehen Sie? Nichts macht so viel Qualm wie brennendes Stroh – wo soll aber der Qualm hingegangen sein, wenn da unten kein unterirdischer Ausgang ist?«

Damit schien also durchaus erwiesen, daß der unterirdische Ausgang existierte. Aber das Allerschönste innerhalb der Schloßruine war eine herrliche Linde, von der die Kinder sagten, daß sie vierhundert Jahre alt sei, und das war sie ohne Zweifel. Sie hatte einen mächtigen Stamm und ein mächtig gebreitetes Ast- und Laubwerk. Die untersten Äste waren fast so dick wie Fässer.

Dieser Baum hatte die Sturmangriffe von Männern in Kettenpanzern erlebt – wie fern liegt uns diese Zeit und wie unbegreiflich ist uns die Tatsache, daß richtige Männer einstmals in echter Rüstung gekämpft haben! Und er hatte die Zeit erlebt, da diese geborstenen Bögen und hinbröckelnden Zinnen eine schmucke und starke und stattliche Feste waren, über der die Banner fröhlich in der Sonne flatterten und die von einer tatkräftigen Menschheit bewohnt war – wie unvorstellbar lange vergangen scheint uns das. Und doch steht die Linde noch da und steht vielleicht immer noch da und sonnt sich und träumt ihren Traum von der Geschichte, wenn unser Heute bereits der Zeit zugerechnet wird, die man die »alte« nennt.

Nun denn, wir ließen uns zum Rauchen unter dem Baum nieder, und der Kapitän trug uns seine Sage vor:

Die Sage von Schloß Dilsberg

Sie lautete so. In alten Zeiten war einstmals eine große Gesellschaft in dem Schloß versammelt, und man feierte und vergnügte sich und war guter Dinge. Natürlich hatte das Schloß auch ein Spukzimmer, und eines Tages kam die Rede darauf. Es wurde behauptet, daß ein jeder, der darin schlief, erst nach fünfzig Jahren wieder aufwachen werde. Als nun ein junger Ritter mit dem Namen Konrad von Geisberg das hörte, sagte er, wenn das Schloß ihm gehörte, würde er dieses Zimmer einreißen lassen, damit nicht irgendein Narr in Verlegenheit gerate, solch gräßliches Mißgeschick über sich zu bringen und all denen, die ihn liebten, mit der Erinnerung daran einen großen Schmerz zuzufügen. Unverzüglich steckte die Gesellschaft heimlich die Köpfe zusammen, um einen Weg zu ersinnen, wie dieser abergläubische junge Mann dazu zu bringen sei, in besagtem Zimmer zu schlafen.

Und es gelang ihnen – folgendermaßen. Sie überredeten seine

Auch nach längster Belagerung waren die Dilsberger so wohlgenährt und munter wie eh und je.

Verlobte, ein reizendes mutwilliges junges Ding, Nichte des Schloßherren, ihnen bei ihrem Anschlag zu helfen. Sie nahm den Ritter alsbald beiseite und drang in ihn, aber obwohl sie all ihre Überredungskunst gebrauchte, konnte sie ihn nicht wankend machen. Er entgegnete, er glaube fest daran, daß er fünfzig Jahre schlafen müsse, falls er in jenem Zimmer schlief, und wenn er nur daran denke, schaudere ihm davor, noch einmal daran zu denken. Katharina fing an zu weinen. Das war ein besseres Argument – dagegen hielt Konrad nicht stand. Er gab nach und rief, ihr Wunsch solle ihr erfüllt werden, sie möge nur schnell, schnell wieder lachen und fröhlich sein. Sie umhalste ihn mit beiden Armen, und die Küsse, mit denen sie ihn bedachte, bewiesen, daß ihre Dankbarkeit und ihre Freude sehr echt waren. Dann enteilte sie, der Gesellschaft von ihrem Erfolg zu berichten, und der Beifall, mit dem man sie überschüttete, machte sie froh und stolz, daß sie ihre Mission unternommen hatte; war ihr doch ganz allein gelungen, was sie alle zusammen nicht fertiggebracht hatten.

Um Mitternacht wurde Konrad nach dem üblichen Gelage in das Spukzimmer gebracht und dort allein zurückgelassen. Nach einer Weile schlief er auch ein.

Als er wieder wach wurde und sich umsah, blieb ihm das Herz vor Entsetzen stehen! Das Zimmer sah vollkommen anders aus. Die Wände waren verschimmelt und von uralten Spinnweben überzogen, die Vorhänge und das Bettzeug verrottet; die Möbel waren hinfällig und konnten jeden Augenblick zusammenstürzen. Konrad sprang aus dem Bett, aber seine zitternden Knie sackten unter ihm weg, und er fiel zu Boden.

Altersschwäche, sagte er sich.

Er stand auf und suchte nach seinen Kleidern. Man konnte sie nicht mehr Kleider nennen. Die Farben waren verblichen; als er sich anzog, riß das Zeug an vielen Stellen. Schaudernd floh er auf den Gang und durch den Gang in den großen Saal. Dort begegnete ihm ein Fremder in mittleren Jahren und mit freundlichen Zügen, der stehenblieb und ihn überrascht ansah. Konrad sagte:

»Guter Herr, würdet Ihr mir bitte Herrn Ulrich rufen?«

Der Fremde betrachtete ihn einen Augenblick lang verwirrt, dann fragte er:

»Herrn Ulrich?«

»Ja – falls Ihr so gütig sein wollt.«

Der Fremde rief: »Wilhelm!« Ein junger Bedienter erschien, und der Fremde sagte zu ihm:

»Befindet sich ein Herr Ulrich unter den Gästen?«

»Ich kenne niemanden, der so heißt, mit Verlaub, Euer Gnaden.«

Konrad sagte zögernd:

»Ich meine nicht einen Gast, sondern den Schloßherrn, Herr.«

Der Fremde und der Bediente tauschten einen verwunderten Blick. Dann sagte der erste:

»Ich bin der Schloßherr.«

»Seit wann, Herr?«

»Seit dem Tode meines Vaters, des guten Herrn Ulrich, vor über vierzig Jahren.«

Konrad sank auf eine Bank und schlug die Hände vors Gesicht und wankte stöhnend von einer Seite zur anderen. Der Fremde sagte leise zu dem Bedienten:

»Ich fürchte, dieser arme alte Mann ist von Sinnen. Hole jemanden!« Alsbald erschienen mehrere Leute, stellten sich im Halbkreis um ihn und unterhielten sich flüsternd miteinander. Konrad blickte auf und forschte sinnend in ihren Gesichtern.

Dann schüttelte er den Kopf und sagte kummervoll:

»Nein, es ist niemand unter euch, den ich kenne. Ich bin alt und allein auf der Welt. Die mich liebten, sind seit vielen Jahren tot und begraben. Aber gewiß können mir einige der Alten, die ich um mich sehe, das eine oder andere von ihnen berichten?«

Mehrere gebückte und wackelige Männlein und Weiblein traten näher und beantworteten seine Fragen nach jedem seiner früheren

Freunde. Er nannte die Namen, und dieser, sagten sie, sei seit zehn Jahren tot, jener seit zwanzig, ein dritter seit dreißig. Jeder Schlag traf ihn noch schwerer als der vorhergehende. Schließlich sagte der Dulder:

»Da ist noch jemand, aber ich habe nicht den Mut zu – O, meine Katharina, auch dich habe ich verloren!«

Eine der alten Edelfrauen sagte:

»Ah, ich habe sie wohl gekannt, die arme Seele. Ein Mißgeschick widerfuhr ihrem Geliebten, und sie starb vor Gram vor fast fünfzig Jahren. Sie liegt draußen im Schloßhof unter der Linde.«

Konrad senkte den Kopf.

»Ah, warum bin ich nur wieder aufgewacht?« jammerte er. »Vor Gram um mich starb sie, das arme Kind. So jung, so süß, so gut! Nie in dem kurzen Sommer ihres Lebens hat sie wissentlich etwas Arges getan. Ihre Liebesschuld soll zurückgezahlt werden – ich werde sterben vor Gram um sie.«

Der Kopf fiel ihm auf die Brust. Und in dem Augenblick brach die Gesellschaft in fröhliches Lachen aus, ein runder junger Arm schlang sich Konrad um den Hals, und eine liebliche Stimme rief:

»Ach du, mein Konrad, deine lieben Worte bringen mich um – weiter soll die Posse nicht gehen! Blick' auf und lache mit uns – alles war nur ein Scherz!«

Und er blickte auf und starrte verwundert – denn die Verkleidungen waren gefallen, und die betagten Männlein und Weiblein waren wieder munter und jung und vergnügt. Glücklich plapperte Katharina weiter:

»Es war ein herrlicher Streich, und wacker wurde er ausgeführt. Man hat dir einen schweren Schlaftrunk gegeben, bevor du zu Bett gingst, und in der Nacht trug man dich in ein verfallenes Zimmer des Schlosses und legte diese Lumpen neben das Bett. Und als du ausgeschlafen hattest und aus dem Zimmer kamst, waren zwei Fremde, die ihre Rolle gut gelernt hatten, hier zur Stelle,

Als ich feststellte, daß ich die Brücke selber ansteuerte, stieg ich in klüger Voraussicht an Land.

um dich in Empfang zu nehmen; und wir alle, deine Freunde, wir waren natürlich ganz in der Nähe, um alles zu hören und zu sehen. Ah, es war ein wunderschöner Streich! Komm nun, und mache dich bereit für die Freuden des Tages. Wie echt dein Elend eben war, du armer Junge! Sieh auf und lache nun darüber!«

Er blickte auf, forschte, als träume er, in den fröhlichen Gesichtern um ihn her, seufzte dann und sagte:

»Ich bin so müde, Ihr guten Fremdlinge; ich bitte Euch, führt mich an ihr Grab.« Alles Lächeln schwand, eine jede Wange erbleichte, Katharina sank ohnmächtig zu Boden.

Den ganzen Tag über gingen die Leute im Schloß mit bekümmertem Gesicht umher und unterhielten sich nur gedämpft. Eine schmerzliche Stille durchdrang den Ort, der eben noch so voll von fröhlichem Leben gewesen war. Einer nach dem anderen versuchte, Konrad aus seiner Sinnestäuschung aufzustören und wieder zu sich zu bringen; aber keiner erhielt mehr zur Antwort als einen verzagten, verwirrten Blick und dann die Worte:

»Guter Fremdling, ich habe keine Freunde, sie alle ruhen schon seit vielen, vielen Jahren; Ihr sprecht gütig mit mir. Ihr meint es gut mit mir, aber ich kenne Euch nicht; ich bin allein und einsam in dieser Welt – ich bitte Euch, bringt mich zu ihrem Grab!«

Zwei Jahre lang verbrachte Konrad seine Tage vom Morgen bis in die Nacht unter der Linde, wo er über dem vermeintlichen Grab seiner Katharina trauerte. Katharina war die einzige, die sich zu dem harmlosen Irren gesellte. Er begegnete ihr freundlich, denn sie erinnerte ihn, wie er sagte, auf gewisse Weise an seine Katharina, die er »vor fünfzig Jahren« verloren habe. Oft sagte er:

»Sie war so vergnügt, so frohen Herzens – aber du lachst nie; und immer, wenn du glaubst, ich sehe es nicht, weinst du.«

Als Konrad starb, begrub man ihn unter der Linde, wie er es gewünscht hatte, damit er seiner »armen Katharina nahe sei.« Darauf saß Katharina allein unter der Linde, jeden Tag den ganzen Tag und viele, viele Jahre, sprach mit niemandem und lachte nie; und endlich wurde ihre lange Reue mit dem Tode belohnt, und sie wurde an Konrads Seite begraben.

Harris erregte den Gefallen des Kapitäns mit der Versicherung, daß es eine gute Sage gewesen sei; und noch mehr Freude machte er ihm mit dem Zusatz:

»Nun, da ich diesen mächtigen Baum gesehen habe, wie er kraftvoll hier steht mit seinen vierhundert Jahren, verspüre ich den Wunsch, um *seinet*willen an die Sage zu glauben; also werde ich dem Wunsch stattgeben und es so sehen, daß der Baum tatsächlich über diesen beiden armen Herzen wacht und gleichsam menschliche Zärtlichkeit für sie empfindet.«

Wir kehrten nach Neckarsteinach zurück, tauchten den heißen Kopf in den Trog an der Stadtpumpe und gingen dann zu dem Gasthof und verzehrten in behaglicher Muße unsere Forellen – im Garten, den lieblichen Neckar zu unseren Füßen, auf der anderen Flußseite in geringer Entfernung den wunderlichen Dilsberg und zur Rechten die anmutigen Türme und Zinnen zweier mittelalterlicher Burgen, die der gezackten Landschaft um die Flußschleife herum mit ihren Zacken beistanden. Wir stachen rechtzeitig in See, um die dreizehn Kilometer bis Heidelberg noch vor Einbruch der Nacht hinter uns zu bringen. Im satten Glühen des Sonnenuntergangs glitten wir an unserem Hotel vorbei, und mit der wahnwitzigen Strömung schossen wir in die enge Fahrrinne zwischen den Dämmen. Ich war überzeugt, uns selber unter der Brücke hindurchsteuern zu können, also ging ich nach vorne zum dreistämmigen Bug des Floßes und nahm dem Steuerer Stange und Verantwortung aus der Hand.

Wir sausten aufs tollste dahin, und ich versah mein heikles Amt durchaus vortrefflich, wenn man bedenkt, daß es mein erster Versuch war; aber als ich dann plötzlich feststellte, daß ich die Brücke selber ansteuerte statt des Bogens darunter, stieg ich in kluger Voraussicht an Land. Im nächsten Augenblick erfüllte sich mein langgehegter Wunsch: Ich sah ein Floß zum Wrack zerschellen. Es knallte genau gegen den Pfeiler und barst krachend und splitternd wie eine Schachtel Streichhölzer, in die der Blitz eingeschlagen ist.

Ich war der einzige von unserer Gesellschaft, der dieses großartige Schauspiel sah; die anderen posierten gerade vor einer langen Reihe junger Damen, die sich am Ufer erging, und verpaßten es so. Aber ich half mit, sie unterhalb der Brücke aus dem Wasser zu fischen, und beschrieb es ihnen dann, so gut ich konnte.

Sie zeigten sich jedoch nicht interessiert. Sie sagten, sie seien naß und kämen sich lächerlich vor und machten sich nicht das geringste aus irgendwelchen Beschreibungen irgendwelcher Anblicke. Die jungen Damen und andere Leute umringten uns und zeigten allerhand Mitgefühl, aber das schien nichts zu nützen. Meine Freunde sagten, sie brauchten kein Mitgefühl, sie brauchten Einsamkeit und eine ruhige Nebenstraße.

Kapitel 20

Tonwaren

Der nächste Morgen brachte uns gute Nachricht – unsere Reisekoffer waren endlich aus Hamburg eingetroffen. Dies möge dem Leser als Warnung dienen. Die Deutschen sind sehr gewissenhaft, und dieser Charakterzug macht sie sehr umständlich. Sagt man daher einem Deutschen, man möchte irgend etwas sofort erledigt haben, nimmt er einen beim Wort; er glaubt, man meint, was man sagt; also erledigt er es sofort –, in Übereinstimmung mit seiner Vorstellung von sofort – nämlich etwa in einer Woche; das heißt, sofort bedeutet eine Woche, wenn es sich um die Herstellung eines Kleidungsstückes handelt, oder anderthalb Stunden, wenn es um die Zubereitung einer Forelle geht. Schön; sagt man einem Deutschen, er möge einem den Koffer »nicht als Eilgut« nachschicken, nimmt er einen beim Wort; er schickt ihn »nicht als Eilgut«, und man kann sich gar nicht vorstellen, wie lange man seine Bewunderung angesichts der Ausdruckskraft dieser Wendung der deutschen Sprache wachsen lassen darf, bevor man seinen Koffer schließlich in Empfang nimmt. Das Fell auf meiner Seekiste war weich und dicht und jugendfrisch, als ich sie in Hamburg zum Versand aufgab; sie war kahlköpfig, als sie Heidelberg erreichte. Allerdings war sie noch heil, das tröstete mich, sie war auch nicht ein bißchen eingedellt oder zerschrammt; die Gepäckleute in Deutschland schienen gewissenhaft vorsichtig mit dem ihren Händen anvertrauten Gepäck umzugehen. Nichts stand nun unserer Abreise noch im Wege, darum machten wir uns unverzüglich an die Vorbereitungen.

Meine Hauptsorge galt natürlich meiner Porzellan- und Tonsammlung. Ich konnte sie selbstverständlich nicht mitnehmen, das wäre lästig gewesen und gefährlich noch dazu. Ich ließ mich beraten, aber die besten Raritätenhändler waren geteilter Meinung hinsichtlich des klügsten von mir einzuschlagenden Weges. Einige sagten, packen Sie die Sammlung ein und bringen Sie sie in ein Lagerhaus; andere rieten mir zu versuchen, sie zur sicheren Aufbewahrung im Großherzoglichen Museum in Mannheim unterzubringen. Ich teilte daher die Sammlung und folgte dem Rat beider Parteien. Für Mannheim legte ich die Stücke beiseite, die am zerbrechlichsten und kostbarsten waren.

Unter ihnen befand sich mein etruskischer Tränenkrug. Ich habe diesen Tränenkrug einem Antiquitätenhändler für vierhundertfünfzig Dollar abgekauft. Er ist sehr selten. Der Mann sagte, die Etrusker hätten Tränen oder dergleichen darin aufbewahrt, und heutzutage sei es sehr schwer, an einen zerbrochenen zu kommen. Auch meinen Henri II.-Teller bestimmte ich für das Museum. Dieser Teller ist ein sehr gutes und seltenes Stück von überaus schöner und ungewöhnlicher Form. Er hat ein wunderbares Dekor. Er kostete mehr als der Tränenkrug, denn es gibt, sagte der Händler, auf der ganzen Welt keinen zweiten Teller, der diesem genau gleicht. Er sagte, es werde allerhand falsche Henri II.-Ware angeboten, aber die Echtheit dieses Stückes stehe außer Frage. Er zeigte mir seinen Stammbaum oder seine Familiengeschichte, wenn man so will; es war eine Urkunde, die die Wanderungen dieses Tellers bis zu seiner Geburt zurückverfolgte: Sie zeigte, wer ihn von wem und zu welchem Preis gekauft hatte, vom ersten Käufer bis hin zu mir, wobei ich feststellte, daß er stetig im Preis gestiegen war – von fünfunddreißig Cents auf siebenhundert Dollar. Er sagte, die gesamte Keramikwelt werde davon in Kenntnis gesetzt, daß er sich nun in meinem Besitz befinde, und man werde es sich notieren, nebst Kaufpreis.

Mein erlesenes Exemplar Altblauporzellan setzte ich ebenfalls beiseite. Es gilt als das beste heute noch vorhandene Beispiel chinesischer Kunst – ich denke nicht an die grobe nachahmende chinesische Kunst unserer Zeit, sondern an jene edle und reine und echte Kunst, die unter der fördernden und verständnisvollen Pflege der Kaiser der Tschung-Lung-Fung-Dynastie blühte. Damals gab es Meister, aber ach! damit ist es nun vorbei. Natürlich liegt die größte Kostbarkeit des Stückes in seiner Farbe, in diesem alten, weltfreudigen, allesdurchdringenden, sich verzweigenden nordlichthaft ausstrahlenden Blau, das die modernen Künstler verzweifeln läßt. Die kleine Zeichnung, die ich von diesem Glanzstück angefertigt habe, kann ihm nicht gerecht werden und wird ihm nicht gerecht, da ich die Farbe weglassen mußte. Den Ausdruck habe ich allerdings getroffen.

Jedoch darf ich die Zeit des Lesers nicht mit diesen Einzelheiten verschwenden. Eigentlich hatte ich nicht die Absicht, überhaupt auf Einzelheiten einzugehen, aber diese Schwäche eignet einem jeden wahren Porzellansammler, ja einem jeden echten Liebhaber in allen Sparten der Raritäterei: Sind Zunge oder Feder erst einmal bei seinem Lieblingsthema angelangt, kann er einfach nicht aufhören, bevor er vor Erschöpfung umfällt. Wie jeder andere Liebhaber, der von seiner Geliebten erzählt, merkt er nicht, wie die Zeit verfliegt. Schon die »Marke« allein unter einem Stück seltenen Geschirrs läßt mich unter Umständen in stammelnde Verzückung geraten, und ich könnte einen ertrinkenden Verwandten im Stich lassen, um mit darüber zu disputieren, ob der Stöpsel eines verlorenen Buon-Retiro-Riechfläschchens echt oder nachgemacht sei.

Viele Leute behaupten, die Jagd auf Antiquitäten sei für einen Mann eine etwa ebenso handfeste Beschäftigung wie das Nähen von Puppenkleidern, und diese Leute werfen mit Schmutz nach dem eleganten und vornehmen Engländer Byng, der ein Buch mit dem Titel »Der Raritätenjäger« schrieb, und machen sich lustig über ihn, weil er hinter dem her ist, was sie »seine verächtliche Nichtigkeiten« zu nennen belieben, und weil er von diesen Nichtigkeiten »schwärmt« und sein »zutiefst kindisches Entzücken« an dieser (wie sie es nennen) »billigen Sammlung bettlerhafter Alltäglichkeiten« zur Schau stellt und seinem Buch ein Bild von sich selber voranstellt, das ihn sitzend und in »alberner, selbstgefälliger Haltung inmitten seines armen kleinen lachhaften Raritäten- und Trödelladens« zeigt.

Es ist einfach, dergleichen zu sagen; es ist einfach, uns zu schmähen, einfach, uns zu verachten; mögen diese Leute darum weiterlästern, sie können nicht fühlen, wie Byng und ich fühlen – es geht ihnen ab, nicht uns. Was mich betrifft, so bin ich willens, ein Raritätenmensch und Porzellanbesessener zu sein – ja mehr noch: E macht mich stolz, daß man mich so nennt. Es macht mich stolz daß ich angesichts eines seltenen Kruges mit einer berühmten Marke darunter augenblicklich den Verstand verliere, als hätte ich selbigen Krug soeben geleert. Nun gut; ich packte und verstaute einen Teil meiner Sammlung, und den Rest übergab ich mit Erlaubnis des Direktors der Fürsorge des Großherzoglichen Museums in Mannheim. Meine Altblaukatze ist immer noch da. Ich habe sie diesem vortrefflichen Institut geschenkt.

Nur ein einziges Mißgeschick widerfuhr mir mit meinen Sachen. Ein Ei, das ich an diesem Morgen vom Frühstück zurückbehalten hatte, ging beim Packen entzwei. Das war sehr schade Ich hatte es den besten Kennern in Heidelberg gezeigt, und sie alle hatten gesagt, daß es sich um eine Antike handele. Wir brachten ein paar Tage mit Abschiedsbesuchen hin und brachen dann nach Baden-Baden auf. Es war eine angenehme Reise, denn das Rheintal ist stets reizvoll. Daher bedauerten wir nur, daß die Reise so kurz war. Wenn ich mich recht erinnere, nahm sie nur etwa zwei Stunden in Anspruch, ich schätze also, daß die Entfernung kaum, wenn überhaupt, mehr als achtzig Kilometer betrug. In Oos stiegen wir aus dem Zug und wanderten dann den ganzen übrigen

Weg bis Baden-Baden, abgesehen von einer weniger als einstündigen Mitfahrt auf einem Bauernwagen, denn es war erschöpfend heiß. Wir betraten die Stadt zu Fuß.

Einer der ersten Menschen, denen wir begegneten, als wir die Straße entlangzogen, war Pastor X., ein alter Bekannter aus Amerika – wahrlich eine glückhafte Begegnung, denn er hat eine überaus sanfte, vornehme und feinfühlige Art, und seine Gesellschaft und der Umgang mit ihm sind eine wahre Erquickung. Wir wußten, daß er sich seit einiger Zeit in Europa aufhielt, hatten aber ganz und gar nicht damit gerechnet, ihn zu treffen. Beide Seiten brachen in die liebenswürdigste Begeisterung aus, und Pastor X. sagte:

»Ich führe ein bis zum Rand volles Reservoir von Erlebnissen mit, das ich über Sie ausgießen muß, und ein leeres, das nach dem dürstet, was Sie hineinzuschütten haben; wir werden uns bis Mitternacht zu einem tüchtigen durststillenden Austausch zusammensetzen, denn ich reise morgen ganz früh ab.« Natürlich waren wir einverstanden.

Eine ganze Weile war mir nun aber schon beiläufig ein Mensch aufgefallen, der in gleicher Höhe mit uns die Straße entlangging; ich hatte ein paarmal verstohlen zu ihm hingeblickt und festgestellt, daß er ein gutgewachsener, großer, kräftiger junger Bursch war mit offenen, einen unabhängigen Sinn verratenden Gesichtszügen, die leicht verschattet wurden von einem blassen und kaum wahrnehmbaren Bewuchs frühen Flaums, und daß er von Kopf bis Fuß kühles und beneidenswert schneeweißes Linnen trug. Ebenfalls glaubte ich bemerkt zu haben, daß sein Kopf wie zum Horchen ein wenig schräg stand.

Etwa zu diesem Zeitpunkt nun sagte Pastor X.:

»Der Bürgersteig ist wohl kaum breit genug für drei; ich gehe besser hinterher; aber erzählen Sie weiter, erzählen Sie weiter, wir haben keine Zeit zu verlieren, und Sie können sich darauf verlassen, ich werde meinen Teil beisteuern!« Er reihte sich hinter uns ein, und unverzüglich setzte sich dieser stattliche schneeweiße junge Kerl ihm an die Seite, hieb ihm herzlich mit seiner breiter Pranke auf die Schulter und rief frisch und fröhlich:

»*Amerikaner*, da mache ich jede Wette! Was?«

Der Pastor zuckte zusammen, antwortete jedoch milde:

»Ja – wir sind Amerikaner.«

»Vergelt's Ihnen Gott, und Sie können wetten, ich bin's auch – jederzeit! Schlagen Sie ein!«

Er hielt seine Sahara von offener Hand hin, und der Pastor legte sein Händchen hinein und wurde mit solch einem herzlichen Händedruck bedacht, daß wir seinen Handschuh darunter aus den Nähten krachen hörten.

»Sie, hab' ich Sie nicht gleich erkannt?«

»O ja.«

»Hoho, jawohl! Ich habe gleich gemerkt, Sie sind einer von uns, sobald ich Sie quaken gehört habe. Schon lange hier?«

»Ungefähr vier Monate. Sind Sie schon lange hier?«

»*Lange?* Ho, kann man wohl sagen! Bald zwei *Jahre*, Herrjemine! Sagen Sie, haben Sie Heimweh?«

»Nein, das kann ich eigentlich nicht behaupten. Sie?«

»O Mensch, ja!« (Das mit ungeheurer Begeisterung.)

Der Pastor schrumpfte ein wenig in seinen Kleidern, und wir gewahrten – eher instinktiv als sonstwie –, daß er Notsignale nach uns aussandte; aber wir mischten uns nicht ein und versuchten auch nicht, ihm Beistand zu leisten – wir waren ganz zufrieden.

Der junge Bursche hakte sich nun bei dem Pastor ein mit der vertrauensvollen und dankbaren Gebärde eines heimatlos umherirrenden Menschen, der sich nach einem Freund gesehnt hat und nach einem mitfühlenden Ohr und nach einer Gelegenheit, wieder einmal die lieblichen Töne der Muttersprache zu lispeln – und dann lockerte er seine Sprechmuskulatur und legte los – und mit welch einem Genuß! Manche von seinen Wörtern waren keine Sonntagsschulwörter, ich muß daher an die betreffenden Stellen Striche setzen.

»Jawohl! Wenn *ich* kein Amerikaner bin, dann gibt es *überhaupt* keine Amerikaner, das sage ich Ihnen. Und als ich euch Kerls hier in meinem guten alten Amerikanisch dahertönen höre – ho, ich will – – sein, wenn ich mich nicht mächtig zurückhalten mußte, um Ihnen nicht um den Hals zu fallen! Meine Zunge ist schon ganz verbogen, weil sie sich dauernd um diese – – verlassenen, windgalligen, neungelenkigen deutschen Wörter ringeln muß; Mensch, ich sage Ihnen, es tut schrecklich gut, mal wieder ein paar christliche Wörter in den Mund zu nehmen und den alten Geschmack sozusagen einsacken zu lassen. Ich bin aus'm Westen von New York; heiße Cholley Adams. Ich bin Student, müssen Sie wissen. Schon fast zwei Jahre hier. Ich studiere auf Pferdedoktor! *Der* Teil gefällt mir ja, wissen Sie, aber – – die Leute hier, die lernen mich ja nicht in meine eigene Sprache, die zwingen mich, Deutsch zu lernen! Bevor ich mich also mit Pferdedoktorei 'rumschlagen konnte, mußte ich mich mit dieser elenden Sprache rumschlagen.

Zuallererst, da habe ich gedacht, Mensch, habe ich gedacht, ich kriege zuviel, aber jetzt habe ich eigentlich gar nichts mehr dagegen, jetzt sitzt es wohl drin. Und was soll ich Ihnen sagen, Latein mußte ich auch noch lernen! Wissen Sie, unter uns – ich würde keinen feuchten Pfifferling für alles Latein geben, das jemals gequasselt worden ist, und was ich mache, wenn ich hier fertig bin, das kann ich Ihnen genau sagen: sofort hinsetzen und vergessen. Lange brauch' ich nicht dazu, und ist mir auch ganz gleich, wie lange es dauert. Und noch was! Der Unterschied zwischen der Schule drüben und der Schule hier – *hoho!* Wir haben ja keine Ahnung! Hier muß man nur immerzu pauken und pauken und pauken, da ist überhaupt nie mal Pause – und was man hier lernt, das muß man dann *wissen,* verstehen Sie – oder einer von diesen – – spatigen, bebrillten, ringbeinigen, knieschüssigen alten Professoren kommt einem auf den Kopf. Ich bin lange genug hier, und ich werde es allmählich verflixt satt, darauf können Sie sich verlassen.

Mein alter Herr hat geschrieben, daß er im Juni ›rüberkommen wollte, und im August wollte er mich mit nach Hause nehmen, hat er geschrieben, ob ich nun mit meinem Studium fertig bin oder nicht, aber verdonnert noch mal, er ist nicht gekommen; hat auch nicht geschrieben, warum nicht; schickte nichts weiter als einen Packkorb Sonntagsschulbücher, und immer schön brav soll ich sein und noch 'ne Weile aushalten. Mache mir nichts aus Sonntagsschulbüchern, Sie – ich reiß mir kein Bein danach aus, wenn ich Kuchen kriegen kann – aber ich *lese* sie auf jeden Fall, denn was der alte Herr sagt, das wird gemacht, auf Biegen oder Brechen, müssen Sie wissen. Ich hab' mich hingesetzt und die ganzen Bücher gelesen, weil er es so haben wollte. Aber aufregend, wissen Sie, aufregend, finde *ich* so 'n Zeug nicht; ich zieh was Munteres vor. Aber ich hab' scheußliches Heimweh. Ich hab' Heimweh vom Ohrengang bis zur Kruppe und von der Kruppe bis ins Hachsengelenk, aber es nützt alles nichts, ich muß hierbleiben, bis der alte Herr sich's überlegt und ins Horn stößt – jawohl, hier in diesem Land muß ich herumsitzen, bis der alte Herr ›Komm!‹ sagt –, und Sie dürfen Ihren letzten Dollar wetten, Johnny, es ist *nicht* so einfach – leichter kriegt 'ne Katze Zwillinge!«

Zum Schluß dieser lästerlichen und aufrichtigen Explosion stieß er ein gewaltiges »Puhhh!« hervor, um seinen Lungen Erleichterung zu verschaffen und darauf hinzuweisen, daß auch er die Hitze spürte, und dann stürzte er sich geradenwegs zu »Johnnys« Bestem abermals in seinen Bericht. »Na – – man kann sagen, was man will, manche von diesen richtigen amerikanischen Wörtern, die haben nun mal wirklich einen prächtigen Schwung; mit ihnen kann man sich *ausdrücken* – man kriegt *gesagt,* was man sagen will, wissen Sie.«

Als wir vor unserem Hotel eintrafen und es so aussah, als müsse er den Pastor nun verlieren, zeigte er sich so bekümmert und bat so inständig und ernst, daß das Herz des Pastors nicht hart genug war, seinem Flehen standzuhalten – also ging der Pastor mit dem elternverehrenden Studenten, wie es sich für einen rechten Christenmenschen gehört, speiste mit ihm in seinem Quartier zu Abend und saß bis fast Mitternacht in der rauschenden Brandung seiner Flüche und saftigen Redensarten und schied dann von ihm – schied ziemlich verausgabt, aber froh »bis in die Hufe 'runter«, wie er sich ausdrückte. Der Pastor sagte, während der Unterhaltung habe er unter anderem erfahren, daß »Cholley« Adams' Vater im Westen des Staates New York ein großer Pferdehändler sei; daher Cholleys Berufswahl. Der Pastor kam mit einer recht hohen Meinung von Cholley zurück; er sei ein mannhafter junger Kerl, der das Zeug zu einem nützlichen Mitglied der Gesellschaft in sich habe. Der Pastor hielt ihn für eine ziemlich rauhe Perle, aber nichtsdestoweniger für eine Perle.

Kapitel 21

Baden-Baden

Baden-Baden liegt im Schoß der Berge, und die natürliche und künstliche Schönheit seiner Umgebung vereinigt sich wirkungsvoll und reizend. Der ebene Streifen Land, der sich durch die Stadt und dann noch weiter zieht, ist ein einziger schmucker, von edlen Bäumen überschatteter und in Abständen mit luftig glitzernden Springbrunnen verzierter Park. Dreimal täglich macht eine flotte Kapelle auf der öffentlichen Promenade vor dem Kurhaus Musik, und am Nachmittag und des Abends ist dieser Ort von elegant gekleideten Menschen beiderlei Geschlechts bevölkert, die vor dem großen Orchesterpavillon auf und ab spazieren und sehr gelangweilt aussehen, wenn sie auch so tun, als fühlten sie sich ganz anders. Es sieht alles nach einem ziemlich ziellosen und faden Dasein aus. Nicht wenige von diesen Leuten sind jedoch aus einem echten Grund hier; sie werden vom Rheuma geplagt und sind gekommen, damit es in den heißen Bädern verdampfe. Diese Kranken machten einen recht melancholischen Eindruck; sie humpelten an ihren Stöcken und Krücken daher und hingen ganz offensichtlich lauter trüben und unerfreulichen Gedanken nach. Es wird behauptet, daß Deutschland mit seinen feuchten Steinhäusern die Heimat des Rheumatismus sei. Falls dem so ist, hat die Vorsehung es schon vorher gewußt und darum das Land mit diesen Heilbädern durchsetzt. Wohl kein anderes Land ist so großzügig mit Heilquellen versehen wie Deutschland. Manche von diesen Bädern sind gut für eine Krankheit, manche für eine andere; und bestimmte Beschwerden werden wiederum bekämpft, indem man die besonderen Eigenschaften verschiedener Bäder miteinander verbindet. So trinkt der Patient zum Beispiel bei einigen Leiden das örtliche Baden-Badener heiße Wasser, in dem ein Löffel Salz aus den Karlsbader Quellen gelöst ist. Die Dosis sollte man möglichst nicht vergessen.

Dieses heiße Wasser wird nicht *verkauft* – o nein; man geht in die große Trinkhalle und steht herum, zuerst auf dem einen Fuß und dann auf dem anderen, während zwei oder drei junge Mädchen in der Nähe an irgendeiner damenhaften Näharbeit herumspielen und einen anscheinend nicht sehen können – höflich wie Dreidollarschreiber in Regierungsbüros.

Schließlich erhebt sich dann eins von diesen Mädchen mühsam und streckt sich – streckt Fäuste und Körper himmelwärts, bis sich die Absätze vom Boden heben, und erquickt sich gleichzeitig an einem solch umfassenden Gähnen, daß der Großteil ihres Gesichts hinter der Oberlippe verschwindet und man sehen kann, wie sie innen gebaut ist –, dann klappt sie ihre Höhle langsam zu, nimmt Fäuste und Absätze herunter, kommt schleichend näher, betrachtet einen verächtlich, füllt einem ein Glas von dem heißen Wasser ab und stellt es hin, wo man es in Empfang nehmen kann, wenn man die Hand weit genug danach ausstreckt. Man nimmt es und fragt:

»Was kostet es?« Und mit sorgsamer Gleichgültigkeit gibt sie einem die Bettlerantwort:

»Nach Beliebe.«

Diese Anwendung eines gewöhnlichen Bettlertricks und des Losungswortes eines gewöhnlichen Bettlers, um einen bei seiner Freigebigkeit zu packen, wenn man auf nichts weiter als eine schlichte geschäftliche Transaktion gefaßt ist, fördert die bereits blühende und gedeihende Gereiztheit. Man überhört die Antwort und fragt noch einmal:

»Was kostet es?«

Und sie antwortet in aller Ruhe und Gleichgültigkeit:

»Nach Beliebe.«

Man kriegt allmählich die Wut, aber man versucht, es sich nicht anmerken zu lassen; man beschließt, die Frage so lange zu wiederholen, bis die Holde ihre Antwort ändert oder doch zumindest ihre ärgerlich gleichgültige Haltung. Wenn es daher wie in meinem Fall zugeht, steht man dann da, ein Hanswurst vor dem anderen, und ohne eine wahrnehmbare Gefühlsbewegung oder irgendeinen Nachdruck auf irgendeiner Silbe schaut man einander freundlich in die Augen und führt folgende idiotische Unterhaltung:

»Was kostet es?«
»Nach Beliebe.«
»Was kostet es?«
»Nach Beliebe.«
»Was kostet es?«
»Nach Beliebe.«
»Was kostet es?«
»Nach Beliebe.«
»Was kostet es?«
»Nach Beliebe.«
»Was kostet es?«
»Nach Beliebe.«

Ich weiß nicht, was andere getan hätten, aber an dieser Stelle gab ich es auf; diese gußeiserne Gleichgültigkeit, diese seelenruhige Verachtung bezwang mich, und ich strich die Flagge.

Nun wußte ich allerdings, daß sie gewohnt war, etwa einen Cent von mannhaften Besuchern zu erhalten, die sich den Teufel um die Meinung einer Scheuermagd scheren, und etwa zwei Cent von Feiglingen im Geiste; aber ich legte ihr in Reichweite ein silbernes Vierteldollarstück hin und versuchte, sie mit folgender sarkastischen Ansprache einzuschrumpfen:

»Falls es nicht reicht, würden Sie sich dann freundlichst weit genug von Ihrer amtlichen Würde herablassen, um es mir zu sagen?«

Sie schrumpfte nicht. Ohne mich auch nur eines Blickes zu würdigen, griff sie schlaff nach der Münze und biß darauf, um zu sehen, ob sie echt war! Dann machte sie kehrt und watschelte ge-

Kein Land ist so großzügig mit Heilquellen gesegnet wie Deutschland.

lassen an ihren Rastplatz zurück, im Vorbeigehen das Geld in eine offene Kassette werfend. So blieb sie Siegerin bis zum Schluß.

Ich habe mich so eingehend mit den Manieren dieses Mädchens befaßt, weil sie typisch sind; ihre Manieren sind die Manieren eines gut Teils der Baden-Badener Geschäftswelt. Die Geschäftsleute dort betrügen einen, wenn sie nur irgend können, und beleidigen einen, ob sie nun beim Betrügen Erfolg haben oder nicht. Auch die Badewärter geben sich die größte Mühe, einen schmählich zu behandeln. Die unordentliche, ungekämmte Frau, die hinter einem Stand in der Eingangshalle des großen Friedrichsbades saß und Badekarten verkaufte, hat mich nicht nur zweimal täglich beleidigt, sondern mich auch eines Tages um einen Schilling betrogen, und zwar unter solchen Mühen, daß ihr eigentlich mindestens zehn zustanden. Baden-Badens großartige Spieler sind dahin, geblieben sind nur die winzig kleinen Gauner.

Ein englischer Herr, der bereits seit Jahren dort wohnte, erklärte mir:

»Wenn man seine Nationalität verbergen könnte, würde man keinerlei Unverschämtheit begegnen. Diese Ladenbesitzer verabscheuen die Engländer und verachten die Amerikaner; unhöflich sind sie zu beiden, ganz besonders zu Damen Ihrer und meiner Nationalität. Falls diese ohne einen Herrn oder einen Bedienten einkaufen gehen, können sie ziemlich sicher sein, daß sie sich kleinen Unverschämtheiten aussetzen – Unverschämtheiten, die mehr im Verhalten und im Tonfall liegen als in dem, was gesagt wird, wenn es auch zuweilen an schwer zu ertragenden Worten nicht fehlt. Ich weiß von einem Fall, bei dem ein Ladenbesitzer einer amerikanischen Dame eine Münze mit der kurzangebundenen Bemerkung wieder hinwarf: ›Wir nehmen kein französisches Geld an.‹ Und ich weiß von einem anderen Fall, bei dem eine englische Dame zu einem von diesen Geschäftsleuten sagte: ›Meinen Sie nicht auch, daß Sie zuviel für diesen Artikel verlangen?‹ Und er ihr mit der Frage antwortete: ›Meinen Sie, Sie müßten ihn kaufen?‹

Diese selben Leute sind jedoch zu Russen oder Deutschen nicht unhöflich. Und was gesellschaftlichen Rang betrifft, den beten sie an, denn sie sind seit jeher an Generäle und den Adel gewohnt. Falls Sie einmal sehen möchten, in welche Abgründe Unterwürfigkeit hinabsteigen kann, brauchen Sie sich nur einem Baden-Badener Geschäftsmann gegenüber als russischer Fürst auszugeben.«

Es ist eine geistlose Stadt, voll von Schein und Schwindel und mickerigem Betrug und Aufgeblasenheit, aber die Bäder sind gut. Ich habe mit vielen Leuten gesprochen, und in diesem Punkt waren sie alle mit mir einer Meinung. Seit drei Jahren hatte mich immer wieder das Rheuma gezwackt, aber das letzte Ziehen verschwand nach vierzehntägiger Badekur in Baden-Baden und ist bisher nicht wieder zurückgekehrt. Ich glaube voll und ganz, daß ich mein Rheuma in Baden-Baden gelassen habe. Es sei Baden-Baden gegönnt. Es war wenig genug, aber alles, was ich zu geben hatte. Am liebsten hätte ich etwas Ansteckendes zurückgelassen, aber es stand nicht in meiner Macht.

Es gibt mehrere heiße Quellen dort, und seit zweitausend Jahren schon sprudelt aus ihnen ein nie abnehmender Überfluß des heilenden Wassers. Dieses Wasser wird in Rohrleitungen zu den zahlreichen Badehäusern geführt und durch den Zusatz von kaltem Wasser auf eine erträgliche Temperatur gebracht. Das neue Friedrichsbad ist ein sehr großes und schönes Gebäude, und in ihm kann man jedes Bad nehmen, das jemals erfunden wurde, und mit all den Kräutern und Essenzen, die für die Heilung des Leidens, mit dem man befallen ist, gut sind oder die der Badearzt für eine nützliche Badewasserbeigabe hält. Man geht dorthin, betritt das Gebäude durch die große Eingangstür, nimmt von dem glanzvollen Portier eine nach Zuschnitt der Kleidung abgestufte Verbeugung entgegen und von der strubbeligen Frau für einen Vierteldollar eine Badekarte und eine Beleidigung; sie läutet eine Glocke, und ein Badediener führt einen durch einen langen Korridor und sperrt einen in ein geräumiges Zimmer ein, das eine Waschkommode, einen Spiegel, einen Stiefelknecht und ein Sofa enthält, und hier kleidet man sich in aller Ruhe aus.

Das Zimmer wird von einem großen Vorhang in zwei Hälften geteilt; man zieht den Vorhang zur Seite und steht vor einer großen Badewanne aus weißem Marmor. Sie ist bis zum Rand in den Fußboden eingelassen, und drei Stufen aus weißem Marmor führen in sie hinein. Diese Wanne ist mit kristallklarem Wasser angefüllt, dessen Temperatur man auf 52° abgestimmt hat. Neben der Wanne ist ein Kupferkasten mit einem Deckel in den Boden eingelassen, in dem sich ein paar warme Handtücher und ein Laken befinden. Man sieht wahrhaftig so weiß wie ein Engel aus, wenn man langgestreckt in diesem durchsichtig klaren Bad liegt. Beim ersten Mal bleibt man zehn Minuten darin, und dann verlängert man die Zeit von Tag zu Tag, bis man auf zwanzig oder auch dreißig Minuten kommt. Da hört man auf. Die Einrichtung des Hauses ist so luxuriös, der Nutzen so deutlich, der Preis so bescheiden und die schmähliche Behandlung so sicher, daß man schon sehr bald sein ganzes Herz an das Friedrichsbad hängt und es regelmäßig heimsucht.

Wir wohnten in Baden-Baden in einem einfachen, anspruchslosen, guten Hotel, dem Hôtel de France – und das Zimmer neben meinem Zimmer gehörte einer kichernden, gackernden, schnatternden Familie, die grundsätzlich zwei Stunden später als ich zu Bett ging und zwei Stunden früher aufstand. Aber das ist üblich in deutschen Hotels; die Leute gehen im allgemeinen lange nach elf Uhr zu Bett und stehen lange vor acht Uhr auf. Die Zwischenwände leiten den Schall wie ein Trommelfell, und jeder weiß das; aber es macht nichts – eine deutsche Familie, die tagsüber ganz freundliche Rücksichtnahme ist, gibt sich offensichtlich des Nachts keine Mühe, ihren Lärm zu Nutz und Frommen des Zimmernachbarn zu mäßigen. Da wird gesungen, gelacht, laut geredet und aufs mitleidloseste mit den Möbeln Krach geschlagen. Klopft man inständig flehend an die Wand, werden die nebenan einen Augenblick lang still und bereden die Angelegenheit leise untereinander – und dann beginnen sie, ganz wie die Mäuse, wieder von neuem mit ihrer Belästigung, und nicht weniger tatkräftig als zuvor. Und dabei spät zu Bett und früh auf – eine grausame Angewohnheit für solch ein lautes Volk!

Aber natürlich – wer an den Bräuchen eines fremden Volkes etwas auszusetzen findet, der wird flugs einen Wink bekommen, näher vor der eigenen Haustür nachzuschauen, ehe seine Kritik noch sehr weit gediehen ist. Ich schlage mein Notizbuch auf, um nachzusehen, ob ich noch mehr wertvolle Auskünfte über Baden-Baden mitzuteilen habe, und das erste, worauf ich stoße, ist folgende Eintragung:

Baden-Baden (kein Datum). »Menge stimmstarker Amerikaner heute beim Frühstück. Glauben sich zu unterhalten, reden aber in Wirklichkeit aufeinander ein – jeder auf jeden. Deutlich sichtbar auf der ersten Reise. Geben an. Die üblichen Anzeichen – affektiert zwanglose Erwähnung großer Entfernungen und ausländischer Städte. ›Na, dann bis später, alter Junge – falls ich Ihnen in Italien nicht über den Weg laufe, müssen Sie mich unbedingt in London aufsuchen, bevor Ihr Schiff geht.«

Die nächste Eintragung, die ich in meinem Notizbuch vorfinde, ist die folgende:

»Die Tatsache, daß eine Bande von 6000 Indianern zur Zeit unsere Leute an der Grenze in aller Bequemlichkeit frech hinmordet und daß wir nicht in der Lage sind, ihnen mehr als 1200 Soldaten entgegenzuschicken, wird hier benutzt, um von der Auswanderung nach Amerika abzuraten. Die Leute glauben, die Indianer stünden in New Jersey.«

Ein neues und originelles Argument gegen die zahlenmäßige Beschränkung unseres Heeres auf einen lächerlich niedrigen Stand! Und recht treffend ist es auch. Ich habe die Wahrheit nicht entstellt, wenn ich behaupte, daß das, was in obiger Tagebucheintragung vom Heer und von den Indianern gesagt wird, dazu benutzt wird, um den Leuten die Lust zum Auswandern nach Amerika zu nehmen. Daß die einfachen Leute sehr ungenaue geographische Vorstellungen haben und nur recht ungefähr wissen, wo die Indianer sich befinden, ist vielleicht erheiternd, jedoch kaum überraschend.

Baden-Baden hat einen interessanten alten Friedhof, und wir brachten mehrere angenehme Stunden damit zu, auf ihm herumzuspazieren und die Inschriften auf den betagten Grabsteinen zu entziffern. Anscheinend ist man der Ansicht, daß jemand seinen Grabstein nicht mehr braucht, nachdem er ein Jahrhundert oder auch zwei darunter gelegen hat und eine tüchtige Anzahl Leute über ihm begraben worden ist. Ich schließe das aus der Tatsache, daß Hunderte von Grabsteinen von den Gräbern entfernt und innen an der Friedhofsmauer aufgestellt worden sind. Was für Künstler es doch in jenen alten Zeiten gab! Sie meißelten aufs üppigste und großzügigste ihre Engel und Cherubim und Teufel und Skelette – was das Angebot betrifft –, in der Form jedoch sind sie eigentümlich verzerrt und sonderbar. Es ist nicht immer leicht herauszufinden, welche Figuren zu den Seligen gehören und welche zu der Gegenpartei. Aber einer dieser alten Steine trug eine französische Inschrift, die wundersam und hübsch war und schlechthin von keinem anderen als einem Dichter stammen konnte. Sie lautete etwa:

Hier
ruht in Gott
CAROLINE DE CLERY,
Nonne, aus St. Denis,
83 Jahre alt – und blind.
Das Licht wurde ihr wiedergeschenkt
in Baden am 5. Januar 1839.

Wir unternahmen verschiedene Ausflüge zu Fuß nach Dörfern in der Nähe, die uns über kurvenreiche, herrliche Wege und durch entzückende Waldlandschaft führten. Die Wälder und Wege ähneln denen in Heidelberg, sind aber nicht so bestrickend, so behexend. Wege und Wälder von der Heidelberger Güte sind wohl selten auf dieser Erde.

Einmal wanderten wir weit hinaus zum Schloß La Favorita, das mehrere Meilen von Baden-Baden entfernt liegt. Der Park um das Schloß war schön, das Schloß selber eine Kuriosität. Es wurde von einer Markgräfin im Jahre 1725 erbaut und ist so geblieben, wie sie es bei ihrem Tode hinterlassen hat. Wir gingen durch viele der Räume, und sie alle hatten ihre auffallenden Eigentümlichkeiten in Einrichtung und Schmuck. So waren zum Beispiel die Wände eines Zimmers nahezu vollständig mit kleinen Bildern der Markgräfin in jeder nur denkbaren Kostümierung, darunter auch männlicher, bedeckt.

An den Wänden eines anderen Zimmers hingen handgewirkte Gobelins mit kunstvollen, sonderbaren Figurenmustern. Die muffigen alten Betten standen noch in den Schlafzimmern, und Bettdecken, Vorhänge und Himmel waren mit wunderlicher Handarbeit verziert und Wände und Zimmerdecken in schreienden Farben mit Fresken bemalt, die historische und mythologische Szenen darstellten.

Der verrückte und morsche Plunder in dem Gebäude reichte aus, um einen echten Raritätenjäger gelb vor Neid werden zu lassen. Ein Gemälde im Speisesaal grenzte ans Unfeine – aber schließlich war die Markgräfin selber ja auch ein ganz klein wenig unfein.

Es ist in jeder Beziehung ein abenteuerlich und malerisch ausgeschmücktes Haus und von außerordentlichem Reiz als ein Abbild des Charakters und Geschmacks jener ungestümen und vergangenen Zeit.

Im Park, nicht weit vom Schloß entfernt, steht die Kapelle der Markgräfin, wie sie sie hinterlassen hat – ein kunstloser Holzbau ohne jeden Schmuck. Es wird behauptet, die Markgräfin habe sich jeweils mehrere Monate hintereinander Ausschweifungen und außerordentlicher Leichtlebigkeit hingegeben und sich dann in diese armselige Behausung zurückgezogen, wo sie ein paar Monate mit Buße und der Vorbereitung zu neuen Lustbarkeiten zubrachte. Sie war eine gläubige Katholikin und für die damalige Zeit wohl durchaus eine Musterchristin unter den Christen der großen Gesellschaft.

Die Überlieferung berichtet, daß sie nach einer letzten, triumphalen und rundum zufriedenstellenden Bekundung ihrer Lebenslust die beiden letzten Jahre ihres irdischen Daseins in der wunderlichen Behausung hinbrachte, von der ich gesprochen habe. Dort schloß sie sich ohne jede Gesellschaft, ja sogar ohne einen Diener ein und schwor so der Welt ab. In ihrer winzigen Küche kochte sie für sich selber; sie trug ein härenes Hemd zuunterst und kasteite sich mit Peitschen – diese Hilfsmittel zur Erlangung der Gnade sind noch dort zu sehen. Ihren Rosenkranz betete sie in einem anderen kleinen Raum vor einer wächsernen Madonna in einem kleinen Kasten an der Wand; sie bettete sich wie eine Sklavin.

In einem weiteren kleinen Raum steht ein Tisch aus rohen Dielen, und daran sitzt die heilige Familie in halblebensgroßen wächsernen Figuren, die von dem wohl schlechtesten Künstler angefertigt wurden, der jemals gelebt hat, und in grellbunte dünne Drapierungen gehüllt sind.* Die Markgräfin pflegte ihr Essen zu diesem Tisch zu tragen und *mit der heiligen Familie zu speisen*. Welch eine Idee! Was für ein gruseliger Anblick das gewesen sein muß! Man stelle sich das vor: Auf der einen Seite des Tisches die starren, struwwelköpfigen Figuren mit ihrem leichenhaften Teint und ihren fischigen Glasaugen in der stocksteifen Zurückhaltung, die

---

* Der Heiland war als Junge von vielleicht 15 Jahren dargestellt. Dieser Figur fehlte ein Auge.

Nach einer letzten triumphalen Bekundung ihrer Lebenslust schwor die Markgräfin der Welt ab.

alle aus Wachs geborenen Menschen auszeichnet, und auf der anderen Seite dieser runzelige, schwelende alte Feuerfresser, der in der geisterhaften Stille und im schattenhaft undeutlichen Licht eines Winterabends seine Gebete murmelt und mit vollen Backen seine Würste kaut. Es läuft einem kalt über, wenn man nur daran denkt.

In diesem schäbigen Loch und wie die Ärmste der Armen gekleidet, gebettet und genährt, lebte und betete diese sonderbare Fürstin zwei Jahre lang, und in ihm starb sie auch.

Vor zwei- oder dreihundert Jahren würde das die armselige Hütte zu heiligem Boden gemacht haben, und die Kirche hätte hier eine Wunderfabrik eröffnet und eine Menge Geld herausgeschlagen. Selbst heute noch könnte man den Holzbau in manche Teile Frankreichs verlegen und reichen Gewinn aus ihm ziehen.

Kapitel 22

Der Schwarzwald

Von Baden-Baden aus unternahmen wir den üblichen Ausflug in den Schwarzwald. Die meiste Zeit waren wir zu Fuß unterwegs. Diese erhabenen Wälder und die Empfindungen, die sie einem einflößen, lassen sich letztlich nicht beschreiben. Eine dieser Empfindungen jedoch ist eine tiefe Zufriedenheit und eine andere ein übermütiges jungenhaftes Entzücken und eine dritte, stark hervortretende ist das Gefühl, die Werktagswelt weit zurückgelassen zu haben und von ihrem Getriebe vollkommen losgelöst zu sein.

Diese Wälder erstrecken sich ohne Unterbrechung über ein gewaltiges Gebiet; und wo man auch hinkommt, sind sie so dicht und so still, so tannig und so duftend. Die Stämme der Bäume sind sauber und kerzengerade, und vielerorts ist der Boden auf Kilometer hin von einem lebhaft grünen Moospolster bedeckt, das nirgendwo vermodert oder zerrissen ist und von keinem abgefallenen Blatt oder Zweig in seiner makellosen Reinheit und Ordentlichkeit gestört wird. Ein sattes, domhaftes Dämmerlicht fällt in die säulenbestandenen Gänge, so daß die verirrten Sonnensprenkel, die hier auf einen Stamm und dort auf einen Ast treffen, kräftig hervortreten und das Moos regelrecht zu brennen scheint, wo sie den Boden tüpfeln. Aber die eigentümlichste Wirkung und die zauberhafteste bringt das weichgestreute Licht der tiefstehenden Nachmittagssonne hervor; kein einziger Strahl kann dann eindringen, das weiche Licht aber nimmt Farbe an von Moos und Laub und erfüllt alles mit einem zarten grünen Dunst, der Theaterbeleuchtung des Märchenlandes. Die Stimmung des Geheimnisvollen und Übernatürlichen, die zu jeder Zeit über dem Wald liegt, wird durch dieses unirdische Licht noch eindringlicher.

Die Bauernhäuser und Dörfer des Schwarzwaldes sahen genauso aus, wie sie in den Schwarzwaldgeschichten beschrieben werden. Das erste echte Exemplar, auf das wir stießen, war das Herrenhaus eines reichen Bauern und Mitglieds des Gemeinderats. Er war eine wichtige Persönlichkeit in der Gegend und seine Frau natürlich ebenso, und seine Tochter war *die* Partie, und vielleicht geht sie inzwischen gar als die Heldin von einem von Auerbachs Romanen in die Unsterblichkeit ein. Wir werden es ja sehen, denn wenn er sie in einen Roman steckt, werde ich sie erkennen an ihrer Schwarzwaldtracht und ihrem sonnenverbrannten Gesicht, ihrer molligen Figur, ihren fetten Händen, ihren stumpfen Zügen, ihrem freundlichen Wesen, ihren großzügigen Füßen, ihrem unbedeckten Kopf und den geflochtenen Zöpfen aus hanfblondem Haar, die ihr über den Rücken herabhängen.

Das Haus wäre groß genug für ein Hotel gewesen; es war dreißig Meter lang und fünfzehn breit und drei Meter hoch von der Erde bis zur Traufe; aber von der Traufe bis zum First maß es wohl zwölf Meter oder sogar noch mehr. Dieses Dach bestand aus altem schmutziggelbem Stroh von zwei Handspannen Dicke und war mit Ausnahme einiger Flecken über und über mit üppigem Grünzeug, hauptsächlich Moos, bewachsen. Die mooslosen Flecken waren Stellen, die durch das Einsetzen neuer Lagen gelben Strohs geflickt worden waren. Die Traufen reichten weit hinunter wie schützende, gastliche Schwingen. An der Giebelwand entlang, die der Straße zugekehrt war, verlief etwa drei Meter über der Erde eine schmale Veranda mit hölzernem Geländer; eine Reihe kleiner Fenster mit sehr kleinen Scheiben blickte auf die Veranda hinaus. Darüber lagen weitere zwei oder drei Fenster, und eins saß ganz oben unter dem spitzen Winkel des Daches. Vor der Tür im Erdgeschoß lag ein riesiger Misthaufen. An der Seite des Hauses stand die Tür eines Zimmers im zweiten Stock offen, und die Öffnung wurde vom Hinterviertel einer Kuh ausgefüllt. Vielleicht das Wohnzimmer? Der ganze vordere Teil des Hauses wurde anscheinend von unten bis oben von Menschen, Kühen und Hühnern bewohnt und die ganze hintere Hälfte von den Zugtieren und vom Heu. Aber das Hauptmerkmal ums ganze Haus herum waren diese großen Mithaufen.

Wir wurden im Schwarzwald sehr vertraut mit dem Stalldünger. Ohne daß wir es eigentlich wollten, gewöhnten wir uns an, Rang und Stand eines Mannes nach diesem äußeren, sehr beredten Zeichen festzusetzen. Manchmal sagten wir: »Da wohnt ein armer Teufel, das ist ganz offensichtlich.« Erblickten wir eine stattliche Anhäufung, sagten wir: »Ein Bankier.« Wenn wir einem Landsitz begegneten, der von alpiner Mistpracht umgeben war, sagten wir: »Hier wohnt zweifellos ein Herzog.«

Die Bedeutung dieses charakteristischen Merkmals ist in den Schwarzwaldgeschichten noch nicht so recht gewürdigt worden. Stalldung ist ganz offenbar des Schwarzwälders höchster Schatz – sein Goldstück, sein Juwel, sein Stolz, sein alter Meister, sein Porzellan, seine Raritätensammlung, seine ganze Liebe, sein Anspruch auf öffentliche Beachtung, Neid und Verehrung und seine erste Sorge, wenn er sich daranmacht, sein Testament aufzusetzen. Der wahre Schwarzwaldroman wird, sollte er jemals geschrieben werden, folgendes Handlungsgerüst haben:

Exposé für einen Schwarzwaldroman

Reicher alter Bauer namens Huß. Hat großen Reichtum an Mist geerbt und ihn durch Fleiß vergrößert. Haufen hat zwei Sterne im Baedeker. Der Schwarzwaldmaler malt ihn – sein Meisterwerk. Der König kommt, um ihn sich anzusehen. Gretchen Huß, Tochter und Erbin. Paul Hoch, junger Nachbar, wirbt um Gretchens Hand – angeblich: in Wirklichkeit will er den Mist. Hoch besitzt selber manch eine Wagenladung von der Schwarzwaldwährung und ist daher eine gute Partie; aber er ist schäbig, geizig und ohne jedes feine Gefühl, während Gretchen ganz Gefühl und Poesie ist. Hans Schmidt, ein junger Nachbar, voller Gefühl, voller Poesie, liebt Gretchen, Gretchen liebt ihn. Aber er hat keinen Mist. Der alte Huß verbietet ihm das Haus. Sein Herz bricht, er geht davon, um fern der grausamen Welt im Wald zu sterben – denn er sagt mit Bitterkeit: »Was ist der Mensch ohne Mist?« (Sechs Monate vergehen.)

Paul Hoch kommt zum alten Huß und sagt: »Nun bin ich so reich, wie Ihr es verlangt – kommt und seht Euch meinen Haufen an.« Der alte Huß sieht ihn sich an und sagt: »Das reicht – nimm sie und sei glücklich« – nämlich Gretchen.

(Zwei Wochen vergehen.)

Hochzeitsgesellschaft ist im Wohnzimmer des alten Huß versammelt. Hoch glücklich und zufrieden, Gretchen weint über ihr hartes Schicksal. Der Oberbuchhalter vom alten Huß tritt ein. Huß sagt heftig: »Ich habe Ihnen drei Wochen Zeit gegeben, um herauszufinden, warum Ihre Bücher nicht stimmen und um zu beweisen, daß Sie kein Missetäter sind; die Zeit ist um – entweder Sie finden den fehlenden Besitz, oder Sie gehen als Dieb ins Gefängnis.« Buchhalter: »Ich habe ihn gefunden.« – »Wo?« Buchhalter (ernst, tragisch): »Im Haufen des Bräutigams! Seht den Dieb! Seht ihn erbleichen und zittern!« (Bewegung.) Paul Hoch: »Verloren, verloren!« – sinkt ohnmächtig über die Kuh und wird bei den Händen gefesselt. Gretchen: »Gerettet!« Sinkt über das Kalb, ohnmächtig vor Freude, wird jedoch aufgefangen von den starken Armen Hans Schmidts, der in diesem Augenblick hereinspringt. Der alte Huß: »Was, du hier, Schurke? Laß von der Maid und hebe dich von hinnen!« Hans (der immer noch das bewußtlose Mädchen hält): »Niemals! Grausamer alter Mann, wisset, daß ich mit Ansprüchen komme, die nicht einmal Ihr geringschätzen könnt!«

Huß: »Was, du? Nenne sie mir!«

Hans: »Hört zu. Die Welt hatte mich verlassen, da verließ ich die Welt; ich wanderte durch die Einsamkeit des Waldes, mich nach dem Tode sehnend, ihn aber nicht findend. Ich ernährte mich von Wurzeln, und in meiner Bitternis grub ich nach den bittersten, da ich die süßen verabscheute. Und als ich vor drei Tagen so grub, traf ich auf eine Mistmine – auf ein Dorado, auf eine unerschöpfliche Goldgrube aus gediegenem Mist! Ich kann euch *alle* kaufen, und habe doch immer noch ganze Gebirgszüge von Mist übrig! Ha-ha! Nun könnt Ihr lachen!« (Ungeheure Bewegung. Vorzeigen von Proben aus der Mine.)

Der alte Huß (begeistert): »Rüttele sie wach, schüttele sie wach, junger Mann, sie ist dein!« Hochzeit findet auf der Stelle statt; Buchhalter wird wieder in Amt und Gehalt eingesetzt, Paul Hoch ins Gefängnis abgeführt. Der Goldgrubenkönig des Schwarzwaldes lebt glücklich bis in ein hohes Alter, gesegnet mit der Liebe seiner Frau und seiner siebenundzwanzig Kinder und dem noch lieblicheren Neid aller um ihn herum.

Einmal verzehrten wir unser Mittagsmahl, bestehend aus gebratener Forelle, im Gasthaus »Zum Pflug« in einem sehr hübschen Dorf (Ottenhöfen), und begaben uns dann zum Ausruhen und Rauchen in die Schankstube. Dort fanden wir neun oder auch zehn Schwarzwaldgranden um einen runden Tisch versammelt. Sie waren der Gemeinderat. Sie hatten sich um acht Uhr morgens dort eingefunden, um ein neues Mitglied zu wählen, und sie tranken nun seit vier Stunden auf Kosten des neuen Mitgliedes Bier. Sie waren Männer von fünfzig bis sechzig Jahren mit ernsten, gutmütigen Gesichtern, und sie trugen allesamt die Tracht, die uns durch die Schwarzwaldgeschichten vertraut ist – breite runde schwarze Filzhüte mit rundum hochgekippter Krempe; lange rote Westen mit großen Metallknöpfen, schwarze Alpakajacken mit der Taille oben zwischen den Schultern. Es wurden keine Reden gehalten, man unterhielt sich kaum, es wurde nicht gewitzelt; der

Gemeinderat ließ sich allmählich, bedächtig, aber sicher mit Bier vollaufen und gab sich mit gesetztem Anstand, wie es sich geziemt für Männer von Rang, Männer mit Einfluß, Männer mit Mist.

Am Nachmittag kamen wir ins Schwitzen bei einer Fußwanderung talaufwärts am grasbewachsenen Ufer eines klar dahinschießenden Baches entlang und an Bauernhäusern, Wassermühlen und einer endlosen Folge von Kruzifixen und Heiligen und Marienbildern vorbei. Diese Kruzifixe und so weiter wurden von den Überlebenden für verstorbene Freunde errichtet und sind dort fast so häufig wie in anderen Ländern die Telegrafenstangen.

Wir folgten der Wagenstraße und hatten unser übliches Glück: wir stapften in der prallen Sonne daher und sahen den Schatten stets die schattigen Stellen verlassen, bevor wir hingelangten. Bei all unseren Wanderungen gelang es uns nur selten, dann auf eine Strecke Weges zu treffen, wenn bei ihr der Schatten an der Reihe war. An diesem Nachmittag setzte die Hitze uns ganz besonders zu, und wir hatten nur einen Trost: Den Bauern, die hoch über uns an dem steilen Hang bei der Arbeit waren, erging es noch schlimmer. Schließlich wurde es unmöglich, die Hitze und das grelle Licht noch länger auszuhalten; also durchquerten wir die Schlucht und tauchten in das tiefe kühle Dämmer des Waldes ein, um nach dem zu suchen, was im Reiseführer als »die alte Straße« bezeichnet wurde.

Wir fanden eine alte Straße, und sie erwies sich am Ende auch als die richtige, wenn wir ihr auch zunächst einmal mit der Überzeugung folgten, daß es die falsche sei. Wenn es die falsche war, bestand kein Grund zur Eile, also beeilten wir uns nicht, sondern ließen uns häufig auf dem weichen Moos nieder und erfreuten uns der geruhsamen Stille und des Schattens der Waldeinsamkeit. Auf der Fahrstraße hatte es allerlei Zerstreuung gegeben – Schulkinder, Bauern, Wagen, Gruppen wandernder Studenten aus ganz Deutschland –, die alte Straße jedoch hatten wir ganz für uns.

Hin und wieder, wenn wir rasteten, beobachteten wir die ar-

Die Ameise arbeitet nicht, es sei denn, jemand schaut ihr zu.

beitsame Ameise bei der Arbeit. Ich stellte nichts Neues an ihr fest – gewiß nichts, was meine Meinung von ihr geändert hätte. Mir scheint, daß die Ameise, was ihre geistigen Fähigkeiten betrifft, ein sonderbar überschätzter Vogel ist. Seit vielen Sommern beobachte ich sie nun immer wieder, wenn ich etwas Gescheiteres tun sollte, und bisher ist mir noch keine lebendige Ameise begegnet, die mehr Sinn und Verstand zu haben schien als eine tote. Ich spreche natürlich von der gewöhnlichen Ameise; ich habe noch keine Berührung gehabt mit diesen wunderbaren Schweizer und afrikanischen Sorten, die zur Wahlurne gehen, durchexerzierte Armeen unterhalten, Sklaven halten und über Religion disputieren. Diese ganz besonderen Ameisen mögen ja in allem dem Bild entsprechen, das die Naturforscher von ihnen malen, aber ich bin überzeugt, daß die Durchschnittsameise glatter Schwindel ist. Ich gestehe ihr selbstverständlich ihren Fleiß zu; sie ist das am härtesten arbeitende Geschöpf der Erde – wenn gerade jemand zuguckt –, aber ich habe ihr doch ihren Schwachsinn entgegenzuhalten. Sie geht auf Futtersuche aus, macht ihren Fang, und was tut sie darauf? Geht sie nach Hause? Mitnichten – alles andere als nach Hause. Sie weiß nicht, wo zu Hause ist. Ihr Heim mag vielleicht nur einen Meter entfernt sein – tut gar nichts, sie kann es nicht finden. Sie macht, wie ich schon sagte, ihren Fang; in der Regel handelt es sich um etwas, das weder ihr noch sonst jemandem irgendwie von Nutzen sein kann; es ist gewöhnlich siebenmal größer, als es sein sollte – sie sucht lange nach der ungeschicktesten Stelle, und da packt sie zu; sie stemmt es mit schierer Kraft hoch in die Luft und macht sich auf den Weg – nicht nach Hause, sondern in entgegengesetzter Richtung; nicht gelassen und klug, sondern in wilder Hast, die ihre Kräfte vergeudet; sie stößt auf einen Kiesel, und anstatt ihn zu umgehen, klettert sie, die Beute nachzerrend, rückwärts über ihn hinweg, purzelt auf der anderen Seite herunter, springt zornig auf, klopft sich den Staub von den Kleidern, spuckt in die Hände, packt grimmig nach ihrer Habe, reißt sie hierhin, dann dorthin, schiebt sie nun vor sich her, macht im nächsten Augenblick kehrt und schleppt sie nach, wird wütender und wütender, stemmt sie dann plötzlich steil hoch und rast in einer vollkommen neuen Richtung davon; trifft auf ein Unkraut; der Gedanke, das Unkraut zu umgehen, kommt ihr nicht – nein, sie muß über das Unkraut hinwegklettern, und sie klettert, zerrt ihren wertlosen Besitz bis in den Wipfel – was ungefähr so gescheit ist, wie wenn ich einen Sack Mehl von Heidelberg nach Paris über den Turm des Straßburger Münsters hinweg trüge; wenn sie dort oben ankommt, stellt sie fest, daß sie da nicht richtig ist; betrachtet flüchtig die Aussicht und klettert dann entweder wieder abwärts oder purzelt herunter und macht sich erneut auf – wie gewöhnlich in einer abermals neuen Richtung.

Nach etwa einer halben Stunde gelangt sie an eine Stelle, die etwa eine Handbreit von der Stelle entfernt liegt, von der sie aufgebrochen ist, und hier legt sie ihre Last ab; inzwischen hat sie auf zwei Meter im Umkreis alles abgekrabbelt und jedes Unkraut und jeden Kiesel, die ihr begegnet sind, bestiegen. Nun wischt sie sich den Schweiß von der Stirn, streckt die Glieder und marschiert dann in nicht gemindeter Hast ziellos davon. Im Zickzack erwandert sie sich eine Menge Gelände und stolpert so nach einer Weile auch wieder über ihre Beute. Sie erinnert sich nicht, sie jemals gesehen zu haben; sie wirft Blicke nach allen Seiten, um festzustellen, wo es nicht nach Hause geht, schnappt ihr Bündel und zieht los; sie erlebt dieselben Abenteuer wie zuvor, hält schließlich inne, um zu rasten, und da kommt eine Freundin daher. Offenbar bemerkt die Freundin, daß ein Heuschreckenbein vom vergangenen Jahr eine sehr erlauchte Erwerbung sei, und erkundigt sich, wo sie es aufgetan habe. Offensichtlich erinnert die Eigentümerin sich nicht mehr genau, wo sie es aufgetan hat, glaubt aber, daß sie es »irgendwo hier in der Gegend« entdeckt habe. Offensichtlich erbietet sich die Freundin, beim Heimtransport behilflich zu sein. Darauf fassen sie mit typisch ameisenhaftem Scharfsinn an je einem

Ende des Grashüpferbeines an und beginnen mit aller Macht, in einander entgegengesetzten Richtungen zu ziehen. Alsbald machen sie Pause und konferieren. Sie kommen zu dem Schluß, daß etwas nicht stimmt, können jedoch nicht herausfinden, was es ist. Sie machen sich erneut heran, mit derselben Technik. Selbes Ergebnis. Es folgen Beschuldigungen und Gegenbeschuldigungen. Offensichtlich beschuldigt jede die andere der Obstruktion. Sie reden sich warm, und der Disput endet in einem Handgemenge. Sie klammern sich ineinander und kauen einander eine ganze Weile auf der Kinnlade herum; dann purzeln sie hin und wälzen sich auf der Erde, bis eine von ihnen ein Horn oder ein Bein verliert und sich zur Reparatur davonschleppen muß. Sie vertragen sich wieder und machen sich abermals auf dieselbe schwachsinnige Weise an die Arbeit, aber die lädierte Ameise ist im Nachteil; sie kann noch so zerren – die andere schleppt die Beute ab und die Invalidin an ihrem Ende mit. Statt aufzugeben, hält sie sich verbissen fest und zerschrammt sich die Schienbeine an jedem Hindernis, das ihr in den Weg kommt. Nachdem das Heuschreckenbein auf solche Weise nochmals über ziemlich dasselbe Gelände wie zuvor geschleift worden ist, wird es schließlich ungefähr an der Stelle abgeladen, an der es ursprünglich lag; die beiden schwitzenden Ameisen betrachten es nachdenklich und kommen zu dem Schluß, daß getrocknete Grashüpferbeine, wenn man's genau nimmt, eigentlich doch ein ziemlich armseliges Besitztum seien, und darauf machen sich beide in verschiedener Richtung davon, um mal zu sehen, ob sie nicht vielleicht einen alten Nagel finden können oder sonst etwas, das schwer genug ist, um Unterhaltung zu gewähren, und gleichzeitig so wertlos, daß eine Ameise es auch ganz bestimmt haben möchte.

Dort an dem Berghang im Schwarzwald sah ich eine Ameise eine Vorstellung dieser Art mit einer toten Spinne geben, die gut und gerne zehnmal so schwer wie sie selber war. Die Spinne war noch nicht ganz tot, aber zu weit hin, um noch Widerstand leisten zu können. Sie hatte einen Kugelbauch von der Größe einer

Erbse. Die kleine Ameise, da sie merkte, daß ich sie beobachtete, rollte die Spinne auf den Rücken, hieb ihr die Zähne in den Hals, hob sie hoch und machte sich kraftstrotzend mit ihr davon; dabei torkelte sie über kleine Kiesel, trat der Spinne auf die Beine und geriet ins Stolpern, zerrte sie im Rückwärtsgang, stieß sie leibhaftig vor sich her, schleppte sie über handhohe Steine hinweg statt im Bogen um sie herum, kletterte auf Unkräuter, die zwanzigmal so hoch wie sie selber waren, und sprang aus der Krone auf die Erde zurück – und ließ die Spinne schließlich mitten auf der Straße liegen, wo sie ein anderer Schwachkopf der Familie Ameise konfiszieren mochte. Ich maß die Strecke, die dieses dumme Luder zurückgelegt hatte, und gelangte zu dem Schluß, daß der Arbeit, die sie in zwanzig Minuten geleistet hatte, ungefähr folgende menschliche Anstrengung entsprechen würde: Man müßte zwei Pferde von je achthundert Pfund zusammenschnallen, sie etwa einen Kilometer weit hauptsächlich über Felsblöcke von durchschnittlich zwei Meter Höhe tragen (nicht um sie herum), im Verlauf der Reise eine Steilwand von Niagarahöhe und drei fünfunddreißig Meter hohe Kirchtürme erklimmen und von der Spitze herunterspringen und dann die Pferde in aller Öffentlichkeit ohne jede Aufsicht stehenlassen und hingehen und sich aus purer Eitelkeit in irgendein anderes idiotisches Wunderwerk stürzen.

Die Wissenschaft hat kürzlich herausgefunden, daß die Ameise keine Wintervorräte anlegt. Damit dürfte sie für die Literatur so ziemlich erledigt sein. Sie arbeitet nicht, es sei denn, es schaue jemand zu, und auch dann nur, wenn der Beobachter den grünen Blick des Naturforschers hat und sich Notizen zu machen scheint. Das läuft auf bewußte Täuschung hinaus und wird sie für die Sonntagsschule fast unbrauchbar machen. Sie besitzt nicht einmal genügend Scharfsinn, um Genießbares von Ungenießbarem zu unterscheiden.

Das läuft auf Unwissenheit hinaus und wird den Respekt schmälern, den die Menschheit vor ihr hegt. Sie kann nicht um eine Stoppel herumschlendern und trotzdem noch den Weg nach Hause finden. Das läuft auf Schwachsinn hinaus, und wenn diese schädigende Tatsache erst einmal unzweifelhaft feststeht, werden nachdenkende Menschen aufhören, zu ihr aufzusehen, und gefühlvolle, sie zu hätscheln. Ihr so gepriesener Fleiß ist nichts weiter als Ruhmsucht und ohne Wirkung, da sie nie etwas zu Ende bringt, was sie anfängt. Damit ist auch der letzte Rest ihres Rufes hin, ihre vornehmliche Nützlichkeit als Werkzeug der Moral erledigt, da nun der Faulenzer zögern wird, sich auch weiterhin zwecks bessernder Belehrung an sie zu wenden. Es ist sonderbar und absolut unbegreiflich, daß ein so ausgemachter Aufschneider wie die Ameise es fertiggebracht hat, so viele Völker zum Narren zu halten, und zwar so raffiniert, daß man ihr jahrhundertelang nicht auf die Schliche kam.

Die Ameise ist stark, aber wir fanden auch anderswo noch Stärke, wo wir bis dahin keine große Muskelkraft vermutet hätten. Ein Giftpilz – eins von jenen Exemplaren, die in einer einzigen Nacht zu voller Größe wachsen – war aufgebrochen und hatte ein Polster aus Tannennadeln und Erde hochgehoben, das doppelt so groß war wie er selber, und das hielt er nun frei in der Luft wie ein Pfeiler, der einen Schuppen trägt. Zehntausend Giftpilze könnten wohl, wenn sie es richtig anfaßten, einen Menschen hochheben. Aber was würde das nützen?

Den ganzen Nachmittag über waren wir bergauf gewandert. Gegen fünf Uhr oder halb sechs erreichten wir den Gipfel, und mit einemmal teilte sich der dichte Vorhang des Waldes, und wir schauten in ein tiefes, herrliches Tal hinunter und weit über bewaldete Berge hinweg, deren Gipfel in der Sonne leuchteten, während ihre schneisendurchfurchten Hänge von violetten Schatten gedämpft wurden. Das enge Tal zu unseren Füßen – es hieß Allerheiligen – bot am Ende seiner grasbewachsenen Sohle gerade Raum genug für ein behagliches, wonnevolles Menschennest, an das die Welt mit ihren Belästigungen nicht heranreichte, und folgich war es den Mönchen in alter Zeit auch nicht entgangen; und da standen die schmucken braunen Ruinen ihrer Kirche und ihres Klosters als Zeugen dafür, daß die Priester vor siebenhundert Jahren einen ebenso feinen Instinkt hatten wie die Priester heutzutage, wenn es darum ging, die erlesensten Winkel und Ecken des Landes aufzuspüren.

Ein großes Hotel verdrängt die Ruinen nun ein wenig und betreibt ein lebhaftes Geschäft mit Sommerfrischlern. Wir stiegen ins Tal hinab und nahmen ein Abendessen zu uns, das sehr zufriedenstellend gewesen wäre, hätte man die Forellen nur nicht gekocht. Überläßt man die Deutschen sich selber, servieren sie eine Forelle und überhaupt alles mit Sicherheit gekocht. Dies ist ein Beweis von einiger Stichhaltigkeit zur Unterstützung der Theorie, daß sie die ursprünglichen Besiedler der unwirtlichen Inseln vor der schottischen Küste waren. Ein mit Apfelsinen beladener Schoner ging vor ein paar Jahren vor einer dieser Inseln zu Bruch, und die zahmen Wilden liehen dem Kapitän so bereitwillig ihre Hilfe, daß er ihnen so viele Apfelsinen schenkte, wie sie haben wollten. Am Tage darauf fragte er sie, wie sie ihnen geschmeckt hätten. Sie schüttelten den Kopf und antworteten:

»Gebraten waren sie zäh; und auch gekocht waren sie nicht gerade das, was einem hungrigen Mann das Wasser im Mund zusammenlaufen läßt.«

Nach dem Abendessen durchwanderten wir das Tal. Es ist wunderschön – eine Mischung aus Waldlieblichkeit und zerklüfteter Felsenwildnis. Ein durchsichtig klarer Gießbach schießt pfeifend talabwärts, und am unteren Ende windet er sich durch einen engen Spalt zwischen hohen steilen Klippen und stürzt dann über eine Folge von Felswänden. Hat man die letzte hinter sich, gewinnt man einen herzerfreuenden Rückblick auf die Fälle – in einer siebenstufigen Treppe aus schäumenden und glitzernden Kaskaden steigen sie auf und ordnen sich zu einem Bild, das ebenso bezaubernd wie ungewöhnlich ist.

Kapitel 23

Aufbruch zu einer Tageswanderung

Wir waren überzeugt, daß wir in einem Tag bis Oppenau wandern konnten, da wir ja nun in der Übung waren; entschlossen, eben dies zu vollbringen, brachen wir also am nächsten Morgen nach dem Frühstück auf. Der Weg führte die ganze Strecke bergab, und wir hatten das herrlichste Sommerwetter. Also stellten wir den Schrittmesser und zogen mit bequemem, regelmäßigem Schritt durch den Wald abwärts, atmeten den duftenden Hauch des Morgens in tiefen erfrischenden Zügen und wünschten, wir möchten bis in alle Ewigkeit nichts anderes mehr zu tun haben als nach Oppenau zu wandern, immerzu und dann noch einmal.

Nun liegt jedoch der wahre Reiz des Wanderns nicht im Gehen oder in der Landschaft, sondern in der Unterhaltung. Das Gehen ist gut – es schlägt den Takt für die Bewegung der Zunge; die Landschaft und die Waldesdüfte sind nützlich – sie umgeben den Wanderer mit einem unbewußten und gar nicht zudringlichen Zauber und erquicken Auge, Seele und Sinne; aber den größten Genuß gewährt die Unterhaltung. Es ist ganz gleichgültig, ob man Weisheit von sich gibt oder Blödsinn redet, in jedem Fall liegt das Hauptvergnügen im fröhlichen Wackeln der Kinnlade und im teilnehmenden Spitzen des Ohres.

Und welch eine krause Vielfalt von Themen zwei Männer im Verlauf einer Tageswanderung abgrasen! Die Geselligkeit ist so ungezwungen, daß man jederzeit das Thema wechseln kann, und keiner neigt dazu, so lange auf einem einzigen Gesprächsgegenstand herumzudreschen, bis er fade wird. Wir unterhielten uns in den ersten fünfzehn oder zwanzig Minuten dieses Morgens über alles, was wir wußten, und dann stießen wir in das frohe, freie, grenzenlose Reich der Dinge vor, deren wir nicht so ganz sicher waren.

Harris behauptete, falls der beste Schriftsteller der Welt sich einmal die Schludrigkeit angewöhnen sollte, sein »hätte« zu verdoppeln, würde er sie sein Lebtag nicht mehr los. Genauer gesagt: Falls jemand sich angewöhnt zu schreiben, »Ich hätte es gerne gehabt, wenn ich mehr davon gewußt hätte«, anstatt schlicht zu sagen, »Ich hätte gerne mehr davon gewußt«, hat er sich eine Krankheit auf den Leib geholt, die nicht mehr zu kurieren ist. Harris sagte, diese Nachlässigkeit sei in einer jeden Nummer einer jeden Zeitung zu finden, die jemals gedruckt worden ist, und in fast allen Büchern, selbst in Grammatiken, selbst bei den Klassikern der Sprache. Harris glaubte, daß nur Milchzähne im Munde des Menschen häufiger vorkämen als dieses »verdoppelte hätte«.

Damit wechselte das Thema zur Zahnheilkunde hinüber. Ich sagte, daß meiner Ansicht nach der Durchschnittsmensch mehr Angst vor dem Zahnziehen als vor einer Amputation habe, und daß er leichter bei ersterer als bei letzterer Operation zu schreien anfange. Der Philosoph Harris entgegnete, daß der Durchschnittsmensch, falls er Publikum habe, weder in dem einen noch in dem anderen Fall schreien werde. Und er fuhr fort:

»Anfangs, als unsere Brigade am Potomac ins Lager ging, hat uns von Zeit zu Zeit ein ohrenzerreißender Schmerzensschrei hochfahren lassen: In einem der Zelte wurde einem Soldaten ein Zahn gezogen. Aber die Feldscher schafften da bald Abhilfe; sie führten die Freiluft-Zahnbehandlung ein. Von dem Tag an war nie wieder ein Schrei zu hören – jedenfalls nicht von dem Manne, dem der Zahn gezogen wurde. Zur täglichen Zahnbehandlungsstunde versammelten sich etwa fünfhundert Soldaten in der Nähe des Behandlungsstuhls, um der Vorstellung beizuwohnen – und zu helfen; und sobald der Feldscher mit der Zange den Zahn des Kandidaten packte und zu hebeln begann, griffen sich diese fünfhundert Spitzbuben sämtlich mit der Hand an die Backe und fingen an, auf einem Bein herumzuhüpfen und aus vollster Lunge zu schreien. Die Haare gingen einem hoch, wenn diese vielstimmige und doch gewaltig einmütige Katzenmusik losbrach! Bei solch einem großen und spöttischen Publikum hätte der Leidende auch keinen Laut von sich gegeben, wenn ihm der Kopf abgerissen worden wäre. Die Feldschere behaupteten, daß ziemlich oft ein Patient inmitten seiner Pein lachen mußte, aber geschrien habe nach Einrichtung der Freilichtvorführung nie wieder einer.«

Zahnärzte ließen an Ärzte denken, Ärzte an den Tod, der Tod an Skelette – in einem logischen Prozeß schmolz die Unterhaltung auf diese Weise aus einem Thema ins andere, bis die Skelette schließlich Nicodemus Dodge aus dem tiefen Grab in meiner Erinnerung auferstehen ließen, in dem er seit fünfundzwanzig Jahren vergessen geschlummert hatte. Als ich Laufjunge in einer Druckerei in Missouri war, kam eines Tages ein schlaksiges, langbeiniges, struwwelköpfiges Bauernkerlchen von vielleicht sechzehn Jahren in blauem Arbeitszeug hereingestapft und sah sich, ohne die Hände aus den Tiefen seiner Hosentaschen hervorzuholen oder die ausgebleichte Ruine eines Schlapphutes abzunehmen, dessen zerrissene Krempe ihm wie ein vom Ungeziefer befallenes Kohlblatt in Fetzen über Augen und Ohren hing, gleichgültig bei uns um, lehnte sich dann mit der Hüfte gegen das Schreibpult des Redakteurs, stellte seine mächtigen Quadratstiefel über Kreuz, zielte durch einen Spalt zwischen seinen oberen Zähnen nach einer weit entfernten Fliege, legte sie flach und sagte in aller Gemütsruhe:

»Wo is'n wohl mal der Meister?«

»Ich bin der Meister«, sagte der Redakteur, während er das sonderbare Stück Architektur bis zum Zifferblatt hinauf verwundert mit den Augen abtastete.

»Sie woll'n nich' vielleicht ein' ha'm für den Betrieb hier zu lernen, oder vielleicht doch?«

»Hm, ich weiß nicht. Möchtest du ihn gerne lernen?«

»Papa is' so arm, der kann nich' mehr für mich aufkomm', also will ich mich im Sommer was suchen, wenn ich kann, ganz egal, was – ich bin stark und gesund, und ich drück mich vor keiner Arbeit, harte oder feine.«

»Meinst du, du würdest gerne die Druckerei lernen?«

»Hm, ei'ntlich is' es mir verdonnert egal, was ich lerne, wenn ich nur 'ne Schangse hab', auf eigene Beine zu stehen. Ja, doch – warum soll ich nich' drucken lern', warum eigentlich nich'?«

»Kannst du lesen?«

»Ja – so einigermaßen.«

»Schreiben?«

»Na, hab' schon Leute besser schreiben sehen.«

»Rechnen?«

»Hm, 'n Laden könnte ich wohl nich' aufmachen, nee, aber bis zwölf-mal-zwölf, da bin ich gar nich' so schlecht. Was dann kommt, damit können Sie mich kriegen!«

»Wo bist du zu Hause?«

»Von Shelby her.«

»Welche Konfession hat dein Vater?«

»Der? O, er ist Schmied.«

»Nein, nein – ich meine nicht seinen Beruf. Welcher *Religion* gehört er an?«

»O – ich hab' Sie ehm nich' verstanden. Er ist Freimaurer.«

»Nein, nein, du verstehst mich immer noch nicht. Ich meine – gehört er einer *Kirche* an?«

»Ach so! Ich konnte überhaups nich' verstehen, was Sie da ehm fragen wollten. Gehört er zu einer *Kirche?* Na, Meister, er ist der fleißigste Baptist, wo Sie finden können, und nun schon seit vierzig Jahren. Es gibt keine fleißigeren als was er ist. Mächtig guter Mann ist mein Papa, jawohl. Sagt jeder. Und wenn Sie was an'eres sagen wolln – nich', wenn ich dabei bin, nee – kein bißchen! Nich', wenn ich dabei bin!«

»Und was ist deine Religion?«

»Hm, Meister, da ha'm Sie mich – und ei'ntlich ha'm Sie mich doch wieder nich' – nich' sehr. Ich denke mir, wenn ein Kerl ei'm anderen Kerl helft, wenn der gehelft werden muß, und wenn e nich' flucht und nix Gemeines nich' tut und überhaups nix, wa ihn überhaups nix angeht, und den Namen unseres Heilands nich mit ei'm kleinen g schreiben tut, dann kann nix schiefgehen – dann ister faß so sicher, als wenner einer Kirche angehören täte.«

»Aber angenommen, er schriebe ihn mit einem kleinen g – wa dann?«

»Hm, wenn er's mit Absicht getan hätte, hatter wohl kein Schangse – auf jeden Fall *dürfte* er keine Schangse haben, da bin ich ganz verdaxt sicher!«

»Wie heißt du?«

»Nicodemus Dodge.«

»Ich glaube, wir können dich gebrauchen, Nicodemus. Wi stellen dich auf jeden Fall zur Probe ein.«

»Is' gut.«

»Wann möchtest du anfangen?«

»Jetzt.«

Und so war dieses unbeschriebene Blatt bereits zehn Minuten nachdem wir seiner ansichtig geworden waren, einer von uns und mit ausgezogener Jacke tüchtig bei der Arbeit.

Hinter unserem Betrieb lag ein verlassener, wegloser, dicht mi dem blumigen und tückischen Stechapfel und seiner üblichen Freundin, der Sonnenblume, bewachsener Garten. Inmitten dieses traurigen Flecks Erde stand ein verfallenes und betagtes kleines Fachwerkhäuschen mit nur einem Raum, einem Fenster und keiner Decke – eine Generation zuvor war es eine Räucherkammer gewesen. Dieses einsame und gespenstische Loch gab man Nicodemus als Schlafstube.

Die Dorfwitzlinge hatten sofort heraus, welch eine Perle ihnen in Nicodemus beschert worden war – eine Zielscheibe für Streiche und allerlei Schabernack. Er konnte es nicht verbergen, daß er unsagbar arglos und vertrauensselig war. George Jones gewann den Ruhm für sich, ihm den ersten Streich gespielt zu haben; er gab ihm eine Zigarre mit einem Knallfrosch darin und zwinkerte den anderen mit einem Auge zu, sie möchten näher kommen; das Ding explodierte prompt und versengte Nicodemus' Augenbrauen und Wimpern völlig. Er sagte nur:

»Diese Ssigarrenmarke halte ich für gefährlich« – und schien keinen Verdacht zu schöpfen. Am nächsten Abend lauerte Nicodemus George auf und goß ihm einen Eimer mit eiskaltem Wasser über den Kopf.

Eines Tages, als Nicodemus schwamm, machte Tom McElroy Knoten in Ärmel und Beine seiner Sachen. Zur Vergeltung zündete Nicodemus mit Toms Sachen ein Feuerchen an.

Ein dritter Streich wurde Nicodemus ein paar Tage später gespielt – er ging am Sonntagabend mit einem weithin sichtbaren bedruckten Zettel auf dem Rücken den Mittelgang der Kirche hinunter. Der Spaßvogel verbrachte nach dem Kirchgang den Rest der Nacht im Keller eines leerstehenden Hauses, und Nicodemus saß, bis es Zeit zum Frühstücken wurde, auf der Kellertür, damit der Gefangene auch ja nicht vergaß, daß rauhe Behandlung die Folge sein würde, sollte er es sich einfallen lassen, Lärm zu schlagen. In dem Keller standen zwei Fuß Wasser, und der Boden war mit einer guten Handbreit weichen Schlamms bedeckt.

Aber ich schweife ab. Das Thema Skelette war es, das mir diesen Jungen ins Gedächtnis zurückrief. Ehe noch sehr viel Zeit verstrichen war, setzte sich bei den Witzbolden und Schlaumeiern im Dorf das unbehagliche Gefühl fest, daß ihre Anschläge auf den Einfaltspinsel »von Shelby her« nicht gerade von leuchtendem Erfolg gekrönt waren. Die Attentate wurden seltener und vorsichtig. Aber nun kam der junge Arzt zu Hilfe. Alles war entzückt und klatschte laut Beifall, als er vorschlug, Nicodemus zu Tode zu erschrecken, und auch gleich erklärte, wie er es anzustellen gedachte. Er besaß ein edles neues Skelett – das Gebein der verstorbenen und einzigen Lokalberühmtheit: des Dorfsäufers Jimmy Finn –, ein grausliches Stück Eigentum, das er von Jimmy Finn persönlich für fünfzig Dollar bei einer Versteigerung gegen scharfe Konkurrenz erworben hatte, als Jimmy vierzehn Tage vor seinem Tod in der Gerberei schwerkrank darniederlag. Die fünfzig Dollar waren prompt für Whisky draufgegangen und hatten den Besitzerwechsel beträchtlich beschleunigt. Der Arzt würde dem Nicodemus Jimmy Finns Skelett ins Bett legen!

So geschah es – abends gegen halb elf. Um Nicodemus' übliche Schlafenszeit – etwa um Mitternacht – schlichen sich die Dorfspaßvögel verstohlen durch Stechapfel und Sonnenblumen an das einsame Fachwerkhäuschen heran. Sie gelangten an das Fenster und spähten hinein. Da saß der langbeinige arme Wicht in nichts weiter als einem sehr kurzen Hemd auf seinem Bett und baumelte zufrieden mit den Beinen und spielte »Rennen in Camptown« auf einem mit Seidenpapier belegten Kamm, den er gegen den Mund drückte; neben ihm lagen eine neue Maultrommel, ein neuer Brummkreisel, ein Hartgummiball, eine Handvoll bemalter Murmeln, fünf Pfund Kandiszucker und ein breiter, tüchtig beknabberter Kanten Lebkuchen von der Dicke und Größe eines Notenalbums. Nicodemus hatte das Skelett einem durchziehenden Quacksalber für drei Dollar verkauft und genoß nun die Folgen!

Harris und ich hatten das Thema Skelette abgeschlossen und wollten gerade zwanglos zu Fossilien überwechseln, da hörten wir einen Schrei und blickten den steilen Berghang hinauf. Wir entdeckten hoch oben Männer und Frauen, die mit entsetzten Gesichtern dastanden, und etwas recht Umfängliches kam purzelnd den Steilhang hinunter auf uns zugestürzt. Wir traten zur Seite, und als das Umfängliche auf der Straße landete, erwies es sich als ein Junge. Er war gestolpert und hingeschlagen, und es war ihm nichts anderes übriggeblieben, als seinem Glück zu vertrauen und hinzunehmen, was kam.

Wenn man an solch einer Stelle erst einmal ins Rollen kommt, gibt es kein Halten, bis man unten ist. Man stelle sich Leute vor, die Land an einem Berghang bebauen, der so steil ist, daß man nichts Besseres von ihm sagen kann – falls man es sehr genau nehmen will –, als daß er ein wenig steiler als eine Leiter und nicht ganz so steil wie ein Mansardendach ist. Genau dies tun diese Leute. Manche der Äcker, die zu den kleinen Bauerngehöften auf den Hängen Heidelberg gegenüber gehörten, standen gleichsam auf der Kante. Der Junge war prächtig durchgerüttelt worden, und er blutete aus Schrammen am Kopf, die ihm kleine spitze Steine unterwegs gerissen hatten.

Harris und ich hoben ihn auf und setzten ihn auf einen Stein, und unterdessen waren die Männer und Frauen eiligst heruntergeklettert und hatten seine Mütze gebracht.

Aus kleinen Katen in der Nähe kamen Männer, Frauen und Kinder herbeigelaufen und gesellten sich zu den Umstehenden. Der blasse Junge wurde getätschelt und angestarrt und bemitleidet, und man brachte ihm Wasser zum Trinken und zum Baden seiner Schrammen und Prellungen. Und ein Geschnatter! Alle, die der Katastrophe zugeschaut hatten, beschrieben sie gleichzeitig, und jeder versuchte, noch lauter zu reden als sein Nachbar; und ein junger Mensch von überlegener geistiger Größe lief ein Stück den Berg hinauf, bat laut um Aufmerksamkeit, stolperte, fiel hin, rollte uns vor die Füße und zeigte auf diese Weise triumphierend, wie es genau gewesen war.

Harris und ich wurden in all diese Schilderungen eingeschlossen; wie wir dahergekommen waren; wie Hans Groß schrie; wie wir Peter einer Kanonenkugel gleich auf uns zuschießen sahen; mit wieviel Besonnenheit wir zur Seite traten und ihn kommen ließen; und mit welch großer Geistesgegenwart wir ihn aufhoben und abbürsteten und auf einen Stein setzten, als die Vorführung vorbei war. Wir waren ebensosehr Helden wie alle anderen, außer Peter, und wurden als solche anerkannt; wir wurden nebst Peter und dem gemeinen Volk zur Hütte von Peters Mutter mitgenommen, und dort aßen wir Brot und Käse und tranken Milch und Bier mit allen anderen und ließen es uns aufs geselligste gut sein und als wir dann weiterzogen, schüttelten sie uns alle die Hand und riefen zahllose Male »Lebewohl!« zurück, bis eine Biegung der Straße uns für immer von unseren herzlichen und wohlwollenden neuen Freunden trennte.

Es gelang uns, was wir uns vorgenommen hatten. Um halb neun Uhr abends, genau elfeinhalb Stunden nach unserem Aufbruch von Allerheiligen, betraten wir Oppenau – 236 Kilometer. Das ist die Entfernung laut Schrittmesser; der Reiseführer und die Kaiserlichen Generalstabskarten geben nur 16½ Kilometer an – ein überraschender Schnitzer, denn wenn es sich um Entfernungen handelt, sind diese beiden Quellen gewöhnlich überaus genau.

Kapitel 24

Sonntag in Europa

Es war eine durch und durch zufriedenstellende Wanderung – es sollte von allen die einzige sein, bei der es den ganzen Weg über nur bergab ging. Am nächsten Morgen bestiegen wir den Zug und kehrten durch gräßliche Staubnebel nach Baden-Baden zurück. Dazu war noch jeder Sitz besetzt, denn es war Sonntag, und daher machte jeder eine »Vergnügungs«-reise. Die Hitze! Der Himmel war der reinste Backofen – und ein guter: keine Risse, die irgendwelche Luft einließen. Wahrhaftig eine sonderbare Zeit für eine Vergnügungsreise!

Sonntag ist der große Tag in Europa – der freie Tag, der frohe Tag. Man kann auf hunderterlei Art den Feiertag nicht heiligen, ohne eine Sünde zu begehen.

Wir arbeiten am Sonntag nicht, weil das Gebot es verbietet; die Deutschen arbeiten am Sonntag nicht, weil das Gebot es verbietet. Wir ruhen uns am Sonntag aus, weil das Gebot es verlangt; die Deutschen ruhen sich am Sonntag aus, weil das Gebot es verlangt. Aber in der Definition des Wörtchens »ausruhen« liegt der ganze Unterschied beschlossen. Für uns lautet seine Sonntagsbedeutung: Bleibe im Hause und verhalte dich still; für die Deutschen scheint die Sonntagsbedeutung dieselbe wie die Werktagsbedeutung zu sein: Ruhe den müden Teil aus – der Rest steht nicht zur Debatte; ruhe den müden Teil aus und bediene dich dabei der Mittel, die zum Ausruhen ebendieses Teiles am besten geeignet sind. War also jemand von Berufs wegen die ganze Woche ans Haus gefesselt, wird er sich ausruhen, wenn er den Sonntag im Freien verbringt; gehörte es zu seinen Pflichten, die ganze Woche hindurch gewichtige und ernste Dinge zu lesen, wird er sich ausruhen, wenn er am Sonntag Leichtes liest; hatte seine Arbeit an jedem Tag der Woche mit Tod und Beerdigung zu tun, wird er sich ausruhen, wenn er am Sonntagabend ins Theater geht und zwei bis drei Stunden über eine Komödie lacht; ist er müde, weil er die ganze Woche Gräben ausgehoben oder Bäume gefällt hat, wird er sich ausruhen, wenn er am Sonntag still zu Hause liegt; falls die Hand, der Arm, das Gehirn, die Zunge oder irgendein anderer Körperteil vom Nichtbenutzen ermattet sind, ruht man sich nicht aus, indem man noch einen weiteren Tag keinen Gebrauch von ihnen macht; sind sie jedoch ermattet, weil sie benutzt wurden, ist Nichtbenutzen die richtige Ruhe. So scheinen die Deutschen das Wort »ausruhen« zu definieren – sie ruhen den jeweiligen Körperteil aus, indem sie seine Kraft wiederherstellen. Aber unsere Definition ist weniger weitmaschig. Wir ruhen uns des Sonntags alle auf die gleiche Weise aus – indem wir uns zurückziehen und still verhalten, ob dies uns nun die gründlichste Rast verschafft oder nicht. Die Deutschen lassen ihre Schauspieler, Prediger usw. am Sonntag arbeiten. Wir ermuntern Pastöre, Drukker, Redakteure usw. dazu, sonntags zu arbeiten, und vertrauen darauf, daß die Sünde uns schon nicht angekreidet werden wird; aber ich weiß nicht, wie wir die Tatsache wegerklären wollen, daß es für einen Pastor kaum weniger falsch sein kann als für einen Drucker, wenn er am Sonntag seinem Gewerbe nachgeht, macht doch das Gebot keine Ausnahme zu Gunsten des Pastors. Wir kaufen uns am Montagmorgen unsere Zeitung und lesen sie und unterstützen so das Drucken am Sonntag. Aber ich werde es nie wieder tun.

Die Deutschen halten den Feiertag heilig, indem sie sich der Arbeit enthalten, wie das Gebot es befiehlt; wir halten ihn heilig, indem wir uns der Arbeit enthalten, wie das Gebot es befiehlt, und uns außerdem des Spiels enthalten, was das Gebot nicht befiehlt. Vielleicht *verstoßen* wir daher gegen das Gebot der Ruhe, da unser Ausruhen in den meisten Fällen nur dem Namen, aber nicht der Sache nach ein Ausruhen ist.

Diese Überlegungen genügten einigermaßen, um den Riß in meinem Gewissen zu flicken, der dadurch entstanden war, daß ich an einem Sonntag nach Baden-Baden zurückreiste. Wir trafen zeitig genug ein, um uns aufzuputzen und noch vor Beginn des Gottesdienstes zur englischen Kirche zu gelangen. Und wir kamen mit beträchtlichem Gepränge an, denn der Wirt hatte den erstbesten Wagen, den er hatte finden können, vorfahren lassen, da keine Zeit zu verlieren war, und der Kutscher trug solch eine prächtige Livree, daß man uns wahrscheinlich für zwei versprengte Herzöge hielt, denn warum sonst wohl soll man uns mit einem Gestühl für uns allein hoch oben unter den Erwähltesten zur Linken der Kanzel beehrt haben? Das war mein erster Gedanke. In dem Gestühl unmittelbar vor uns saß eine einfach und billig gekleidete ältere Dame; neben ihr saß eine junge Dame mit einem sehr lieben Gesicht, und auch sie war sehr einfach gekleidet; aber überall um uns herum sah man Kleider und Schmuck, in denen zu beten und lobzusingen jedermann das Herz erwärmen würde.

Ich glaubte recht deutlich zu erkennen, daß es der älteren Dame peinlich war, in solch billiger Kleidung an solch auffallendem Platz zu sitzen. Sie begann mir leid zu tun. Ich machte mir Gedanken um sie. Sie gab sich Mühe, sehr mit ihrem Gesangbuch und dem Responsorium beschäftigt zu erscheinen, und tat, als merke sie nicht, daß sie fehl am Platze war, aber ich dachte bei mir: Es gelingt ihr nicht – da ist ein kummervolles Tremolo in ihrer Stimme, das wachsende Verlegenheit verrät. Plötzlich fiel der Name des Heilands, und in ihrer Aufregung verlor sie nun vollkommen den Kopf und erhob sich und verneigte sich, statt wie alle anderen nur leicht zu nicken. Das Blut schoß mir mitfühlend in die Schläfen, und ich drehte mich um und bedachte diese feinen Vögel mit einem Blick, der ein bittender Blick sein sollte, aber meine Gefühle bemächtigten sich meiner und verwandelten ihn in einen Blick, der besagte: »Wenn einer von euch Lieblingen des Glücks über diese arme Seele lacht, verdient ihr, daß man euch dafür auspeitscht!« Die Sache wurde immer schlimmer, und alsbald war ich soweit, daß ich mich im Geiste zum Beschützer der freundlosen Dame ernannte. Alle meine Gedanken waren bei ihr. Ich achtete überhaupt nicht mehr auf die Predigt. Ihre Verlegenheit nahm immer stärker von ihr Besitz; nun ließ sie den Verschluß ihres Riechfläschchens schnappen – es war ein lautes, knallendes Geräusch, aber in ihrer Beklemmung ließ sie ihn schnappen und schnappen und schnappen – sie wußte nicht, was sie tat, sie merkte es gar nicht. Zum Äußersten kam es, als der Teller zur Kollekte die Runde zu machen begann; die einfachen Leute legten ihre Pfennige darauf, der Adel und die Reichen spendeten Silber, sie jedoch legte mit widerhallendem *klick!* ein goldenes Zwanzigmarkstück vor sich auf die Gesangbuchauflage! Ich dachte bei mir: Sie hat sich von all ihren armseligen Ersparnissen getrennt, um sich die Achtung dieser mitleidlosen Leute zu erkaufen – der Anblick jammert mich. Diesmal wagte ich nicht, mich umzusehen, aber als der Gottesdienst zu Ende ging, sagte ich mir: »Sollen sie lachen – jetzt können sie es noch; aber vor der Tür dieser Kirche werden sie sehen, wie sie mit uns in unsere vornehme Kutsche einsteigt, und unser Prachtkutscher wird sie nach Hause fahren.«

Dann erhob sie sich, und die ganze Gemeinde stand, während sie den Mittelgang hinunter zum Ausgang schritt. Es war die Kaiserin von Deutschland!

Nein – sie war durchaus nicht so verlegen gewesen, wie ich geglaubt hatte. Meine Einbildung war mit mir auf der falschen Fährte davongerannt, und das ist immer hoffnungslos; man kann dann sicher sein, daß man bis zum Schluß in einem fort alles andere ebenfalls falsch deutet. Die junge Dame, die Ihre Majestät begleitete, war eine Ehrendame – und ich hatte sie die ganze Zeit über für einen ihrer Pensionsgäste gehalten!

Dies war das einzige Mal, daß sich eine Kaiserin meines persönlichen Schutzes erfreute; und wenn ich meine Unerfahrenheit in Betracht ziehe, kann ich mich nur wundern, wie gut ich meine

Sache gemacht habe. Bestimmt wäre ich selber ein bißchen verlegen gewesen, hätte ich schon vorher gewußt, wozu ich mich da verdingt hatte.

Wir erfuhren, daß die Kaiserin sich seit mehreren Tagen in Baden-Baden aufhielt. Sie soll nie einer anderen Gottesdienstform als der englischen beiwohnen.

Den übrigen Sonntag lag ich zu Bett und las und ruhte mich von der Erschöpfung der Reise aus, aber ich schickte meinen Reisebegleiter, damit er mich beim Nachmittagsgottesdient vertrete, denn ich lasse mich durch nichts in meiner Gewohnheit beirren, jeden Sonntag zweimal zur Kirche zu gehen.

Am Abend war eine große Menschenmenge im öffentlichen Park versammelt, um der Kapelle beim »Fremersberg« zuzuhören. Dieses Musikstück erzählt eine der alten Sagen aus dieser Gegend – von einem großen Herrn des Mittelalters, der sich in den Bergen verirrte und mit seinen Hunden in einem schrecklichen Unwetter umherwanderte, bis schließlich das ferne Läuten einer Klosterglocke, die die Mönche zur Mitternachtsmesse rief, an sein Ohr drang und er der Richtung, aus der das Läuten kam, folgte und gerettet wurde. Eine wundervolle Melodie durchlief die Musik, ohne je aufzuhören, manchmal laut und kräftig, manchmal so zart, daß sie kaum zu erkennen war – aber sie war immer da; sie schwang sich erhaben durch das schrille Pfeifen des Gewitterwindes, durch das Prasseln des Regens und das Krachen und Dröhnen des Donners; sie wand sich sanft und leise durch die leiseren Klänge, die entfernten, wie zum Beispiel das Klingen der Klosterglocke, die wohltönenden Signale aus dem Horn des Jägers, das kummervolle Bellen seiner Hunde und den feierlichen Sprechgesang der Mönche; sie erhob sich erneut in jubelndem Ton und mischte sich mit den ländlichen Liedern und Tänzen der Bauern, die im Refektorium des Klosters versammelt waren, um den geretteten Jäger beim Mahl zu erfreuen. Die Instrumente ahmten alle diese Laute mit staunenerregender Genauigkeit nach. Mehr als einer wollte seinen Schirm aufspannen, als das Gewitter losbrach und der nachgeahmte Regen in Kübeln über uns niederging; es war kaum möglich, nicht nach dem Hut zu fassen, wenn der wütende Wind zu heulen und zu toben begann; und es war *un*möglich, nicht zusammenzuzucken, wenn diese plötzlichen und zauberhaft echten Donnerschläge krachten.

Ich nehme an, der »Fremersberg« ist eine sehr niedere Sorte von Musik – ja, ich weiß, daß er eine niedere Sorte von Musik sein muß, denn er hat mich so entzückt, so von innen her erwärmt, mich bewegt, mich aufgerührt, mich erhoben, mich hingerissen, daß ich die ganze Zeit hätte heulen mögen und rasend vor Begeisterung war. Seit meiner Geburt war meine Seele nie wieder so gründlich gereinigt worden. Der feierliche und majestätische Gesang der Mönche wurde nicht von Instrumenten dargestellt, sondern von Männerstimmen; und er erhob sich und verklang wieder und erhob sich abermals in jenem üppigen Ineinander sich bekriegender Klänge und rhythmisch tönender Glocken und dem hoheitsvollen Schwung jener stets gegenwärtigen bezaubernden Melodie, und ich sagte mir, daß nur die allerniedrigste der niederen Musik so überirdisch schön sein *kann*. Die große Menschenmenge, die vom »Fremersberg« angelockt worden war, bewies ebenfalls, daß es sich um Musik niederer Qualität handelte; denn nur die wenigen sind so gebildet, daß Musik hoher Qualität ihnen Vergnügen bereitet. Ich habe nie genügend klassische Musik gehört, um mich daran erfreuen zu können. Die Oper mißfällt mir, weil ich sie lieben möchte und sie nicht lieben kann.

Es ist wohl so, daß es zwei Arten von Musik gibt – eine Art, die man so fühlt, wie sie vielleicht auch von einer Auster gefühlt wird, und eine andere, die ein höheres Organ erfordert, eine Fähigkeit, die durch Unterweisung gefördert und entwickelt werden muß. Aber falls niedere Musik gewissen Leuten unter uns Flügel wachsen läßt, warum sollen wir uns da eine andere wünschen? Wir tun's

Ich dingte einen Reiseleiter, da wir nach Italien wollten und die Sprache nicht beherrschten. Er auch nicht.

jedoch. Wir wünschen sie uns, weil die Oberen und Besseren si
mögen. Aber wir möchten sie haben, ohne ihr die notwendige Zei
und Mühe zu widmen; also klettern wir mittels einer Lüge in je
nen oberen Rang, auf jene Logenplätze, wir *tun so*, als gefalle si
uns. Ich kenne mehrere solche Leute – und ich nehme mir vor, z
ihnen zu stoßen, wenn ich mit meiner hochfeinen europäische
Bildung nach Hause komme.

Und dann ist da die Malerei. Was für den Stier ein rotes Tuch
war für mich Turners »Sklavenschiff«, bevor ich mich mit de
Kunst befaßte. Mister Ruskin ist in der Kunst so sehr gebildet, da
dieses Bild ihn in eine ebenso rasende Ekstase des Entzückens ver
setzt, wie sie mich vor einem Jahr, als ich unwissend war, in ein
des Zorns gestoßen hat. Seine Bildung befähigt ihn – und nur
auch mich –, Wasser in diesem grellgelben Schlamm zu erkenner
und naturhafte Vorgänge in diesen geisterblassen Explosionen au
Rauch und Flammen und der hochroten Sonnenuntergangs-
herrlichkeit; es versöhnt ihn – und nun auch mich – mit den
Schwimmen eiserner Ankerketten und anderer nichtschwimmen-
der Gegenstände; es versöhnt uns mit Fischen, die oben auf den
Schlamm herumschwimmen – will sagen auf dem Wasser. Da
Bild ist zum größten Teil eine ausgemachte Unmöglichkeit, da
heißt also: eine Lüge; und nur unerbittliche Bildung kann einer
Menschen dazu befähigen, Wahrheit in einer Lüge zu finden. Abe
sie hat Mister Ruskin dazu befähigt, und sie hat mich dazu befähigt, und ich bin dankbar dafür. Ein Zeitungsreporter aus Bostor
ging hin und warf einen Blick auf das Sklavenschiff, das sich d
durch die stürmische Feuersbrunst der Rot und Gelb kämpft, und
sagte, es erinnere ihn an eine getigerte Katze, die einen Anfall ir
einer Schüssel mit Tomatensoße hat. Damals war ich noch unge-
bildet, und die Bemerkung saß. Das ist doch einmal, dachte ich
ein Mann, der Augen hat, zu sehen. Mister Ruskin würde gesag
haben: Dieser Mensch ist ein Esel. Genau das würde ich jetzt ebenfalls sagen.

Nun, wie dem auch sei, wir waren diesmal in Baden-Baden, um zu unserem Reiseleiter zu stoßen. Ich hatte es für das beste gehalten, einen zu dingen, da wir ja schließlich noch nach Italien wollten und die Sprache nicht beherrschten. Er auch nicht. Wir trafen ihn im Hotel an, wo er sich bereithielt, um uns zu übernehmen. Ich fragte ihn, ob er reiseklar sei. Er war es. Sehr. Er gedachte eine Reisekiste, zwei Handkoffer und einen Regenschirm mitzunehmen. Ich würde ihm monatlich 55 Dollar und alle Eisenbahnfahrten zahlen. In Europa kostet die Beförderung eines großen Koffers ungefähr ebensoviel wie die einer Person. Reiseleiter brauchen nirgendwo für Unterkunft und Verpflegung zu bezahlen. Dies sieht nach einer großen Ersparnis für den Touristen aus – anfangs. Dem Touristen wird nicht klar, daß *einer* dem Mann schließlich sein Essen und sein Bett bezahlen muß. Irgendwann, in einem seiner lichten Augenblicke, dämmert es ihm dann aber doch noch.

Die schreckliche deutsche Sprache

> Ein bißchen Bildung macht alle Welt verwandt.
>
> *Sprüche 32,7*

Ich ging oft ins Heidelberger Schloß, um mir das Raritätenkabinett anzusehen, und eines Tages überraschte ich den Leiter mit meinem Deutsch, und zwar redete ich ausschließlich in dieser Sprache. Er zeigte großes Interesse; und nachdem ich eine Weile geredet hatte, sagte er, mein Deutsch sei sehr selten, möglicherweise einzigartig; er wolle es in sein Museum aufnehmen.

Wenn er gewußt hätte, was meine Kunst mich gekostet hatte, hätte er ebenfalls gewußt, daß ihre Erwerbung der Ruin eines jeden Sammlers gewesen wäre. Harris und ich arbeiteten zu der Zeit bereits seit mehreren Wochen hart an unserem Deutsch, und wir hatten zwar gute Erfolge erzielt, aber doch nur unter großen Schwierigkeiten und allerhand Ärger, denn drei von unseren Lehrern waren in der Zwischenzeit gestorben. Wer nie Deutsch gelernt hat, macht sich keinen Begriff, wie verwirrend diese Sprache ist.

Es gibt ganz gewiß keine andere Sprache, die so unordentlich und systemlos daherkommt und dermaßen jedem Zugriff entschlüpft. Aufs hilfloseste wird man in ihr hin und her geschwemmt, und wenn man glaubt, man habe endlich eine Regel zu fassen bekommen, die festen Boden zum Verschnaufen im tosenden Aufruhr der zehn Redeteile verspricht, blättert man um und liest: »Der Lernende merke sich die folgenden *Ausnahmen*.« Man überfliegt die Liste und stellt fest, daß diese Regel mehr Ausnahmen als Beispiele kennt. Also springt man abermals über Bord, um nach einem neuen Ararat zu suchen, und was man findet, ist neuer Treibsand. Dies war und ist auch jetzt noch meine Erfahrung. Jedesmal, wenn ich glaube, ich hätte einen von diesen vier verwirrenden Fällen endlich da, wo ich ihn beherrsche, schleicht sich, mit furchtbarer und unvermuteter Macht ausgestattet, eine dem Anschein nach unbedeutende Präposition in meinen Satz und zieht mir den Boden unter den Füßen weg. Zum Beispiel fragt mein Buch nach einem gewissen Vogel (es fragt immerzu nach Dingen, die für niemanden irgendwelche Bedeutung haben): »Wo ist der Vogel?« Die Antwort auf diese Frage nun lautet – laut Buch –, daß der Vogel in der Schmiede wartet, wegen des Regens.

Selbstverständlich würde kein Vogel das tun, aber ich muß mich an das Buch halten. Schön und gut, ich mache mich also daran, das Deutsch für die englisch angegebene Antwort zusammenzuklauben. Ich fange am falschen Ende an, das muß so sein, denn das ist die deutsche Idee. Ich sage mir: »Regen ist Maskulinum – oder vielleicht Femininum – oder auch Neutrum – es ist zu mühsam, das jetzt nachzuschlagen. Daher ist es entweder *der* Regen, *die* Regen, oder *das* Regen – je nachdem, zu welchem Geschlecht er oder sie oder es gehört, wenn ich nachsehe. Im Interesse der Wissenschaft will ich einmal von der Hypothese ausgehen, Regen sei Maskulinum. Schön – der Regen ist *der* Regen, wenn er im Ruhestand, ohne Ergänzung oder weitere Erörterung, lediglich *erwähnt* wird – Nominativ; aber falls der Regen herumliegt, etwa so ganz allgemein auf dem Boden, dann ist er örtlich fixiert, er *tut etwas,* nämlich er liegt (was nach den Vorstellungen der deutschen Grammatik eine Tätigkeit ist), und das wirft den Regen in den Dativ und macht aus ihm *dem* Regen. (Oder vielleicht dem *Boden?*) Dieser Regen jedoch liegt nicht, sondern tut etwas *Aktives* – er fällt (vermutlich um den Vogel zu ärgern), und das deutet auf *Bewegung* hin, die wiederum bewirkt, daß er in den Akkusativ rutscht und sich aus *dem* Regen in *den* Regen verwandelt. Damit ist das grammatikalische Horoskop für diesen Fall abgeschlossen, und ich gebe zuversichtlich Antwort und erkläre auf deutsch, daß der Vogel sich wegen *den* Regen in der Schmiede aufhält. Sofort fällt der

Lehrer mir sanft mit der Bemerkung in den Rücken, daß das Wort *wegen,* wenn es in einen Satz einbricht, den betroffenen Gegenstand *immer* und ohne Rücksicht auf die Folgen in den *Genitiv* befördere – und daß dieser Vogel daher wegen *des* Regens in der Schmiede gewartet habe.

N. B. Von maßgeblicher Stelle erfuhr ich später, daß es hier eine »Ausnahme« gebe, die es einem erlaube, in gewissen eigentümlichen und komplizierten Umständen »wegen *den* Regen« zu sagen; aber diese Ausnahme finde auch wirklich nur auf Regen Anwendung.

Es gibt zehn Redeteile oder Wortklassen, und alle zehn machen Ärger. Ein durchschnittlicher Satz in einer deutschen Zeitung ist eine unübertrefflich eindrucksvolle Kuriosität; er nimmt ein Viertel einer Spalte ein; er enthält sämtliche zehn Redeteile – nicht in ordentlicher Folge, sondern durcheinander; er ist hauptsächlich aus zusammengesetzten Wörtern aufgebaut, die der Schreiber an Ort und Stelle hergestellt hat, so daß sie in keinem Wörterbuch zu finden sind – sechs oder sieben Wörter zu einem zusammengepackt, und zwar ohne Gelenk und Naht, will sagen: ohne Bindestriche; er handelt von vierzehn bis fünfzehn verschiedenen Themen, die alle in ihre eigene Parenthese eingesperrt sind, und jeweils drei oder vier dieser Parenthesen werden hier und dort durch eine zusätzliche Parenthese abermals eingeschlossen, so daß Pferche innerhalb von Pferchen entstehen; schließlich und endlich werden alle diese Parenthesen und Überparenthesen in einer Hauptparenthese zusammengefaßt, die in der ersten Zeile des majestätischen Satzes anfängt und in der Mitte seiner letzten aufhört – *und danach kommt das* VERB, und man erfährt zum ersten Mal, wovon die ganze Zeit die Rede war; und nach dem Verb hängt der Schreiber noch »haben sind gewesen gehabt worden sein« oder etwas dergleichen an – rein zur Verzierung, soweit ich das ergründen konnte –, und das Monument ist fertig. Dieses abschließende Hurra entspricht wohl dem Schnörkel an einer Unterschrift –

nicht notwendig, aber hübsch. Deutsche Bücher sind recht einfach zu lesen, wenn man sie vor einen Spiegel hält oder sich auf den Kopf stellt, um die Konstruktion herumzudrehen, aber eine deutsche Zeitung zu lesen und zu verstehen wird für den Ausländer wohl immer eine Unmöglichkeit bleiben.

Aber selbst deutsche Bücher sind nicht völlig frei von Anfällen der Parenthesekrankheit, wenn sie hier auch gewöhnlich so milde verläuft, daß sie nur ein paar Zeilen in Mitleidenschaft zieht. Man kann daher dem Verb, wenn man es endlich erreicht, einige Bedeutung abgewinnen, erinnert man sich doch noch an ein gut Teil des Voraufgehenden.

Ich zitiere hier einen Satz aus einem vielgelesenen und vortrefflichen deutschen Roman:

»Wenn er aber auf der Straße der in Samt und Seide gehüllten, jetzt sehr ungeniert nach der neuesten Mode gekleideten Regierungsrätin begegnete...«

Der Satz stammt aus dem »Geheimnis der alten Mamsell« von Mrs. Marlitt und ist nach dem anerkanntesten deutschen Modell konstruiert. Man beachte, wie weit das Verb von der Ausgangsbasis des Lesers entfernt liegt; man beachte ferner, daß die Parenthesezeichen, die alles, was zwischen »der« und »Regierungsrätin« in den Satz eingeschaltet ist, zusammenschließen müßten, nicht einmal gesetzt worden sind, wodurch dem Leser der Weg zum entlegenen Verb willentlich noch weiter erschwert wird. Nun, in deutschen Zeitungen bringt man das Verb erst auf der nächsten Seite, und ich habe gehört, daß die Leute zuweilen in Eile geraten, nachdem sie sich ein paar Spalten lang in aufregenden Präliminarien und Parenthesen ergangen haben, und schließlich drucken müssen, ohne überhaupt bis zum Verb vorgestoßen zu sein, was natürlich dazu führt, daß der Leser seine Lektüre sehr erschöpft und um nichts klüger beendet.

Auch in unserer Literatur gibt es die Parenthese- und Einschiebekrankheit, und man kann tagtäglich Fälle in unseren Büchern und Zeitungen entdecken: Aber bei uns verraten sie einen ungeübten Schreiber oder einen unklaren Geist, während sie bei den Deutschen zweifellos das Zeichen für eine geübte Feder und das Vorhandensein jenes lichten geistigen Nebels sind, der bei diesem Volk als Klarheit gilt. Denn es ist ganz gewiß *keine* Klarheit – es kann einfach nicht Klarheit sein. Selbst der Scharfsinn einer Jury von Geschworenen würde genügen, um das zu erkennen. Die Gedanken und Vorstellungen eines Schreibenden müssen schon mächtig verwirrt und in Unordnung sein, wenn er sich zu der Feststellung anschickt, daß ein Mann der Frau eines Regierungsrates auf der Straße begegnet, und dann inmitten dieses so schlichten Unterfangens die beiden näherkommenden Leute anhält und stillstehen läßt, bis er ein Verzeichnis vom Putz der Frau angefertigt hat. Das ist deutlich widersinnig. Es erinnert einen an jene Zahnärzte, die sich unser augenblickliches und atemverschlagendes Interesse für einen Zahn sichern, indem sie ihn mit der Zange packen, und dann da stehen und lang und breit einen lahmen Witz erzählen, bevor sie zu dem gefürchteten plötzlichen Ruck übergehen. In der Literatur und in der Zahnheilpraxis sind Parenthesen schlechter Geschmack.

Die Deutschen kennen noch eine weitere Form der Parenthese, die sie herstellen, indem sie ein Verb spalten und die eine Hälfte an den Anfang eines spannenden Kapitels setzen und die andere Hälfte an den Schluß. Kann man sich etwas Verwirrenderes vorstellen? Diese Dinger heißen »trennbare Verben«. Die deutsche Grammatik strotzt von trennbaren Verben, und je weiter die beiden Teile auseinandergerissen werden, desto zufriedener ist der Urheber des Verbrechens mit seiner Leistung. Eines der beliebtesten trennbaren Verben ist »abreisen«.

Hier ist ein Beispiel, das ich in einem Roman auflas:

»Die Koffer waren gepackt, und er REISTE, nachdem er seine Mutter und seine Schwester geküßt und noch ein letztes Mal sein angebetetes Gretchen an sich gedrückt hatte, das in einfachem weißen Musselin und mit einer einzigen Tuberose im wallenden braunen Haar kraftlos die Treppe herabgetaumelt war, immer noch blaß von dem Entsetzen und der Aufregung des voraufgegangenen Abends, aber voller Sehnsucht, ihren armen schmerzenden Kopf noch einmal dem Mann an die Brust zu legen, den sie mehr als ihr eigenes Leben liebte, AB.«

Es ist jedoch nicht ratsam, zu lange bei den trennbaren Verben zu verweilen. Man verliert unfehlbar bald die Beherrschung, und wenn man bei dem Thema bleibt und nicht gewarnt wird, weicht schließlich das Gehirn davon auf oder versteinert.

Die Adjektive nun sind ein ewiges Kreuz in dieser Sprache, und man hätte sie besser weggelassen. Einfachheit wäre auch hier ein Vorzug gewesen, und nur aus diesem und aus keinem anderen Grund hat der Erfinder das Adjektiv so kompliziert gestaltet, wie es eben ging. Wenn wir in unserer eigenen aufgeklärten Sprache von unserem »good friend« oder unseren »good friends« sprechen, bleiben wir bei der einen Form, und es gibt deswegen keinen Ärger und kein böses Blut. Im Deutschen jedoch ist das anders. Wenn einem Deutschen ein Adjektiv in die Finger fällt, dekliniert und dekliniert und dekliniert er es, bis aller gesunde Menschenverstand herausdekliniert ist. Es ist so schlimm wie im Lateinischen. Er sagt zum Beispiel:

	Singular	Plural
Nominativ:	Mein gut*er* Freund	Mein*e* gut*en* Freund*e*
Genitiv:	Mein*es* gut*en* Freund*es*	Mein*er* gut*en* Freund*e*
Dativ:	Mein*em* gut*en* Freund	Mein*en* gut*en* Freund*en*
Akkusativ:	Mein*en* gut*en* Freund	Mein*e* gut*en* Freund*e*

Nun darf der Kandidat fürs Irrenhaus versuchen, diese Variationen auswendig zu lernen – man wird ihn im Nu wählen. Vielleicht ist es leichter, in Deutschland ohne Freunde auszukommen, als sich all diese Mühe mit ihnen zu machen. Ich habe gezeigt, wie lästig es ist, einen guten (männlichen) Freund zu deklinieren; das ist aber erst ein Drittel der Arbeit, denn man muß eine Vielzahl neuer Verdrehungen des Adjektivs dazulernen, wenn der Gegenstand der Bemühungen weiblich ist, und noch weitere, wenn er sächlich ist. Nun gibt es aber in dieser Sprache mehr Adjektive als schwarze Katzen in der Schweiz, und sie müssen alle ebenso kunstvoll gebeugt werden wie das oben angeführte Beispiel. Schwierig? Mühsam? Diese Worte können es nicht beschreiben. Ich habe einen Studenten aus Kalifornien in Heidelberg in einem seiner ruhigsten Augenblicke sagen hören, lieber beuge er hundertmal beide Knie als auch nur einmal ein einziges Adjektiv, und es handelte sich nicht etwa um einen Turner.

Der Erfinder dieser Sprache scheint sich einen Spaß daraus gemacht zu haben, sie auf jede Art, die ihm nur in den Sinn kam, zu komplizieren. Wenn man zum Beispiel ein Haus oder ein Pferd oder einen Hund beiläufig erwähnt, schreibt man diese Wörter wie angegeben; aber wenn man sich auf sie im Dativ bezieht, hängt man ein närrisches und unnötiges *e* an und schreibt sie »Hause«, »Pferde«, »Hunde«. Da nun ein *e* oft den Plural bezeichnet, kann es dem Anfänger leicht passieren, daß er zwei Monate lang aus einem Dativhund Zwillinge macht, bevor er seinen Irrtum entdeckt; und auf der anderen Seite hat manch ein Anfänger, der sich solche Einbuße nur schlecht leisten konnte, zwei Hunde erworben und bezahlt und nur einen von ihnen erhalten, da er diesen Hund unwissentlich im Dativ Singular kaufte, während er im Plural zu sprechen glaubte – wobei das Recht gemäß den strengen Gesetzen der Grammatik natürlich auf seiten des Verkäufers war und das verlorene Geld daher nicht eingeklagt werden konnte.

Im Deutschen beginnen alle Substantive mit einem großen Buchstaben. Das ist nun wahrhaftig mal eine gute Idee, und eine gute Idee fällt in dieser Sprache durch ihr Alleinstehen notwendigerweise auf. Ich halte diese Großschreibung der Substantive darum für eine gute Idee, weil man ihr zufolge ein Substantiv fast immer erkennen kann, sobald man es sieht. Hin und wieder irrt man sich allerdings und nimmt den Namen einer Person fälschlich für den einer Sache und verschwendet viel Zeit darauf, einen Sinn aus dem Ganzen herauszulesen. Deutsche Namen bedeuten fast immer etwas, und das fördert die Täuschung des Lernbeflissenen. Ich übersetzte eines Tages einen Satz, in dem es hieß, die wütende Tigerin habe sich losgerissen und »den unglückseligen Tannenwald gänzlich aufgefressen«. Schon rüstete ich mich, um dies zu bezweifeln, da fand ich heraus, daß Tannenwald in diesem Falle der Name eines Mannes war.

Jedes Substantiv hat sein grammatisches Geschlecht, und die Verteilung ist ohne Sinn und Methode. Man muß daher bei jedem Substantiv das Geschlecht eigens mitlernen. Eine andere Möglichkeit gibt es nicht. Um das fertigzubringen, braucht man ein Gedächtnis wie ein Terminkalender. Im Deutschen hat ein Fräulein kein Geschlecht, wohl aber ein Kürbis. Welch übermäßige Hochachtung vor dem Kürbis und welch kaltherzige Mißachtung der unverheirateten jungen Dame sich hier verrät! Ein Baum ist männlich, seine Knospen aber sind weiblich und seine Blätter sächlich; Pferde sind geschlechtslos, Hunde sind männlich, Katzen weiblich; Mund, Hals, Busen, Ellenbogen, Finger, Nägel, Füße und Rumpf eines Menschen sind männlichen Geschlechts; was auf dem Hals sitzt, ist entweder männlich oder sächlich, aber das richtet sich nach dem Wort, das man dafür benutzt, und nicht etwa nach dem Geschlecht des tragenden Individuums, denn in Deutschland haben alle Frauen entweder einen männlichen »Kopf« oder ein geschlechtsloses »Haupt«. Nase, Lippen, Schultern, Brust, Hände, Hüften und Zehen eines Menschen sind weiblich, und sein Haar, seine Ohren, Augen, Beine, Knie, sein Kinn, sein Herz und sein Gewissen haben gar kein Geschlecht. Was der Erfinder der Sprache vom Gewissen wußte, muß er vom Hörensagen gewußt haben.

Aus obiger Sektion wird der Leser ersehen, daß in Deutschland ein Mann zwar glauben mag, er sei ein Mann, aber sobald er sich die Sache nüchtern und genauer ansieht, müssen ihm Zweifel kommen: Er findet heraus, daß er in Wahrheit eine höchst lachhafte Mischung darstellt. Und wenn er sich dann mit dem Gedanken trösten möchte, daß doch immerhin ein verläßliches Drittel dieses Durcheinanders männlichen Geschlechts sei, wird der demütigende zweite Gedanke ihn sofort daran erinnern, daß er sich da um nichts besser steht als irgendeine Frau oder Kuh im Lande.

Es stimmt, daß im Deutschen die Frau infolge eines Versehens des Erfinders der Sprache weiblich ist; ein Weib jedoch ist es zu seinem Pech nicht. Ein Weib hat hier kein Geschlecht, es ist ein Neutrum; laut Grammatik ist also ein Fisch »er«, seine Schuppen »sie«, ein Fischweib aber keins von beiden. Ein Weib geschlechtslos zu nennen darf wohl als eine hinter dem Sachverhalt zurückbleibende Beschreibung gelten. Schlimm genug – aber übergroße Genauigkeit ist sicherlich noch schlimmer. Ein Deutscher nennt einen Bewohner Englands einen Engländer. Zur Änderung des Geschlechts fügt er ein »-in« an und bezeichnet die weibliche Einwohnerin desselben Landes als Engländerin. Damit scheint sie ausreichend beschrieben, aber für einen Deutschen ist es noch nicht exakt genug, also stellt er dem Wort den Artikel voran, der anzeigt, daß das nun folgende Geschöpf weiblich ist, und schreibt: *»Die* Engländerin.« Meiner Ansicht nach ist diese Person überbezeichnet.

Schön. Aber auch wenn der Lernbegierige das Geschlecht einer großen Anzahl von Substantiven auswendig gelernt hat, hören die Schwierigkeiten noch nicht auf. Er kann nämlich seine Zunge einfach nicht dazu bringen, die Dinge, die er gewohnheitsmäßig mit »*it*«, also »*es*«, bezeichnet, nun auf einmal »er« oder »sie« zu nennen. Mag er sich auch im Geiste den deutschen Satz mit allen »er« und »ihn« und »sie« an der richtigen Stelle zurechtgelegt haben und sich unter Aufbietung all seines Mutes anschicken, ihn auszusprechen – in dem Augenblick, in dem er den Mund aufmacht, bricht seine Zunge aus der Bahn aus, und die sorgfältig erarbeiteten Formen kommen als lauter »es« ans Licht. Sehen Sie den Tisch, es ist grün.

Wohl in allen Sprachen sind Ähnlichkeiten in Aussehen und Klang zwischen Wörtern, bei denen keine Ähnlichkeit der Bedeutung besteht, eine ewige Quelle der Verwirrung für den Ausländer. Das ist in unserer Sprache so und sehr auffallenderweise im Deutschen. Da hätten wir zum Beispiel das lästige Wort »vermählt«. Für mich hat es solch eine große – wirkliche oder nur eingebildete – Ähnlichkeit mit drei oder vier anderen Wörtern, daß ich nie weiß, ob es tatsächlich »verheiratet« bedeutet (wie mir das Wörterbuch beim Nachschlagen immer wieder versichert), oder ob ich es nicht doch einmal wieder mit »verschmäht«, »gemalt« oder »verdächtigt« verwechselt habe. Solche Wörter gibt es haufenweise, und sie sind eine rechte Plage. Damit die Schwierigkeit noch größer werde, gibt es außerdem Wörter, die einander zu ähneln *scheinen,* sich jedoch in Wirklichkeit ganz und gar nicht ähneln; aber sie machen nicht weniger Ärger, als wenn sie es wirklich täten. Da haben wir zum Beispiel das Wort »vermieten« und das Wort »verheiraten«. Ich habe von einem Engländer gehört, der in Heidelberg bei einem Mann anklopfte und in dem besten Deutsch, das ihm zur Verfügung stand, fragte, ob er ihm sein Haus verheiraten könne. Dann gibt es da gewisse Wörter, die eins bedeuten, wenn man sie auf der ersten Silbe betont, aber ganz etwas anderes, wenn man den Ton auf die zweite oder letzte Silbe verschiebt. So kann man zum Beispiel mit einem Menschen umgehen oder aber ihn umgehen – je nachdem, wie man das Wort betont; und man darf sich darauf verlassen, daß man die Betonung in der Regel auf die falsche Silbe legt und Ärger bekommt.

Diese Sprache besitzt einige außerordentlich nützliche Wörter. *Schlag,* zum Beispiel, und *Zug.* Im Wörterbuch ist eine Dreiviertelspalte mit »Schlag« angefüllt und eine halbe mit »Zug«. Das Wort

Schlag kann Hieb, Stoß, Streich, Rasse, Haus (z. B. für Tauben), Lichtung, Feld, Enttäuschung, Portion, rasche Folge (wenn es zu »Schlag auf Schlag« gedoppelt wird), sodann einen Anfall, eine unangenehme Wirkung des Schicksals, eine ebensolche des elektrischen Stromes und wahrscheinlich noch einiges mehr bedeuten. Alles das ist seine einfache und *genaue,* das heißt also: seine beschränkte, seine gefesselte Bedeutung; aber es gibt außerdem noch Möglichkeiten, es freizulassen, so daß es davonschweben kann wie auf den Schwingen des Morgens und nie wieder zur Ruhe kommt. Man kann ihm jedes beliebige Wort hinten anhängen und ihm so jede nur gewünschte Bedeutung geben. Man kann bei der Schlagader anfangen und dann Wort um Wort das ganze Wörterbuch anhängen, bis hin zu »Schlagwasser«, einem anderen Wort für Bilgewasser, und »Schlagmutter«, womit die Schwiegermutter gemeint ist.

Nicht anders steht es mit »Zug«. *Genau*genommen bedeutet Zug eine Fortbewegungsform, Kennzeichen, Merkmal, Charaktereigenschaft, Teil des Gesichtsausdrucks, Neigung, Hang, Marsch, Prozession, Wagenreihe, Schublade, Luftströmung, Gespann, Richtung, Schwarm, Register (an der Orgel), Schluck, einen Vorgang beim Schachspiel und beim Atmen – aber was es *nicht* bedeutet, nachdem all seine rechtmäßigen Anhänglinge angehängt worden sind, hat man bisher noch nicht herausgefunden.

Der Nutzen von Schlag und Zug ist einfach nicht zu überschätzen. Mit weiter nichts als diesen beiden Wörtern und dem Wort »also« bewaffnet, bringt der Ausländer auf deutschem Boden fast alles zuwege. Das deutsche Wort »also« ist ein reiner Lückenbüßer, es bedeutet nicht das geringste – jedenfalls nicht beim Reden, wenn auch manchmal in einem gedruckten Zusammenhang. Sooft ein Deutscher den Mund aufmacht, fällt ein »also« heraus, und sooft er ihn zuklappt, zerbeißt er eins, das gerade entwischen wollte.

Mit diesen drei edlen Wörtern ausgerüstet, ist der Ausländer jederzeit Herr der Lage. Er kann furchtlos drauflosreden; er kann sein leidliches Deutsch unbekümmert hervorsprudeln: Wenn ihm einmal ein Wort fehlt, braucht er nur ein »Schlag« in die leere Stelle zu stopfen, und er hat beste Aussichten, daß es wie ein Stöpsel paßt. Paßt es jedoch nicht, stoße er sofort mit einem »Zug« nach – den beiden zusammen kann es kaum mißlingen, das Loch zu verspunden. Sollte es ihnen irgendeinem Wunder zufolge aber einmal nicht gelingen, möge er schlicht »Also!« sagen; damit schafft er sich den Augenblick Aufschub, den er braucht, um nach dem benötigten Wort zu suchen. In Deutschland sollte man beim Laden der Redeflinte stets ein paar »Schlag« und »Zug« mit hineinschieben, denn wie sehr die übrige Ladung auch streuen mag, mit dieser beiden muß man einfach treffen. Dann sagt man freundlich »also« und lädt von neuem. Nichts verleiht einer deutschen Unterhaltung soviel Anmut und ungezwungene Eleganz wie das ausgiebige Beträufeln mit »also«.

In meinem Notizbuch finde ich folgende Eintragung:

1. Juli. Im Krankenhaus wurde gestern einem Patienten – einem Norddeutschen aus der Nähe von Hamburg – ein dreizehnsilbige Wort herausgenommen; aber da die Chirurgen ihn höchst unglücklicherweise an der falschen Stelle geöffnet hatten (nämlich in der Annahme, er habe ein Panorama verschluckt), starb er. Das traurige Ereignis hat einen düsteren Schatten über die ganze Stadt geworfen.

Diese Eintragung liefert mir den Text zu ein paar Bemerkungen über einen der eigentümlichsten und bemerkenswertesten Züge des hier von mir behandelten Gegenstandes – die Länge deutscher Wörter. Manche deutschen Wörter sind so lang, daß man sie nur aus der Ferne ganz sehen kann. Man betrachte die folgenden Beispiele:

Freundschaftsbezeigungen.

Dilettantenaufdringlichkeiten.

Stadtverordnetenversammlung.

Dies sind keine Wörter, es sind Umzüge sämtlicher Buchstaben des Alphabets. Und sie kommen nicht etwa selten vor. Wo man auch immer eine deutsche Zeitung aufschlägt, kann man sie majestätisch über die Seite marschieren sehen – und wer die nötige Phantasie besitzt, sieht auch die Fahnen und hört die Musik. Sie geben selbst dem sanftesten Thema etwas schauererregend Martialisches. Ich interessiere mich sehr für diese Kuriositäten. Sooft mir ein gutes Exemplar begegnet, stopfe ich es aus für mein Museum. Auf diese Weise habe ich eine recht wertvolle Sammlung zusammengebracht. Wenn ich auf Duplikate stoße, tausche ich mit anderen Sammlern und erhöhe so die Mannigfaltigkeit meines Bestandes. Hier sind einige Exemplare, die ich kürzlich auf der Versteigerung des persönlichen Besitzes eines bankrotten Raritätenjägers erstand:

Generalstaatsverordnetenversammlung
Altertumswissenschaften
Kinderbewahrungsanstalten
Unabhängigkeitserklärungen
Wiederherstellungsbestrebungen
Waffenstillstandsunterhandlungen

Natürlich schmückt und adelt solch ein großartiger Gebirgszug die literarische Landschaft, wenn er sich quer über die Druckseite erstreckt, gleichzeitig jedoch bereitet er dem Anfänger großen Verdruß, denn er versperrt ihm den Weg. Er kann nicht darunter herkriechen oder darüber hinwegklettern oder einen Tunnel hindurchbohren. Er wendet sich also hilfesuchend ans Wörterbuch, aber dort findet er keine Hilfe. Das Wörterbuch muß irgendwo eine Grenze ziehen, daher läßt es diese Sorte von Wörtern aus, und zwar mit Recht, denn diese langen Dinger sind wohl kaum rechtmäßige Wörter, sondern vielmehr Wortkombinationen, deren Erfinder man hätte umbringen sollen. Es sind zusammengesetzte Wörter ohne Bindestrich. Die einzelnen Wörter, die zu ihrem Aufbau benutzt wurden, stehen im Wörterbuch, wenn auch recht verstreut. Man kann sich also das Material Stück um Stück zusammensuchen und auf diese Weise schließlich auf die Bedeutung stoßen, aber es ist eine mühselige Plackerei.

Also! Falls es mir nicht gelungen ist, zu beweisen, daß Deutsch eine schwierige Sprache ist – versucht habe ich es jedenfalls. Ich hörte von einem amerikanischen Studenten, den jemand fragte, wie er mit seinem Deutsch vorwärtskomme, und der unverzüglich antwortete: »Überhaupt nicht. Drei volle Monate habe ich jetzt hart daran gearbeitet, und dabei ist nichts weiter herausgekommen als eine einzige deutsche Wendung: ›Zwei Glas!‹«

Er hielt einen Augenblick lang inne und fügte dann mit Nachdruck hinzu: »Aber das sitzt!«

Und falls ich nicht ebenfalls bewiesen habe, daß das Studium des Deutschen ein aufreibendes und erbitterndes Unternehmen ist, dann liegt das an unzureichender Beweisführung und ganz gewiß nicht an mangelnder Absicht. Ich hörte neulich von einem bis zur Erschöpfung geplagten amerikanischen Studenten, der sich zu seiner Erleichterung in ein gewisses deutsches Wort flüchtete, wenn Ärger und Verdruß ihn zu überwältigen drohten – in das einzige Wort der ganzen Sprache, das lieblich und kostbar in seinen Ohren klang und seinem zerrissenen Gemüt Heilung gewährte. Dies war das Wort »damit«. Aber es war nur der Klang, der ihm half, nicht die Bedeutung, und als er daher schließlich erfuhr, daß der Ton nicht auf der ersten Silbe lag, war sein einziger Halt dahin, und er verfiel immer mehr und starb.

Meiner Ansicht nach muß die Beschreibung eines lauten, aufrührenden, ungestümen Vorgangs im Deutschen unvermeidlich zahmer ausfallen als im Englischen. Unsere beschreibenden Wörter haben hier einen tiefen, starken, volltönenden Klang, während ihre deutschen Entsprechungen mir dünn und sanft und kraftlos vorkommen. Sie wären wunderhübsch geeignet, Kinder damit in den Schlaf zu singen, oder aber meine ehrfurchtheischenden Ohen sind mir zur Schaustellung gewachsen und nicht zu höchster Nützlichkeit beim Analysieren von Klängen. Würde jemand bei einer Begebenheit ums Leben zu kommen wünschen, die mit einem solch zahmen Ausdruck wie »Schlacht« belegt wird? Und würde sich nicht ein Schwindsüchtiger allzusehr eingemummelt dünken, der sich anschickt, in Kragen und Siegelring in einen atmosphärischen Zustand hinauszutreten, zu dessen Bezeichnung das Vogelsangwort »Gewitter« benutzt wird? Oder man nehme das stärkste Wort, das die deutsche Sprache zum Ersatz für das Fremdwort »Explosion« kennt – »Ausbruch«. Da ist unser Wort für Zahnbürste – *toothbrush* – kraftvoller. Mir scheint, es wäre nicht das Schlechteste, wenn die Deutschen es zur Beschreibung besonders gewaltiger Explosionen importierten. Das Wort »Hölle« sodann hat gleichfalls einen geradezu munteren, leichtherzigen und ganz und gar nicht eindrucksvollen Klang. Man kann sich kaum vorstellen, daß jemand, dem man auf deutsch rät, dorthin zu fahren, es nicht für unter seiner Würde betrachtet, beleidigt zu sein.

Nachdem ich nun auf die verschiedenen Untugenden dieser Sprache ausführlich hingewiesen habe, komme ich jetzt zu der kurzen und angenehmen Aufgabe, ihre Tugenden hervorzuheben. Die Großschreibung der Substantive habe ich bereits erwähnt. Aber weit größer noch als dieser Vorzug ist ein anderer: daß die Wörter so geschrieben werden, wie sie klingen. Nach einer kurzen Unterweisung im Alphabet weiß der Lernende ohne zu fragen, wie ein jedes deutsche Wort ausgesprochen wird.

Einige deutsche Wörter sind von einzigartiger Ausdruckskraft. Zum Beispiel jene, die das einfache, stille und zärtliche häusliche Leben beschreiben; sodann die, die mit der Liebe in all ihren Arten und Formen zu schaffen haben, von bloßer Güte und Wohlwollen gegenüber dem durchreisenden Fremden bis hin zum Liebeswerben; aber auch die Wörter, die von den zartesten und liebreizendsten Dingen draußen in der Natur künden – von Wiesen und Wäldern und Vögeln und Blumen, vom Duft und Sonnenschein des Sommers und dem Mondschein in stillen Winternächten; mit einem Wort: alle jene, die von Ruhe, Rast und Frieden handeln; auch jene, die sich auf die Wesen und Wunder des Märchenlandes beziehen. Letztlich und hauptsächlich ist die Sprache unübertrefflich reich und ausdrucksvoll bei allen Wörtern, die Gefühl ausdrücken. Es gibt deutsche Lieder, die den, dem die Sprache fremd ist, zum Weinen bringen können. Darin zeigt sich, daß der *Klang* der Wörter korrekt ist – er interpretiert die Bedeutung mit Wahrhaftigkeit und Genauigkeit; und so wird das Ohr unterrichtet und durch das Ohr das Herz.

Die Deutschen scheinen nicht davor zurückzuschrecken, ein Wort zu wiederholen, wenn es das richtige ist. Sie wiederholen es sogar mehrmals, wenn es sein muß. Im Englischen bilden wir uns ein, wir gerieten ins Tautologische, wenn wir ein Wort zweimal im selben Absatz verwendet haben, und in unserer Schwäche tauschen wir es gegen ein anderes Wort aus, das sich seiner Genauigkeit nur annähert, um so dem auszuweichen, was wir zu Unrecht für den größeren Makel halten. Wiederholung mag von Übel sein, aber Ungenauigkeit ist gewiß schlimmer.

Es gibt Leute auf der Welt, die sich der allergrößten Mühe unterziehen, um auf die Schwächen einer Religion oder einer Sprache hinzuweisen, und dann freundlich ihrer Wege gehen, ohne irgendwelche Verbesserungsvorschläge zu machen. Ich bin nicht von der Sorte. Ich habe dargelegt, daß die deutsche Sprache reformbedürftig ist. Nun denn, ich bin bereit, sie zu reformieren. Zumindest bin ich bereit, die richtigen Vorschläge zu machen. Solch ein Unterfangen mag bei einem anderen unbescheiden erscheinen; ich jedoch habe fürs erste und letzte neun volle Wochen dem sorgfältigen und kritischen Studium dieser Sprache gewidmet und dadurch ein Vertrauen in meine Fähigkeiten, sie zu verbessern, gewonnen, das mir eine nur oberflächliche Bekanntschaft nicht hätte verschaffen können.

Zunächst einmal würde ich den Dativ auslassen. Er bringt die Plurale durcheinander, und außerdem weiß man nie, wann man sich im Dativ befindet, es sei denn, man bemerkt es zufällig – und dann weiß man nicht, wann und wo man hineingeraten ist oder seit wann man darin war oder wie man jemals wieder herauskommen soll. Der Dativ ist nichts weiter als schmückender Unsinn – es ist besser, ihn abzuschaffen.

Sodann würde ich das Verb weiter nach vorne holen. Man mag noch so ein gutes Verb laden, bei der gegenwärtigen deutschen Entfernung bringt man nach meiner Beobachtung das Subjekt nie wirklich zur Strecke – man schießt es nur an. Ich empfehle daher mit Nachdruck, diesen wichtigen Redeteil an eine Stelle vorzuziehen, wo man ihn mit bloßem Auge sehen kann.

Drittens würde ich ein paar starke Ausdrücke aus dem Englischen importieren – zum Fluchen und auch zur kraftvollen Beschreibung aller möglichen kraftvollen Vorgänge.*

Viertens würde ich die Geschlechtszugehörigkeit neu regeln und die Verteilung gemäß dem Willen des Schöpfers vornehmen. Dies schon aus Respekt.

Fünftens würde ich diese großen langen zusammengesetzten Wörter abschaffen oder aber von dem Sprechenden verlangen, daß er sie abschnittweise vorträgt und mit Erfrischungspausen dazwi-

---

* »Verdammt« und seine Variationen und Erweiterungen sind Wörter von allerhand Bedeutung, aber ihr *Klang* ist so sanft und wenig ausdrucksvoll, daß deutsche Damen sie benutzen können, ohne daß es eine Sünde wäre. Deutsche Damen, die durch keinerlei Überredung oder Zwang dazu gebracht werden könnten, eine Sünde zu begehen, stoßen ohne Zögern eins dieser harmlosen kleinen Wörter aus, wenn sie sich ihr Kleid zerreißen oder die Suppe ihnen nicht schmeckt. Sie klingen ungefähr so verrucht wie »O weh!«. Deutsche Damen sagen dauernd »Ach Gott!«, »Gott im Himmel!«, »Herr Gott!«, »Lieber Herr Jesus!« usw. Sie glauben vielleicht auch, unsere Damen frönten demselben Brauch, denn einmal hörte ich, wie eine vornehme und reizende alte Dame zu einer reizenden jungen Amerikanerin sagte: »Die beiden Sprachen ähneln sich sehr – wie angenehm das ist; wir sagen ›Ach Gott!‹, und Sie sagen ›Goddam‹.«

schen. Sie gänzlich abzuschaffen wäre das beste, denn Gedanken werden leichter aufgenommen und verdaut, wenn sie einer nach dem anderen und nicht zu großen Haufen geballt daherkommen. Mit der geistigen Nahrung verhält es sich genauso wie mit jeder anderen: Es ist angenehmer und bekömmlicher, sie mit dem Löffel anstatt mit der Schaufel zu sich zu nehmen.

Sechstens würde ich von dem Sprechenden verlangen, daß er Schluß macht, wenn er fertig ist, und nicht einen Schwanz von diesen nutzlosen »haben sind gewesen gehabt haben worden sein« hinten an den Satz anhängt. Solcherart Tand schmückt das Gesagte nicht, sondern raubt ihm seine Würde. Er ist daher ein Ärgernis und sollte abgeschafft werden.

Siebtens würde ich die Parenthese mit und ohne Klammer abschaffen. Desgleichen die Überparenthese, die Oberüberparenthese, die Außenumoberüberparenthese und schließlich auch die letzte, weitreichende, alles umfassende Hauptparenthese. Ich würde von jedermann, ob hoch oder niedrig, verlangen, daß er mir einfach und geradezu mit dem kommt, was er mir erzählen will, oder aber seine Geschichte zusammenrollt und sich daraufsetzt und Ruhe gibt. Übertretungen dieses Gesetzes müßten mit dem Tode bestraft werden.

Und achtens und letztens würde ich »Zug« und »Schlag« mit allen ihren Anhängseln behalten und das übrige Vokabular abschaffen. Dies würde die Sprache sehr vereinfachen.

Ich habe nun die Änderungen genannt, die ich für die nötigsten und wichtigsten halte. Dies sind wohl alle, die man von mir gratis erwarten kann; aber ich habe noch weitere Vorschläge, die ich machen kann und auch machen werde, falls meine geplante Bewerbung dazu führt, daß ich von der Regierung amtlich angestellt werde, an der Verbesserung der Sprache zu arbeiten.

Auf Grund meiner philologischen Studien bin ich überzeugt, daß ein begabter Mensch Englisch (außer Schreiben und Sprechen) in dreißig Stunden, Französisch in dreißig Tagen und Deutsch in dreißig Jahren lernen kann. Es liegt daher auf der Hand, daß die letztgenannte Sprache getrimmt und repariert werden sollte. Falls sie so bleibt, wie sie ist, sollte sie sanft und ehrerbietig zu toten Sprachen gestellt werden, denn nur die Toten haben genügend Zeit, um sie zu lernen.

Deutsche Zeitungen

Die Tageszeitungen in Hamburg, Frankfurt, Baden-Baden, München und Augsburg sehen alle mehr oder weniger gleich aus. Ich nenne diese, weil ich sie besser kenne als irgendwelche anderen deutschen Zeitungen.

Sie enthalten keinen einzigen Leitartikel, keine »Privaten Mitteilungen« – was vielleicht eher ein Vorzug als ein Fehler ist –, keine Witzecke, keine Polizeigerichtsberichte, keine Berichte über Verhandlungen vor höheren Gerichten, keine Information über Preisboxen oder andere Balgereien, keine über Pferderennen, Wettgehen, Segelregatten, Schießwettkämpfe oder irgendwelche anderen sportlichen Vorkommnisse; keine Wiedergabe von Bankettreden, keinen Klatsch und Tratsch, keine »Gerüchte« über dies und das und diesen und jenen, keine Voraussagen oder Prophezeiungen über irgend etwas oder irgend jemanden, kein Verzeichnis erteilter und angemeldeter Patente oder irgendeinen Hinweis auf dergleichen, keine Beschimpfung von Beamten, weder großen noch kleinen, keine Klagen über sie und kein Lob derselben; keine religiöse Spalte am Samstag und keine wiederaufgewärmten Predigten am Montag, keinen Wetterbericht, keine Lokalnachricht, die enthüllt, was sich in der Stadt tut – ja, überhaupt nichts von örtlichem Interesse außer dem Kommen und Gehen irgendeines Fürsten oder dem geplanten Zusammentreffen irgendeiner Ratsversammlung.

Nach solch einem furchterregenden Verzeichnis all dessen, was man in einer deutschen Zeitung nicht findet, mag man sehr wohl fragen, was überhaupt darin steht. Die Frage ist schnell beantwortet: Eine Kinderhandvoll Telegramme, hauptsächlich über europäische innen- und außenpolitische Vorgänge, Korrespondentenberichte per Post über dieselben Dinge, Marktberichte. Aus. Daraus besteht eine deutsche Tageszeitung. Eine deutsche Tageszeitung ist die langweiligste und traurigste und ödeste Erfindung der Menschheit. Unsere eigenen Tageszeitungen versetzen den Leser oft genug in Wut; die deutsche Tageszeitung stumpft ihn nur ab. Einmal in der Woche lockert die deutsche Tageszeitung vom höchsten Rang ihre gewichtigen Spalten auf – d. h. sie glaubt sie aufzulokkern –, nämlich durch eine tiefschürfende, abgründige Buchkritik; eine Buchkritik, die einen abwärts, abwärts, abwärts in die wissenschaftlichen Eingeweide des Themas fährt – denn deutsche Kritiker sind Wissenschaftler, oder sie sind nichts –, und wenn man endlich wieder auftaucht und frische Luft atmet und das heitere Tageslicht wiedersieht, kommt man einmütig zu dem Schluß, daß die Methode, eine deutsche Tageszeitung durch eine Buchbesprechung aufzulockern, verfehlt ist. Manchmal bringt einem die erstklassige Tageszeitung an Stelle der Kritik einen ihrer Ansicht nach fröhlichen und munteren Aufsatz – über Bestattungsgebräuche im antiken Griechenland, über die Technik der alten Ägypter beim Teeren von Mumien oder über die Gründe zu der Annahme, daß einige von den Völkern, die es vor der Sintflut gab, Katzen nicht leiden konnten.

Es sind dies keine unerfreulichen Themen, es sind keine uninteressanten Themen, ja es sind sogar aufregende Themen – bis sie einem dieser gediegenen Wissenschaftler in die Finger fallen. Er überzeugt einen alsbald, daß es möglich ist, selbst diese Dinge so abzuhandeln, daß der Leser ganz niedergeschlagen davon wird.

Die durchschnittliche Tageszeitung nun besteht, wie schon gesagt, ausschließlich aus Korrespondenz – ein bißchen davon kommt telegrafisch, der Rest mit der Post. Vor jeder Meldung sind der Ort – »London« oder »Wien« oder irgendeine andere Stadt – und das Datum angegeben, und immer steht vor dem Namen des Ortes ein

Buchstabe oder ein Zeichen, die anzeigen, wer der Berichterstatter ist, damit die Behörde ihn finden kann, wenn sie ihn aufzuknüpfen wünscht. Sterne, Kreuze, Dreiecke, Quadrate, Halbmonde, Sonnen – das sind einige der von Korrespondenten benutzten Zeichen.

Einige Tageszeitungen arbeiten zu schnell, andere zu langsam. So war zum Beispiel meine Heidelberger Zeitung immer vierundzwanzig Stunden alt, wenn sie im Hotel eintraf; aber eine meiner Münchner Abendzeitungen pflegte volle vierundzwanzig Stunden vor dem Erscheinungsdatum zu erscheinen.

Einige der weniger bedeutenden Tageszeitungen bieten einem jeden Tag einen Löffelvoll von einer Fortsetzungsgeschichte; sie erstreckt sich nach französischer Manier quer über den unteren Teil der Seite. Wenn man die Zeitung fünf Jahre lang abonniert, wird es einem wohl gelingen, so ziemlich die ganze Geschichte mitzubekommen.

Fragt man einen Münchner, was die beste Münchner Tageszeitung sei, erhält man stets zur Antwort, daß es nur *eine* gute Münchener Tageszeitung gebe, und die erscheine in dem siebzig oder achtzig Kilometer entfernten Augsburg. Das ist so, als behaupte man, die beste New Yorker Zeitung erscheine irgendwo draußen in New Jersey. Ja, die *Augsburger Allgemeine Zeitung* ist »die beste Münchener Zeitung«, und an sie hatte ich gedacht, als ich oben eine »erstklassige deutsche Tageszeitung« beschrieb. Die gesamte Zeitung ist, aufgeschlagen, nicht einmal ganz so groß wie ein einziges Blatt des New Yorker *Heralds*. Sie ist natürlich auf beiden Seiten bedruckt, aber in solch einer großen Type, daß ihr gesamter Inhalt, in der *Herald*-Type gedruckt, auf eine einzige Seite des *Herald* ginge – und es wäre immer noch Platz darauf für die »Beilage« der *Allgemeinen Zeitung* und einen Teil des Inhalts der *Allgemeinen* vom nächsten Tag.

So sieht die erstklassige Tageszeitung aus. Die tatsächlich in München gedruckten Blätter werden von den Einwohnern sämtlich zweitklassig genannt. Fragt man, welche die beste von diesen zweitklassigen Zeitungen sei, wird einem erklärt, daß es da keinen Unterschied gebe – eine sei so gut wie die andere. Von einer von ihnen habe ich eine Nummer aufbewahrt; sie heißt *Münchener Tages-Anzeiger* und trägt das Datum vom 25. Januar 1879. Vergleiche sind scheußlich, brauchen aber nicht bösartig zu sein, und ohne jede Bösartigkeit möchte ich diese in einer deutschen Stadt von 170 000 Einwohnern erschienene Zeitung mit Zeitungen in anderen Ländern vergleichen. Ich wüßte nicht, wie ich es dem Leser sonst ermöglichen soll, sich ein Urteil zu bilden.

Eine Spalte in einer durchschnittlichen amerikanischen Tageszeitung enthält 1800 bis 2500 Wörter; der Text einer einzigen Nummer besteht aus 25 000 bis 50 000 Wörtern. Der Text in meiner Nummer der Münchener Zeitung umfaßt alles in allem 1654 Wörter – ich habe sie gezählt. Das ergäbe beinahe eine Spalte in einer von unseren Tageszeitungen. Eine einzige Ausgabe der dicksten Zeitung der Welt, der Londoner *Times*, enthält oft 1 000 000 Wörter Text. Bedenkt man, daß der *Tages-Anzeiger* die üblichen sechsundzwanzig Nummern im Monat herausbringt, so ergibt sich, daß der Text einer einzigen Nummer der Londoner *Times* ihn mit Stoff für zweieinhalb Monate versorgen könnte!

Der *Anzeiger* ist eine achtseitige Zeitung; seine Seite ist einen Zoll länger und einen Zoll breiter als ein Foliobogen, das heißt also, ihre Maße liegen zwischen denen einer Schiefertafel und denen eines Damentaschentuchs. Ein Viertel der ersten Seite wird vom Zeitungskopf in Anspruch genommen, wodurch sie ziemlich kopflastig aussieht; der Rest der ersten Seite besteht aus Text; die ganze zweite Seite besteht aus Text; die anderen sechs Seiten enthalten Anzeigen.

Der Text ist in zweihundertfünf Korpus-Zeilen zusammengedrängt und durch acht Cicero-Überschriften aufgelockert. Die Speisenfolge sieht so aus: An erster Stelle steht unter einer Cicero-Überschrift, um Aufmerksamkeit und Respekt zu erzwingen, eine vierzeilige Predigt, in der die Menschen angehalten werden, sich zu erinnern, daß sie, obgleich Pilger hienieden, doch Erben des Himmels seien, und »Wenn sie von der Erde scheiden, steigen sie zum Himmel auf.« Vielleicht ist eine vierzeilige Predigt in einer Samstagszeitung das ausreichende deutsche Gegenstück zu den acht bis neun Spalten voller Predigten, die den New Yorkern in ihren Montagmorgenzeitungen geliefert werden. Die neuesten (zwei Tage alten) Nachrichten folgen der vierzeiligen Predigt unter der Cicero-Überschrift »Telegramme« – »telegrafiert« wurden diese Meldungen mit einer Schere aus der *Augsburger Allgemeinen Zeitung* vom Tag zuvor. Diese Telegramme umfassen vierzehnzweidrittel Zeilen aus Berlin, fünfzehn Zeilen aus Wien und zweifünfachtel Zeilen aus Kalkutta. Dreiunddreißig Korpus-Zeilen telegrafischer Nachrichten in der Hauptstadt eines Königs mit 170 000 Einwohnern sind gewiß keine Überdosis. Nun kommt die Cicero-Überschrift »Neuigkeiten des Tages«, unter der die folgenden Tatsachen aufgereiht sind: Prinz Leopold fährt zu einem Besuch nach Wien, sechs Zeilen; Prinz Arnulph wird aus Rußland zurückerwartet, zwei Zeilen; der Landtag wird um zehn Uhr zusammentreten und über ein Wahlgesetz beraten, drei Zeilen und ein Wort; eine Bekanntmachung der Stadtverwaltung, fünfeinhalb Zeilen; Preise der Eintrittskarten für den bevorstehenden großen Wohltätigkeitsball, dreiundzwanzig Zeilen – denn diese eine Mitteilung füllt fast ein Viertel der gesamten ersten Seite; in Frankfurt findet demnächst ein wunderbares Wagner-Konzert mit einem Orchester von hundertacht Instrumenten statt – siebeneinhalb Zeilen, und damit schließt die erste Seite. Alles in allem also fünfundachtzig Zeilen auf dieser Seite, drei Überschriften mit eingerechnet. Etwa fünfzig von diesen Zeilen beziehen sich, wie man sieht, auf örtliche Ereignisse: die Reporter werden nicht mit Arbeit überladen.

Genau die Hälfte der zweiten Seite wird von einer Opernkritik, dreiundfünfzig Zeilen (davon drei Überschriften), und den Todesanzeigen, zehn Zeilen, eingenommen.

Die andere Hälfte der zweiten Seite besteht aus zwei Artikeln unter der Überschrift »Vermischte Nachrichten«. Einer von diesen Artikeln berichtet über einen Streit des russischen Zaren mit seinem ältesten Sohn, einundzwanzigeinhalb Zeilen; und der andere berichtet von der grausamen Ermordung eines Bauernkindes durch seine Eltern – vierzig Zeilen oder ein Fünftel des gesamten Textes der Zeitung.

Man überlege nur einmal, worauf sich ein Fünftel des Textes einer Tageszeitung in einer amerikanischen Stadt von 170 000 Einwohnern beläuft! Was für eine Masse! Würde irgend jemand auch nur annehmen, ich könnte diese Masse so bequem in einem Kapitel dieses Buches verstecken, daß es dem Leser schwerfallen würde sie wiederzufinden, wenn er die Stelle verloren hat? Ganz gewiß nicht. Ich gebe diesen Kindsmord hier wortwörtlich wieder, damit der Leser eine Vorstellung davon gewinnt, wie ein Fünftel des Textes einer Münchener Tageszeitung aussieht, wenn es einem leibhaftig unter die Augen tritt.

»Von Oberkreuzberg, 21. Januar, erhält die *Donau-Zeitung* einen längeren Bericht, dem wir kurz folgendes entnehmen: In Rametnach, einem Dorf bei Eppenschlag, lebten seit Georgi v. J. zwei junge Eheleute, welche außer einem Knaben mit 2 Jahren noch einen zweiten, illegitim der Mutter mit 5 Jahren hatten. Aus diesem Grund und da dem Knaben von einem Verwandten in Iggensbach auch 200 fl. vermacht worden waren, scheint derselbe dem unbarmherzigen Stiefvater im Wege gewesen zu sein und sollte hienach ein grausames Opfer der unnatürlichen Eltern werden. Der Knabe wurde nämlich langsam ausgehungert und zeitweise schrecklich mißhandelt, wie jetzt die Dorfleute zu spät erzählen. Man sperrte ihn in ein Loch, von welchem aus er weinend die Vorübergehenden um Brot bat. Diese und ähnliche Mißhandlungen dauerten bis zum 3. Jänner l. J., an welchem Tage ihnen der Knabe endlich erlag. Der plötzliche (sic!) Tod des Kindes machte Aufsehen um so mehr, als man dessen Leiche mit

Kleidern angetan sofort auf die Bahre legte. Der Totenbeschauer machte deshalb Anzeige und am 6. ds. wurde an der Leiche durch eine Gerichtskommission von Grafenau die Sektion vorgenommen. Welch ein erbarmungswürdiger Anblick bot sich da? Der Leichnam war ein vollständiges Skelett. Die Gedärme, selbst der Mastdarm waren leer, nur mit Gas gefüllt, ebenso der Magen. Das Fleisch am Leibe war keinen Messerrücken dick und das Seziermesser konnte keinen Tropfen Blut aus demselben hervorbringen. An der Haut war nicht ein Fünfmarkstück großer gesunder Fleck am ganzen Körper: Nur Wunden, Narben, braun oder mit Blut unterlaufen; selbst an der Fußsohle zeigten sich Wunden. Die Rabeneltern wollten glauben machen, der Knabe sei ein bösartiges Kind gewesen und habe deshalb gezüchtigt werden müssen. Zuletzt sei er noch über eine Bank gestürzt und habe sich das Genick gebrochen. Allein auf Grund des Resultates der Sektion wurden sie verflossene Woche verhaftet und in das Gefängnis von Deggendorf abgeführt.«

Ja, sie wurden verflossene Woche, also zwei Wochen nach der gerichtlichen Untersuchung, verhaftet! Wie vertraut das klingt! Diese Art von polizeilicher Fixigkeit erinnert mich ein Gutteil mehr an mein Heimatland, als der deutsche Journalismus es vermag.

Meiner Ansicht nach stiftet eine deutsche Zeitung keinen nennenswerten Nutzen, allerdings richtet sie auch keinen Schaden an. Das ist ein sehr großes Verdienst und sollte nicht als unbedeutend erachtet werden.

Die deutschen humoristischen Blätter sind schön gedruckt auf gutem Papier, und die Illustrationen sind vortrefflich gezeichnet, vortrefflich gestochen, und sie sind nicht auf geschmacklose, sondern auf köstliche Weise komisch. Dasselbe trifft im allgemeinen auf die zwei oder drei kurzen und bündigen Sätze zu, die die Bilder begleiten. Ich erinnere mich an eine von diesen Zeichnungen: Ein gründlich heruntergekommener Landstreicher betrachtet kummervoll ein paar Geldstücke, die er in der offenen Hand hält. Er sagt: »Na, mit dem Betteln ist es auch bald nichts mehr. Nur fünf Mark für den ganzen Tag – manch ein Beamter verdient mehr!« Und ich denke an ein Bild, auf dem ein Handlungsreisender gerade seine Muster auspacken will:

Kaufmann (verdrießlich): Nein, bitte nicht! Ich kaufe nichts.

Handlungsreisender: Gestatten Sie, ich wollte sie Ihnen nur zeigen – – –

Kaufmann: Aber ich will sie nicht sehen!

Handlungsreisender (nach einer Pause, flehend): Aber hätten Sie etwas dagegen, wenn *ich* sie mir anguckte? Ich hab' sie schon seit Wochen nicht mehr gesehen!

Zeittafel

1835	Am 30. November wird Samuel Langhorne Clemens in Florida (Missouri) geboren.
1839	Die Familie verlegt ihren Wohnsitz nach Hannibal (Missouri), wo Sam seine Kindheit verbringt.
1847	Im März stirbt der Vater, John Marshall Clemens.
1848–1857	Sam arbeitet als Drucker, zunächst für verschiedene Zeitungen in Hannibal, nach 1852 u. a. in St. Louis, New York und Keokuk (Iowa).
1858–1861	Bis zum Ausbruch des Bürgerkrieges als Lotse auf dem Mississippi tätig.
1861	Nach einem kurzen Zwischenspiel als Soldat der Südstaaten reist er mit seinem älteren Bruder Orion nach Nevada.
1862	Arbeitet dort als Prospektor. Beginn seiner journalistischen Tätigkeit, zunächst als Reporter und Korrespondent des *Virginia City Territorial Enterprise,* ab 1864 als Mitarbeiter verschiedener Blätter in San Francisco und New York. Nimmt das Pseudonym »Mark Twain« an.
1865	»Jim Smiley and his Jumping Frog«, später u.d.T.: »The Celebrated Jumping Frog of Calaveras County« (»Der berühmte Springfrosch der Provinz Calaveras«). Diese Kurzgeschichte, die zu Twains berühmtesten gehört und in mehreren Fassungen vorliegt, macht ihn weithin bekannt als humoristischen Erzähler.
1867	Am 8. Juni bricht er an Bord der *Quaker City* zu einer

	Mittelmeer-Kreuzfahrt auf, die ihn auch ins Heilige Land führt.
1869	*The Innocents Abroad (Die Arglosen im Ausland)*, ein kurzweiliger Bericht über seine vorangegangene Europareise. Das Buch wird zum Bestseller.
1870	Am 2. Februar heiratet er Olivia Langdon aus Elmira/N.Y.
	Am 7. November wird der erste und einzige Sohn, Langdon Clemens, geboren, der schon zwei Jahre später stirbt.
1871	Die Familie bezieht ein Haus in Hartford (Connecticut).
1872	Geburt der Tochter Susan.
	Vortragsreise durch England.
	Roughing It (Durch dick und dünn).
1873	*The Gilded Age (Das vergoldete Zeitalter)*, ein satirischer Roman über die »goldenen Zeiten« nach dem Bürgerkrieg, in Zusammenarbeit mit Charles Dudley Warner.
	Zweite Vortragsreise durch England.
1874	Geburt der Tochter Clara.
1876	*The Adventures of Tom Sawyer (Tom Sawyers Abenteuer)*.
1878–1879	Reise nach Europa, wo er u. a. Deutschland, Frankreich und Italien besucht.
1880	*A Tramp Abroad (Bummel durch Europa)*.
	Geburt der Tochter Jean.
1882	*The Prince and the Pauper (Der Prinz und der Bettelknabe)*.
1883	*Life on the Mississippi (Leben auf dem Mississippi)*.
1884–1885	Vortragsreise zusammen mit George W. Cable.
1885	*The Adventures of Huckleberry Finn (Huckleberry Finns Abenteuer)*.
1888	Die Yale University verleiht ihm den akademischen Grad eines M.A. (Magister Artium) ehrenhalber.

1889	*A Connecticut Yankee in King Arthur's Court (Ein Yankee aus Connecticut am Hofe des Königs Artus).*
1891–1895	Lebt meist in Europa, und zwar in Deutschland, Frankreich und Italien.
1892	*The American Claimant (Der amerikanische Prätendent).*
1894	*Pudd'nhead Wilson (Querkopf Wilson).* Finanzielle Pleite aufgrund hoher Investitionen in das fehlgeschlagene Projekt einer Typensetzmaschine.
1895–1896	Vortragsreise durch mehrere Länder der südlichen Hemisphäre, u. a. Australien, Neuseeland und Südafrika.
1896	*Personal Recollections of Joan of Arc (Persönliche Erinnerungen an Jeanne d'Arc),* ein historischer Roman. Susy stirbt an Meningitis. *Tom Sawyer Abroad, Tom Sawyer, Detective, and Other Stories (Tom Sawyer im Ausland, Tom Sawyer als Detektiv und andere Geschichten).*
1897	*Following the Equator (Meine Reise um die Welt),* sein letzter Reisebericht.
1900	*The Man that Corrupted Hadleyburg and Other Stories (Der Mann, der Hadleyburg korrumpierte, und andere Geschichten).*
1901	Die Yale University verleiht ihm den akademischen Grad eines Litt. D. = Litterarum Doctor.
1902	Die Universität von Missouri verleiht ihm den akademischen Grad eines L. L. D. = Legum Doctor.
1903	Wegen der angeschlagenen Gesundheit seiner Frau reist er mit seiner Familie nach Italien.
1904	Am 5. Juni stirbt seine Frau, Olivia Langdon Clemens.
1907	Die Universität von Oxford verleiht ihm den akademischen Grad eines Litt. D. = Litterarum Doctor.
1908	Verlegt seinen Wohnsitz nach Stormfield, in der Nähe von Redding (Connecticut).

1909 Am 23. Dezember stirbt seine Tochter Jean.
1910 Mark Twain stirbt am 21. April in Redding. Er wird in Elmira, nahe New York, begraben.

Editorische Notiz

Bummel durch Europa (aus dem dieser Titel entnommen wurde) erschien zuerst im Jahre 1880 unter dem Titel *A Tramp Abroad* bei der American Publishing Company in Hartford (Conn.). Die Erstausgabe enthält 328 Illustrationen von W. Fr. Brown, True W. Williams, B. Day und anderen Künstlern; einige stammen vom Autor selbst. Die englische Erstausgabe wurde im gleichen Jahr von Chatto & Windus in London veröffentlicht.
Als Leseausgabe empfiehlt sich: *A Tramp Abroad*. Introduced *by* Norman Lewis, London: Century Publishing Company [and] Gentry Books Limited 1982.
Die früheste deutsche, allerdings gekürzte Übersetzung stammt von Ulrich Steindorff, *Bummel durch Europa,* Berlin: Ullstein [1922].
Der Text der vorliegenden Übersetzung folgt der Ausgabe: Mark Twain, *Zu Fuß durch Europa*. Verlag Vandenhoeck & Ruprecht Göttingen, 3. Auflage 1967. Im Insel Verlag als insel taschenbuch 834 erstmals 1985 unter dem Titel »Bummel durch Europa« erschienen. Eine Zeittafel wurde für diese Ausgabe verfaßt.

Robert Gernhardt, der Meister des Sprachspiels und der packenden Pointe
Der Spiegel

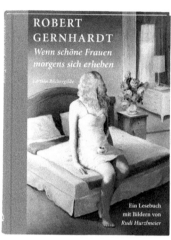

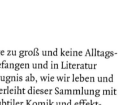

Robert Gernhardt
Wenn schöne Frauen morgens sich erheben
Ein Lesebuch mit Bildern von Rudi Hurzlmeier
Hrsg. und mit einem Vorwort von Johannes Möller

42 farbige Abbildungen, Großformat
Halbleinen, Lesebändchen, 224 Seiten
€ 24,99 / SFR 35,90*
*SFR unverb. Preisempfehlung
ISBN 978-3-940111-93-7

Für Robert Gernhardt war keine Menschheitsfrage zu groß und keine Alltagsbeobachtung zu gering, als dass er sie nicht eingefangen und in Literatur verwandelt hätte. Sein großes Werk legt davon Zeugnis ab, wie wir leben und welche Themen uns bewegen. Rudi Hurzlmeier verleiht dieser Sammlung mit seinen Illustrationen einen eigenen Zauber voll subtiler Komik und effektvoll inszenierter Doppelbödigkeit.

PIPER

Wolfgang Koydl
Gebrauchsanweisung für Deutschland

176 Seiten. Gebunden

Seit Jahren blickt Wolfgang Koydl aus der Ferne auf Deutschland. Mit feiner Ironie lotet er die Untiefen der deutschen Seele aus; er bietet unentbehrliche Tipps für den richtigen Umgang mit dieser eigentümlichen Nation von Bausparern, ADAC-Mitgliedern und Schnäppchenjägern. Ob als Heimat oder Reiseziel, für Einheimische oder Fremde – dieser Band enträtselt urdeutsche Geheimnisse: die Ordnungsliebe und den typisch deutschen Humor, die Dialekte, den Lokalpatriotismus und das scharfe »ß«, Karnevals-Prunksitzungen, Verkehrsregeln und Paragrafenreiterei, die Fußgängerzonen mit ihrem nicht tot zu kriegenden Sommerschlussverkauf unddie deutsche Küche zwischen Döner Kebab und Sushi, Toast Hawaii und handgekneteter sardischer Fischpaste.

01/1290/03/R